U1016587

华大学人研究书系

韦卓民年谱

李良明　张运洪　申富强　编著

華中师範大学出版社

本书为珠海市优秀文艺精品创作扶持资金资助项目

新出图证(鄂)字 10 号

图书在版编目(CIP)数据

韦卓民年谱/李良明,张运洪,申富强 编著. —武汉:华中师范大学出版社,2010.7

(华大学人研究书系)

ISBN 978-7-5622-4073-0

Ⅰ.①韦… Ⅱ.①李… ②张… ③申… Ⅲ.①韦卓民(1888～1976)—传记 Ⅳ.①K825.46

中国版本图书馆 CIP 数据核字(2010)第 129842 号

韦卓民年谱

© 李良明 张运洪 申富强 编著

责任编辑:曾 巍 **责任校对:**王 炜 **封面设计:**甘 英

编辑室:文字编辑室 **电话:**027－67863220

出版发行:华中师范大学出版社

社址:湖北省武汉市珞喻路 152 号

电话:027－67863426(发行部) 027－67861321(邮购部)

传真:027－67863291

网址:http://www.ccnup.com.cn **电子信箱:**hscbs@public.wh.hb.cn

经销:新华书店湖北发行所

印刷:湖北恒泰印务有限公司 **督印:**章光琼

字数:296 千字 **插页:**1

开本:880mm×1230mm 1/32 **印张:**12.25

版次:2010 年 7 月第 1 版 **印次:**2010 年 7 月第 1 次印刷

印数:1－2200 **定价:**35.00 元

欢迎举报盗版,举报电话 027－67861321

韦卓民

（1888 年—1976 年）

“华大学人研究书系”总序

华中师范大学是中国真正具有百年以上历史的少数知名大学之一。在其一百多年的发展过程中，有一批又一批筚路蓝缕披荆斩棘的先驱者，他们呕心沥血，殚精竭虑，为现今华师的奠基与成长作出了不可磨灭的贡献。我们应该永远铭记这些先驱者的丰功伟绩。

现今高等教育的整体，无论从规模、设施、师资与教学科研水平哪一方面来看，都远远超过自己历史上的那些前身。但这些前身毕竟为今天学校的迅速发展奠定了良好的基础，它们的校园、师资、学生、图书、设备，不仅是历史的遗迹，而且至今仍然为学校的持续发展作出贡献。历史本身就是一种资产，一种无可取代的宝贵资产，其中包含的有些重要无形资产甚至远远高于其相关联的有形资产。由于这方面的感悟日深，许多精明的高校管理者都极为重视保存本校的历史，除档案文献以外，还努力维护古老的建筑、景观乃至旧有的典籍、设备，用意在于彰显其悠久而又丰厚的历史文化底蕴。

这些工作当然非常重要，而迟至今日只能说是亡羊补牢。但更重要的工作恐怕还是要数延续学脉与传承精神。高校不是一般的教育机构，乃是学术文化延续的载体。学脉是学科孳生繁衍的谱系，精神是众多学科群共生互动焕发的校园神韵，而兼任两重载体且流光溢彩于百年岁月之间的则是那一代又一代的杰出学者。

王缁尘撰《汉学师承记评序》云：“《汉学师承记》者，清乾嘉时江氏藩之所著也。盖一时代有一时代之人物,一时代有一时代之学术思想。以此学术思想,由此人物而流衍支配于社会政治间,而此民族文化遂发生变动而或以之衍进焉。准是以言,则学术思想实民族文化最重要之因素。”宋元明清学案之作勃兴,佳构巨制比比皆是,而王氏高明之处则在于突出探究学术思想,而非停留于仅仅陈述“经师之事迹与授受之源流”。其评论最精彩之处是阐析各个时代学术思想之关联:“且此时代之学术思想,与前一时代、后一时代之学术思想,皆有密切之关联。或为反对前之学术思想而产生,而其时尚扬前时代之余波;或为启导后之学术思想而僵死,而其时已露后一时代之萌蘖,此其不能划然分割者也。”王氏此处讲的虽是影响覆盖整个社会的宏大学派,但类似的现象在校园学科之间也不胜枚举。“人事有代谢,往来成古今。”对学者业绩及其思想,大体上都可以作如是观。

华师百年,才人辈出。他们在各自的学术领域取得了令人瞩目的成果,获得学界的高度评价。这其中有中国共产党著名政治活动家、教育家恽代英,他 36 岁慷慨就义,留下遗著 300 万言,为中国革命和教育事业作出了卓越贡献;著名历史文献学家张舜徽先生,他一生勤于著述,笔耕不辍,给后人留下了几十部厚重著作;著名历史学家、文学史家钱基博先生,他的著作不断再版,在学界影响甚大,许多已经成为研究历史、文学的学者的必读书;逻辑学家、哲学家詹剑峰先生,他在西方哲学研究以及中国哲学研究尤其是墨子和老子研究方面浸淫很深。还有杨东莼、包鹭宾、韦卓民、黄溥等,这些都是华师历史上灿若群星的名字。另外,还有一些学者在华师历史上也曾留下过足迹,如冯友兰、王亚南、吴宓、游国恩、傅懋勣等,他们也是我们这所老校的骄傲和财富。出版社已推出的“桂岳书系”(8 种)在一定程度上反映了百年来优秀学人的探索轨迹和学术成就。

华师精神是“忠诚博雅，朴实刚毅”，在这精练的八个字的启发下，华中师范大学出版社正在倾力打造一个学术品牌，名为“华大博雅学术文库”。其中，国学出版将是一个重要的组成部分：我们已经推出了《张舜徽集》的一、二辑共10册（第三辑三种5册也即将付印），“道家道教研究书系”中也收录了詹剑峰先生研究老子的著作，《钱基博集》已经进入整理阶段，将成为我校出版社“十一五”期间的重点项目。另外，韦卓民先生对康德哲学、黑格尔哲学的译作也在分阶段推出。我们设想，以“立足教育，弘扬学术”为指引，出版社将在未来的发展中坚持不断地提高学术品位，推出学术精品，而挖掘百年老校丰富的学术资源将是工作的重心之一。

在推出百年华师历史上学人的著作的同时，我们也想到，对这些学人进行研究，研究他们的生平、治学生涯、学术思想，无疑可以更进一步推动对他们学术的研究。在这一方面，有些青年学者做过一些工作，出版社就曾经出版过《张舜徽和清代学术史研究》，但显然还是远远不够的。此次有机会推出《恽代英年谱》和《钱基博年谱》，出版社也设想借此机会推出一个新的书系，着眼于研究百年华师历史上成就卓越的学者和他们的学术，丛书名拟订为“华大学人研究书系”，一方面可以将以往已经出版过的相关图书进行整合，另一方面也主动策划一些选题（如年谱、评传、专题研究以及相关人物的研究资料汇编等）。我们希望，这套丛书的推出可以激发对前辈学人的深入研究，从而弘扬百年华大的学术传统，以期华大学脉世代绵延！

章开沅

2006年冬于桂子山之实斋

目　录

第一编　青少年时代
（1888 年 12 月—1915 年秋）

1888 年　诞生

12 月 7 日　韦卓民诞生于广东省香山县（现珠海市）翠微乡人和里三级石一横巷 4 号。

韦卓民故居（珠海市翠微乡人和里三级石一横巷 4 号）

韦卓民的父亲韦鲁时，字景壁，年轻时随父经商，育有八女一男共九个子女，韦卓民排行第六。据韦卓民回忆，他家原是中等商人，只有祖遗山田六亩，后来因水冲减成一亩，靠父亲经商维持家计。在他 5 岁时，父亲“生意不前，转业为买办的高级雇员”。据查，1893 年，韦鲁时北上汉口，受聘于汉口俄租界一个本家堂兄的茶商行，专门办理对沙俄的茶叶出口生意。韦卓民的母亲麦氏，也是大家闺秀，受过良好的封建教育，相夫教子，任劳任怨。【参阅韦卓民：《我在鸣放前后所犯的错误和现在的自我检讨》，1957 年10 月 24 日，原件存华中师范大学档案馆《韦卓民档案》。】

1894 年—1902 年夏　6 岁～14 岁

入本乡私塾习经书，读《三字经》、《百家姓》、《千字文》等启蒙读物及《大学》、《中庸》、《论语》、《孟子》和《诗》、《书》、《礼》、《易》、《春秋》等四书五经及《古文观止》等。其秉性纯朴聪颖，领悟力强，读过的书大都能背诵下来。韦鲁时很疼爱卓民，用“卓民”两字为儿子名，就是希望儿子将来能成为光耀门庭、卓尔不群的人。在父亲看来，自己辛苦一辈子，最终只不过是个“白领”，高级“打工仔”，没有干出什么名堂，愧对先人。因此，就把振兴家业的希望，全部寄托在韦卓民的身上。

1902 年秋—1903 年夏　14 岁～15 岁

在澳门学习英语。

澳门三巴牌坊

1903年 15岁

秋 随父来到武汉，入当时颇有名气的美国基督圣公会主办的教会学校文华书院备馆（相当中学）学习。

文华书院教学严谨，校规极严。韦卓民按照父亲的要求潜心研习英语和中国传统文化。当然，也要经常参加学校的宗教仪式，诵读经文，但他对基督教并未表现出特别的兴趣，甚至反感。由于他在澳门学过一年英语，有一定基础，再加上禀赋好，又肯努力，所以他的英语成绩特别优异，很快就能用英语和教师进行日常交流。他对张之洞提出的"中学为体，西学为用"深表赞同，认为理应如此。他后来回忆在文华书院备馆学习时的思想说：

> 童年束发受书，服膺儒学，废除八股之后，才转习西学，以应时尚，潮流所趋，故应如此。当时提倡西学，以教会所办的为最先。……参加教会的礼拜，限于校规，不得不尔，原非所愿。于是始而反抗，然以年幼，敢怒不敢言。【韦卓民：《基督教的基本信仰》，见《韦卓民学术论著选》，华中师范大学出版社，1997年，第360页。】

附：文华书院简介

我国原来只有私塾教育，西式学堂是由教会开始创办的。在19世纪四五十年代，传教士的活动仅限于五口商埠及香港、澳门等地，第二次鸦片战争后，列强凭借不平等条约，取得了在中国内地传教的特权，传教士的活动于是逐步深入到华南、华东、华中等经济比较发达的地区。

1868年夏，美国圣公会的威廉斯（Willians）主教由颜永京

(Yen YunKiung)牧师陪同,来到武昌开展美国圣公会工作。他俩在武昌城东北角购买了一块土地,建起了一座小教堂,并于当年的圣诞节正式投入使用。这就是文华书院第一座具有完全产权的建筑。

1871 年夏,威廉斯重来武汉,在这里逗留了 10 天。他这次来的目的,就是要创办一所寄宿学校。果然,三个月后,一幢占地 264 平方英尺(22 英尺×12 英尺)的二层楼房建成。这就是文华书院的教学和生活用房。房子建成了,当年 10 月 2 日,The Boone Memorial School 正式开学。两年后,又有了中文名称文华书院。所谓文华者,文教士在中华传教之谓也,也蕴涵有文章华国的意思。起初,国人对外国教会并不买账,对传教士也存有戒心,有钱的人家都不愿意将自己的子女送到这样的学校去学习。

文华书院新生班学生

为了吸引学生,这所学校煞费苦心,免收学费和住宿费,并提供少量津贴(每人每天 6 个铜钱)。尽管如此,10 月 2 日学校开学时,仅招收了 5 名穷苦人家的男童。其中 3 名寄宿生,2 名非正式生。一个月后,学生增加到 14 名,只有一名教师,他就是 Yang

Yung-Tze 先生。

学校按照中国的传统分三个学期，每个学期结束后都有一段短时假期，这就是春节、端午和中秋。教学内容分两部分，一是中文，二是有关基督教的知识。中文基本教程和中国传统私塾一样。上午老师讲课，下午学生复习，教师严格要求学生，每读完一本书，都要认真复习，把重要内容都背诵下来。起初，学校没有设立考试制度，学业考查主要是检查学生是否能够熟练背诵所学过的主要内容。

第二年，学校学生增至 24 名；第三年达到满员人数 30 名。1874 年 10 月 10 日，又有 6 名男童入学，学校学生人数达 36 名。1878 年 1 月 21 日，学校招收第一届神学班，有 4 名学生由上海教会常务委员会选送入校学习。神学班的开设是学校发展的一个标志，表明学校开始为教会培养和输送神职人员。

文华书院圣诞堂

1887 年 10 月 17 日，S. G. 帕特里奇（中文名为贝鼎三）来校任校长。这是一位具有管理经验的教育工作者。在他的管理下，学校各方面有了重大的改进。先前所有的学童不分程度都在一间房子里上课学习，帕特里奇到任后，将学生分班安排到不同的教室上课，从而进一步提高了教学质量。1890 年，文华书院又有了新的举措。4 月 21 日，成立了英语班，从此该校开始以英语教学为主。中国基督教（the Inland Mission）的 W. S. 约翰斯顿夫人任临时主管。该班每天上 3 节课，第一节 1 小时，第二节 45 分钟，第三节 30 分钟，设历史、地理、算术、体育课程。从这年开始，学校对没有入教的学生收取学费和住宿费，学生人数由 34 名一跃增至 90 多名。

1896 年 4 月 28 日，文华书院首次颁发招生简章，公开向社会招生。1897 年，“圣提摩西联谊会”成立。这是由校长组织的文华第一个联谊会，教师和学生都可以参加。联谊会的宗旨是帮助那些即将毕业离校的年轻人，使他们进入社会后能学会自尊并提高自治的能力，克服社会的各种诱惑，以保持基督的纯洁。随后，学生社团“文华英语爱好者协会”也适时成立，它的宗旨是增强学生用英语演讲的能力，并在演讲中加深对所学知识的理解。协会每两周举行一次集会，在集会上，学生只能用英语诵读、演说、辩论以及进行各种竞赛，这激起了学生学习英语的极大兴趣，从而提高了英语教学质量。

1900 年，帕特里奇校长被选为东京主教而离别文华。L. B. 里奇利（中文名康德礼）接替帕特里奇职务。这一年中国爆发义和团运动，学校一度关闭。

1901 年，清政府又被迫与英美等十一个国家签订了《辛丑条约》，中国的大门进一步被打开。这一年，清政府开始实行“新政”，调整官制，整顿吏治，改定刑律，编练新军，奖励实业，兴办学校等。这为西方传教士在中国开办学校带来了新的契机。在这样的氛围下，一批教会中学发展成为大学。文华书院也得到进一步扩张。1903 年，文华书院大学部正式成立。它标志着文华的教育进入了新的发展阶段。其时学校设有正、备两馆，正馆为大学部，备馆为中学部。还建成一幢二层楼的科学楼和一个初具规模的文华公书林（即文华图书馆）。1912 年多玛堂教学楼又拔地而起。到

1908—1909 年，学校还将购置的两幢医院的建筑物改成学生宿舍，并建立了自己的电力照明和供水系统。从有关历史档案可见，在该校建校 50 周年（1921 年）时，校内有教学用房 15 幢、学生宿舍 6 幢，外国教师住宅 3 幢，另有体育馆和田径场各一座。【参阅章开沅主编：《教会大学在中国》丛书，《江汉昙华林：华中大学》分册，张安明、刘祖芬编著，河北教育出版社，2003 年。】

早期的文华大学校门

1904 年　16 岁

夏　父亲韦鲁时因高血压中风不治而亡。韦卓民开始半工半读，在堂伯那里，他得到一份帮茶行做英文翻译的工作，同时在学校里做一些文档抄写的杂事。他的学习也更加刻苦了。他回忆说：“辛亥革命前，中学可以跳级。我进校时因为英语会话不好，进了最低班次。但我在私塾中读了七年，中文程度，英语，算术以及‘格致’（生理、理化）等课，入学后，除了加紧学习英语会话外，我都应付自如，成绩甚好，接连跳了几级，用四年时间学完备馆（中学）六年的功课，而且各门课程都是 A 级。”【韦卓民：《武昌文华书院及其后身华中大学》，写于 1964 年，原载《武汉文史资料》第 9 辑，

1982 年。】

1905 年　17 岁

刘静庵等一些有排满兴汉革命思想的人，利用教会作掩护，在文华书院附近的花园山高家巷圣公会的另一教堂里开办了一所阅书馆，名叫“日知会”，实际成为宣传革命排满的机关。其时在正馆讲授诸子学说的刘静庵先生任这个机构的主持人。每逢日知会开会时，他就在这里慷慨激昂宣传革命排满思想。

著名反清团体“日知会”总干事、文华书院教师刘静庵

与此同时，文华书院的学生，在教师余日章先生的指导下，办了一个定期刊物——《文华学界》，不时刊登一些涉及宣传革命排满的文章。韦卓民是《文华学界》编辑部的成员，是经常用笔名“法兰西士”撰写这类文章的学生之一。【参阅胡绳：《从鸦片战争到五四运动》下册，人民出版社 1981 年版，第 793 页；又见韦卓民：《武昌文华书院及其后身华中大学》，写于 1964 年，原载《武汉文史资料》第 9 辑，1982 年。】

1906 年　18 岁

冬季的一天，韦卓民和几个同学出城回家被军警拦住检查行李，目的在于搜查证据，逮捕《文华学界》编辑部成员。为此，韦卓民和其他编辑部成员一起找英籍监督翟雅各要求辞去编辑职务。翟雅各愕然，问韦卓民等何以辞职。韦向翟报告了被军警检查的情况。翟听后问道："你们是不是革命党？"韦等齐声回答："不是。"翟便说："那么，有学校保护你们——《文华学界》是我们学校的刊物，与政治无关。"韦卓民等遂放弃了辞职念头，继续编辑《文华学界》。【韦卓民：《武昌文华书院及其后身华中大学》，写于 1964 年，原载《武汉文史资料》第 9 辑，1982 年。】

1907 年　19 岁

春　进入文华学院正馆学习，继续坚持半工半读，靠自己的劳动收入支付学习费用和日常开支。

韦卓民的阅读范围和视野不断扩大，随着知识的积累和增长，他对宗教的信仰由排拒、反抗的心理发展到将信将疑。他更加刻苦研究中国儒家经典。终于，他发现了一个道理，渐渐觉得中国的儒学，许多方面与基督教是相一致的。后来，他在一篇论文中写道："继而知识稍长，闻道愈多，（对基督教）乃将信而将疑，反求诸儒家典籍，渐渐觉得儒家伦理，许多是能与基督教并行不悖的。"【韦卓民：《基督教的基本信仰》，见《韦卓民学术论著选》，华中师范大学出版社，1997 年，第 360 页。】于是，韦卓民着力去论证他的这一研究心得。

1908 年　20 岁

完成学士学位论文《古代中国人之宗教信仰及其对中国民族性

之影响》。这篇用英文写成的论文原题为“Religion Beliefs of the Ancient Chinese and Their Influence on the National Character of the Chinese People”，载文华大学出版的《文华评论》(*Boone Review*)。1911年7月上海出版的《中国纪事报》(*The Chinese Recorder*)全文转载。韦卓民曾回忆说：“编辑部的前言里特别声明这是中国人第一次写的文章。这就大大的拉了我一把，使我与教会接近。”【韦卓民：《武昌文华书院及其后身华中大学》，写于1964年，原载《武汉文史资料》第9辑，1982年。】1980年7月，台北市华中大学韦卓民纪念馆请万先法先生翻译成中文，收入《韦卓民博士教育文化宗教论文集》中。1997年12月，华中师范大学出版社出版的《韦卓民学术论著选》(高新民选编)，也收录了经高新民先生校阅、舒永生先生翻译的该文文本。

《韦卓民博士教育文化宗教论文集》作者照

论文运用哲学、宗教学等多学科知识，深刻论述了古代中国人的宗教信仰对中国民族性的影响，说明基督教迟早也会对中国产生影响。论文开篇写道：

古代中国人的上帝观念在古典文献中得到了清楚的描述。虽然由于篇幅所限，本文对上帝观念只作粗略考察，但足以说明中国人曾确有过宇宙中的上帝这一高贵观念。虽然这个观念是不完善的，还存在着许多缺陷，但是大体上对尚未开化的古代中国人来说是可信的，而且它在许多方面可以与世界宗教系统中关于上帝的最高观念相媲美。【《韦卓民学术论著选》，华中师范大学出版社，1997年，第331页。】

接着，韦卓民引述大量古代经典，特别是《礼记》、《书经》的内容，论述自己的观点。全文分“上帝的观念”和“祖先崇拜”两个部分。

在他看来，中国古代上帝观念在政治领域的影响主要表现在三个方面：

第一，古代中国人心灵中深深扎下了这样的信念，即上帝不是一个部落的上帝，而是全人类的上帝。“当统治者被当作上帝在地上的代理人时，自然有一种把散居于黄河流域的小村落联合成为一个政治整体的趋势。只要记着宗教在联合人民的过程中起着重要作用这一历史上屡见不鲜的事实，我们就能够真正理解上帝崇拜对建立古代中国的帝国所产生的影响。”

第二，革命的原则早在夏商周时代就已经由人民付诸实施了。韦卓民认为，如果中国历史文献所记载的“汤伐桀，武王伐纣”是绝对可靠的话，那么就必须说，这些运动的发生并不是由于汤王和武王的个人野心所致，而是现代意义上真正的革命。这种革命精神直接来自上帝和地上统治者的关系的观念。“‘天命靡常’，上帝任命国王作为他在地上的代理人。当国王不能完成上帝的使命，他就丧失了神授的王位，一个新的君王将被指派来取代他。这和孟子对齐宣王所讲的道理是一致的，即‘闻诛匹夫纣耳，未闻弑君也’。”

第三，中国人头脑中存在的现在世界的优越性观念也是上帝观念影响的结果。像今天的人一样，古代的中国人也深信："行善的人，上帝赐之以福；作恶的人，上帝降之以祸"，"福或祸只能降临到行善或作恶的人自身或他们的子孙身上，审判、报应再不能以其他方式呈现出来"。

接下来，韦卓民在分析了祖先崇拜产生的历史过程后认为，祖先崇拜是一种纪念活动，是一种尽孝的方式。中国人以其孝道而著称于世。父母逝世后，祭祀就被用来表达孝顺的感情。所以对父母的祭祀和他们在世时对他们的敬仰，"都是同样的尽孝道"，"是君子应该不断实践的最大美德"，"是维系着人们对过去的相当程度的尊敬意识"。

韦卓民还认为，祖先崇拜的影响还可以通过宗教制度这样的方式对中国的社会结构起重要作用。"能够继续对祖先的崇拜，这在中国人的心目中是重中之重。"

在把中国人的祖先崇拜与古代的上帝信仰的影响相比较后，韦卓民完全赞成这样的观点，即影响一个民族最重要的事实是宗教："了解一个民族的宗教是研究这个民族的历史的钥匙，是多么正确！"

在论文的最后，韦卓民写道："现在，一个新宗教的时代正在逼近这个伟大帝国。新的宗教观念正在如潮水般涌入。新的宗教力量已经在起作用。这些迟早会产生一定的影响。"对中华民族古代宗教的同情而理智的研究，"将可提供对问题的解决很多的真相"。韦卓民这里所讲的"新宗教"，无疑是指基督教。这说明他对基督教已由开始的排拒转变为接受，并逐步信仰。正如他自己所说："我的神学，是从各宗教的研究引导进去的，我研究各种宗教是由哲学而引端的，而我的哲学是以逻辑为典型以伦理为归宿的。因为注重伦理，所以就研究社会科学，研究社会科学，又不得不注重历史。结果是我现在的宗教思想,以世界各种宗教的演进为背景而认识基督教,以哲学为入门,然后得到基督教的神学。”【《韦卓民学术论著选》,华中师范大学出版社,1997 年,第 360 页。】

由此可见,这篇学士论文是韦卓民背离父亲关于对西洋宗教“不必措意”的训诫,开始接纳基督教的一个重要人生路标。

1910 年　22 岁

5 月　“文华公书林”(即文华图书馆)正式落成。韦卓民经常在这里博览古今中外图书,是文华公书林创办人韦棣华小姐尊重的读者之一。

韦棣华女士

文华公书林

文华学生在公书林内阅览

由蔡元培先生题写刊名的《文华图书科季刊》，
现藏于武汉大学信息与传播学院

1911年 23岁

1月15日 文华大学首次举行学位论文答辩，韦卓民被授予文学学士学位，以最高荣誉生毕业。由于学习成绩优异，毕业后即留校任教，教大学一年级数学及文华中学高年级的英语和数学，同时兼攻硕士研究生学位。他回忆说："刚毕业，(我)就被破格聘用为大学一年级的数学教员和高中高年级的英、数教员，月薪80元，比以前的教员多30元。"【韦卓民:《武昌文华书院及其后身华中大学》，写于1964年，原载《武汉文史资料》第9辑，1982年。】

1911 年韦卓民(后排左 1)获文学学士学位时与同学们的合影

是年 接受洗礼成为一名基督教徒。他回忆说:"文华大学毕业后,我就彻底违背了'不要吃洋教'的父教,向基督教投降——接受洗礼了。"【韦卓民:《武昌文华书院及其后身华中大学》,写于 1964 年,原载《武汉文史资料》第 9 辑,1982 年。】

1912 年 24 岁

韦卓民被任命为备馆(即文华大学中学部)代理堂长,相当于中学校长。校长又要他自修西洋哲学史、政治经济思想史,并由校长和另外两名英籍教员任其导师。校长还要求他注意研究古罗马和近代英国政治上的变革,接着又要他在大学讲授形式逻辑、西洋哲学史、比较政府学和政治学课程。他回忆说:"这时,我不仅成为教会学校——文华大学所重视的人物,而且为直辖文华大学的教会——圣公会所重视了。从此以后,我竟成为教会中的重要人物。"【韦卓民:《武昌文华书院及其后身华中大学》,写于 1964 年,原载《武汉文史资料》第 9 辑,1982 年。】

1914 年　26 岁

年底　开始写作硕士学位论文《孟子之政治思想》。

1915 年　27 岁

韦卓民修满文学硕士所需学分，于 6 月用英文写成硕士学位论文，并顺利通过答辩，获得文华大学文学硕士学位。

从这篇硕士学位论文来看，韦卓民虽然接受了洗礼，成为了基督徒，但这时的他仍在潜心研究中国儒学。韦卓民 20 世纪 30 年代的学生万先法教授在 80 年代初将该文译成中文，由台北的华中大学韦卓民纪念馆编印成册。华中师范大学出版社出版的《韦卓民学术论著选》节选了该论文的若干章节。仅从这些节录内容看，韦卓民对孟子政治思想的研究，已达到了很高的水平。

韦卓民在该文《自序》中说：

> 拙文今问世者，原为一年半以前，用以完成我在武昌文华大学修满文学硕士学位部分规定之论文。
>
> 所有引述孟子书以及其他经典之引句，俱采自理雅各博士（Dr. Legge）之英译《四书五经》。由于拙作或将为许多不常接近古书原典或无充分时间用于中国经典之读者所能阅，作者深以刊入大量原书原句，当属适宜。
>
> 文华大学 T. R. Ludlow 牧师指导我关于政治学方面的课业，以及 E. Walker 牧师极其仁爱地审阅原稿并提供英语上改进意见，作者俱愿于此深致谢忱。【《韦卓民学术论著选》，华中师范大学出版社，1997 年，第 448 页。】

该论文的写作提纲，堪称范例，特照录如下：

1. 导言

孟子在中国为一经典哲学家。孟子在中国革命以后。

2. 孟子传略

姓名。渊源。诞生地。孟子生年之各家争论。纪年之考察。纪年之认定。孟子生平之三时期。早期,孟子与孔子之孙子思之关系。第二期,公职时期。当时政治与道德状态。孟子态度及目的。在魏。在齐。孟子归鲁葬母。二次在齐。孟子对齐王影响力之减弱与去齐。在滕。三次在齐。孟子应鲁侯之请。致仕。

3. 孟子书

11 篇或 7 篇。《外书》4 篇之迹痕。《外书》4 篇之真实性。7 篇之著者。

4. 孟子教义之一般

整个系统基于人性论。人性发展过程。孟子与蒲特勒(Bishop Butler)。德性之社会面。伦理与政治之关系。孟子之不宽容精神。以次各章之纲领。

5. 孟子之国家观念

国家为人性之自然产物。国家之经济基础。国家之三要件。国家神授说。统治者之神权。政治为天之付托。天意在民意。王位世袭,只能由天所命与由人民所认许。昏君之革除与诛暴君。天听自我民听。贵戚之卿之职责。天吏。孟子学说与煽动主义。人民,国家中之最重要因素。孟子民主教义。孟子之国家观尚非民主,非神权。但一种专制政体类似于柏拉图之皇室。

6. 政府之形式与组织

政府基于经济需要。与柏拉图学说之比较。孟子之理想政府，求之于尧舜禹三代之黄金时代。孟子政府，乃一封建专制体。土地井田制。王政要素，不在土地大、兵力强，而在有为之君辅以有为之臣。贤君品性。有德大臣。吏有四等。良吏职责。

7. 国家之功能

照顾人民物质幸福。四种贫困无告者之施救。教育及其对国家之关系。国际政治。孟子之和平政策。国防。

8. 结论

孟子之逻辑方法。保守但不独断。道德与法律之混淆。孟子教义中，缺少宗教。孟子教义之实际目标。永恒价值之伟大原理。孟子政治思想之经典渊源。孟子对中国历史与实际政治之影响。孟子政治原理，在今日中国之实用性。基督教之需要。【《韦卓民学术论著选》，华中师范大学出版社，1997 年，第 449～450 页。】

由上可见，这个提纲，不仅观点明确，内容丰富，而且结构合理，逻辑严密。导言给孟子定性，认为他是中国一位“经典哲学家”，接着从纵（孟子的生平）横（孟子书、孟子教义、孟子之国家观、孟子关于政府之形式与组织、孟子关于国家之功能）两方面展开深入论述，最后得出结论。学术论文，贵在有思想，有作者的独立思考和真知灼见，给读者以思想启迪。韦卓民的这篇论文正是如此。他不是泛泛而论，而是以大量的历史典籍为根据，史论结合，采用历史与现实相观照、中国与外国相比较的研究方法，不迷信、不盲从前人和洋人。因此，他对每一个问题的研究，都有自己独到的见解。韦卓民的这种学术品格，在这篇论文中彰显得尤其突出。他阅读广泛，征引宏富，在细心研究《孟子》、《尚书》、《诗经》、《中庸》等大量古籍经典后，明确指出：“孟子虽没有提供世人像柏拉图的

《共和国》(现通译《理想国》)或亚里斯多德的政治学那样有系统的政治论著,但吾人细读其书,可谓孟子政治思想,诚如 Legge 博士盛称孟子哲学即与孟子同时代的希腊诸大哲相较,可以昂首正视,并不逊色。”

以“东方学者”自居的某些西方政治学权威抱着历史的偏见,笼统泛论,认为“以僵化之规律宰制其行为,实为亚洲文明之主要性格。在社会、政治,以及宗教之每一方面生活,传统与习俗,俱有最高之统治……对习俗对权威一种不用思考之服从……约略为个人之全部责任”。韦卓民不同意这种看法。他说,概括东方人心态的这些言论,在孟子身上是不合适的:“通观孟子全书,孟子所表现之见解,若以现代心灵探照之,吾人自承,或属短视,或属理性力薄弱。但孟子生于二千多年前,其经验与学识仅限于单一国家之历史与制度,因而若干见解,在孟子视为当然者,或为今人所嘲笑,诚不足异。但孟子有一种追求真理到底,不断而真诚之努力,以及对与其理性之有矛盾之每一事物,加以追问,此则至为明显。”

韦卓民认为,孟子哲学,确涵有保守意味,“但在其心中,教条主义决无地位。孟子对古帝王尧舜及其他圣王,俱极尊敬,为中华民族古史中最灿烂之一页。但亦不须误解孟子,以为孟子之尊古帝王,即纯由于对古代一种不用思考而须从之态度……所构成孟子之特性者,非其对古代人之盲目崇拜,乃对历史教训之睿智欣赏”。

韦卓民同时指出,孟子亦如古代政治思想家,“颇有道德与法律混合之倾向……孟子视国家之存在,乃存乎道德,以故违背道德,亦即违背国家,因而受国家之惩罚……孟子道德哲学之出发点,在乎人性善之信念”。

韦卓民又说,孟子也有不同于古代政治哲学家的地方,这就是在孟子哲学中,“殊难寻宗教之迹。孟子不具有宗教意识”。孟子的政治学说,“俱有一实际之目的”。孟子不是一个坐在安乐椅上的哲学家,坐而沉思,埋首撰述,以博后人之追慕,他的生活与讲学,“都在不断注视当时时代之情况。孟子极力宣扬‘王道’,并认为‘王道’的核心是‘仁政’”。所以,“孟子不仅是一位道德大师与政治哲学家,最重要者,乃是一位热心的改革者”,“人民的福祉与快乐,乃为孟子梦寐以求者”。孟子的政治思想,虽然是为其时代所发,但其中所阐发的原则,“自有其永恒的价值”。

韦卓民又认为,孟子的政治思想主要来自中国传统文化。他“从诸经籍,结集而为其本人的思想。但此种借用之思想,并非仅为原有之复制,孟子却给予一种新精神。孟子承继古代经典之传统,吸收贯注而成为新生命”。这些学术观点,独到新颖,言之成理,应为自成一家之言。

韦卓民指出,孟子在世时,其著作似不为人所重,直至五百年后,《孟子》才被称为“经”。他曾遑遑以求为有德之君,然“此有德之君,在孟子时代不得见,孟子亦不能用于时”。

韦卓民在论文最后说:“孟子给予中国人许多政治上高尚理念及宏伟原理。但孟子却未给予力量而使其理念与原理付诸实施。孟子之教,施之于实际政治,此固所有国人以及爱护中国之人士,所共同乐观其成者。但不可能有所效能,直至吾人接受一种超自然力量,为此种超自然力量,吾人必须转而皈依主,主给予吾人以力量或威权,以践踏蛇蝎之属以及敌人的力量……总之,中国需要宗教,宗教赋予古来圣哲之教以生命,中国将发现宗教,仅有基督教,此乃上帝独生子耶稣基督所建立。耶稣基督乃神而人,是真主,即孟子所预言必有王者之兴,亦即孟子所等待而终归徒然者。”【《韦卓民学术论著选》,华中师范大学出版社,1997 年,第 464～465 页。】这一观点也体现了该论文存在一定的局限性。

秋　荣归故里,按中国的传统风俗,遵从“父母之命,媒妁之言”的祖训，与小他 8 岁的同乡刘渭筠喜结连理。夫妻相濡以沫，情爱甚笃。先后抚育了长女韦宝娜（1916 年生）、长子韦宝锷（1917 年生）、次子韦宝洛（1918 年生）和小女韦宝芳（1921 年生）。

韦卓民与夫人刘渭筠

第二编　留学美欧前后

（1916 年—1929 年 9 月）

1916 年　28 岁

硕士论文《孟子的政治思想》由上海长老会广学会出版，在宗教界产生了广泛的影响。

广学会是光绪十三年（1887 年）英、美基督教新教传教士和外交人员、商人等在中国上海创立的一家出版机构，含有“以西国之新学广中国之旧学”之意。曾在北京、沈阳、天津、西安、南京、烟台等地设立分支机构。该会编译出版了大量宗教和政治书籍报刊。历年所出宣传神学及政法、史地、实业、理化等书达 2000 多种，其中包括宣扬殖民主义、反对共产主义的书籍。所出版的报刊有《万国公报》、《中西教会报》、《女星》等。中日甲午战争和戊戌变法运动期间，曾鼓吹改良主义，在一部分知识分子中颇有影响。1941 年太平洋战争爆发后会址迁往成都。1945 年抗日战争胜利后仍迁回到上海博物院路（现名虎丘路）原址。1949 年中华人民共和国成立后，继续在沪经营，出版了不少基督教书刊。基督教全国三自运动机关刊物《天风》，1957 年 5 月以前也由广学会发行。同年 5 月后，广学会与其他三个基督教出版机构进行了合并，成立了中国基督教联合书局，不久停业。

1918年　30岁

9月　在吴德施[1]主教的资助下，赴美国哈佛大学研究院哲学系留学深造，师从著名哲学家霍金(William E. Hocking)教授，主攻西洋哲学史。霍金对学生的学习要求极其严格，他经常给韦卓民开列许多必读书目，每隔一段时间就详细地询问他的学习情况。韦卓民对自己要求也很严格，经常泡在图书馆里，查阅了大量的专业书籍，写了许多哲学笔记。韦卓民后来回忆说：

美国圣公会鄂湘教区主教吴德施

我读哈佛大学研究院时，在一位70多岁的老教授指导下从事个人研究，他对我要求十分严格，同学们都认为他很厉害，不容易接近。我听他讲授一年的课后，他才让我搞个人研究。每周对我个别指导两小时，布置

① 吴德施(L. H. Roots)，生卒年月不详，美国人，哈佛大学文学院、剑桥神学院毕业。1904—1938年间在汉口任圣公会鄂湘教区主教。辛亥革命前，他曾在主管的教区掩护反清革命志士；辛亥革命中，他把教堂作为革命军的临时医院。1931年武汉遭受大水灾，他积极从事救济活动。抗战初期，中共领导人周恩来、朱德、彭德怀都曾到其家里作客。国际友人安娜·路易斯·斯特朗、艾格尼丝·史沫特莱、诺尔曼·白求恩等到汉后都曾客居其家。他还经常参加八路军武汉办事处的活动，并积极筹募捐款与医疗物资，支持中国的抗日战争。1938年4月回国前，周恩来赠与亲笔题词，并在八路军武汉办事处为他举行了告别宴会。

一周的学习和研究的任务，指定必读的参考文献，大约有200页左右；读完后，按规定的时间到他的研究室汇报并回答他的问题。他首先要我简要地汇报读书心得和发现的问题，当我谈到某个问题时，他就要我谈这个问题的另一方面或与此有关联的其他一些问题，要我一并分析。汇报之后，他用半小时的时间对我的汇报进行分析、评价；虽然也有肯定，但主要是批评我的不足和谬误，最后布置下一周的任务。

老师布置的下一周的文献资料每每和上一周的不同；或深度不同，或观点不同，或采用的方法不同等等。在下周的定时指导时，他就要我指出上下两周文献资料异同之处，如二者观点不同，就问我的观点如何？赞成谁？反对谁？并说出理由和根据。这样一来，每周的定时指导都是一场考试，为了对付这两个小时，我必须天天紧张地学习，刻苦地钻研，反复地思考，兢兢业业不敢稍有懈怠。我正是在这位严师的指导下，较快地掌握了专业知识，锻炼了我对待学问严谨认真的科学态度，提高了独立进行科学研究的能力。【韦卓民：《浅论科学研究的方法》，载《华中师范大学学报》(哲学社会科学版)1990年第2期。】

1919年　31岁

7月　仅用一年时间就完成了许多人三年才能学完的全部硕士课程，通过了硕士论文的答辩，获得哈佛大学哲学硕士学位。一年后，又修满了博士研究生的全部课程，以全优成绩获得霍金教授的高度评价。他说："只要你一经认识韦博士，即令人难忘。在哈佛做研究生时，他的活力与敬业精神，使我感动……其品格之动人，言辞之庄重，以及恬静……仪表动人，诚诸内而形诸外的吸引人气质。"【华中大学韦卓民纪念馆编印：《韦卓民博士教育文化宗

教论文集》(台北),1980 年,第 2 页。】

1920 年　32 岁

6 月　用英文在《中国纪事报》(*The Chinese Recorder*,上海)发表《佛教净土宗以信得救的教义及其与基督教之比较》,1979 年台北韦卓民纪念馆译成中文,刊于台湾东海大学出版社出版的《中国文化月刊》第 2 期。华中师范大学出版社出版的《韦卓民学术论著选》收入该篇,题目为《佛教净土宗以信得救的教义及其与基督教的关系》。

中华圣公会在武汉的堂所

9 月　因为不愿坐等论文答辩时间，放弃学位，提前回国，升任文华大学哲学教授，主讲大学汉语，同时开设哲学与逻辑学课程。在从事教学期间，他潜心著述，精心教学，讲课中证古论今、将中比外，纵横捭阖，深入浅出，颇受学生欢迎。据台北韦卓民博士纪念图书馆理事会理事长雷法章先生回忆："在我大学时代，我学习了许多他教的课程，他教了我政治学、心理学、逻辑和哲学史，我总是聚精会神地聆听他的讲课。他的讲授，在各种课程里，都有充分的准备，和有严密的组织，而且总是用种种简练、清晰、有系统而非常动听的表达方式讲出来，实在地令人义无余蕴。"【华中大学韦卓民纪念馆编印：《韦卓民博士教育文化宗教论文集》(台北)，1980 年，第 4 页。】

1921 年　33 岁

是年　中华圣公会全国会议在文华校园举行，韦卓民受吴德施主教的委派，担任主教院的翻译。圣公会全国会议每三年举行一次，分两院举行，上院是主教院，只有主教才能参加，成员几乎全是英美人；下院是代表院，由各区选出的代表与会，一半是牧师，一半是普通基督教徒。由于韦卓民融汇中西文化，翻译水平高，所以得到普遍好评。

是年　小女韦宝芳出生。

1922 年　34 岁

是年　中国基督教全国代表大会在上海举行，各地教会选派一名代表参加。吴德施是这次会议的筹备委员之一，他指定韦卓民代表中华圣公会出席大会。大会选出基督教全国协进会委员 100 名，韦卓民当选其中。

2 月　出席了华中地区美国圣公会、美国复初会、英国循道会、英国伦敦会、美国遵道会和美国雅礼会等基督教差会在汉口吴德施主教住所举行的会议。会议讨论了“伯顿报告”[①]的内容、各差会在华中基督教高等教育中的作用等问题，并作出决议：一定要在武昌创办一所华中大学。会议提出各差会可继续让与会代表或另选代表组成一个临时理事会，以负责筹建华中大学；同时会议认为华中地区两所最主要的教会大学——雅礼大学与文华大学是相互补充的。会议还分析讨论了在华中地区创办一所实力雄厚的教会大学将会遇到的困难。

4 月 24 日—25 日 出席第一次会议的代表们又在汉口举行第二次会议。会议指出：自 2 月份的第一次会议以来，筹建新的联合大学的框架草案已得到华中地区各差会的批准，大家一致认为，建立这样一所联合大学将能最好地满足中国基督教教育事业的需要，为此，个人和差会做出任何牺牲都是值得的。当然，一些重要

① 1920 年 2 月，鉴于教会大学在中国面临一系列棘手问题，在“中国基督教教育协会”等教会组织的多次申请下，纽约“北美差会顾问委员会”决定向中国派遣以芝加哥大学神学教授伯顿为团长的调查团，来华考察高等教育。调查团由伯顿、司徒雷登等 18 名具有良好教育背景并在教育界或宗教界担任要职的中外人士组成。1921 年 9 月至 1922 年 1 月，调查团对中国的基督教教育进行了实地考察。考察结束后，拟出了一份考察报告：《中国基督教教育事业》，即著名的“伯顿报告”。报告主张对教会教育进行必要的改革，其口号就是“要使教会学校更加有效率”。就教会大学而言，报告提出了一系列提高教会大学质量的意见和建议。报告强调各差会合作办学与教会大学合并的重要性，认为它是提高教育质量的最佳途径。就华中地区教会高等教育的情况，该报告建议合并若干小规模教会学校以增进效率与教育效果。“如果在武汉建立一所大学，其覆盖面将是广泛的，各个方面的学生都能到达这里。如果在此地集中办一所大学，由于其地理位置的优势，潜力将是巨大的。……一个规划范围广大的大学，冠以西方学术中心的美名，得到武汉地区所有教会的鼎力支持，一定能引起中国政府和大众的关注。建立这样一所大学，可以想象前途是光明的。与现在的状况形成对照，财务上的收益，宗教上的意义，以及对中国人民的服务都将是巨大的。”在“伯顿报告”的激励和推动下，华中地区各差会的代表在 1922 年 2 月至 8 月这段时间内先后举行了三次会议，主要是研讨“伯顿报告”，协商在华中地区创办基督教联合大学的问题，并对华中大学的筹建做了大量的准备工作。

的细节问题还有待解决。

8月15日　第三次会议在牯岭举行。出席会议的代表们决定以他们为主体成立华中大学临时理事会或管理委员会。韦卓民当选为临时管理委员会成员。会议还指定了一个执行委员会，由参与华中大学筹建的差会委派他们的代表组成。该执委会被授权协调各委员会的工作，并负责组织召开临时管理委员会需要召开的会议。韦卓民是执行委员会的重要成员。【马敏：《教会大学的国际化特色——华中大学个案分析》，湖北教育出版社，1996年，第79页。】

1923年　35岁

11月28日　出席华中大学临时管理委员会召开的会议。会议研究决定：在文华大学校园的西部（文华大学大学部所在地）建

身着礼服的华中大学毕业生

立华中大学。会议还保证由各协作差会资助的大专毕业生将被视做华中大学的校友，同新大学的毕业生一视同仁。在头三年的试办期里，华中大学将不会去申请办学许可证，也不准备向中国政府注册，华中大学的毕业生由教职员向有学位授予权的协作单位推荐，由其授予学位。希望当华中大学完全建立起来并具有学位授予权的时候，协作单位即可放弃原来的办学许可证。会议还提出了明确的计划，要求会后立刻通知文华大学和雅礼大学的国内总部，请它们尽快采取行动，以使华中大学能在 1924 年 9 月开学。但是，华中大学的筹建仍然遇到了很大阻力，困难重重。

1924 年　36 岁

1 月上旬　美国圣公会海内外宣教部执行秘书伍德(John W. Wood)给华中大学临时管理委员会发来了一份电报：华中大学计划已(被圣公会总部)通过，雅礼会总部刚刚通知我们，目前雅礼会不能参与。建议你们在没有了解全部细节以前，不要使我们或你们自己犯任何错误。同时，在长沙的雅礼会也收到了一封电报，电报上说：圣公会明年去武昌的决定不适宜，行动不定期推迟。【[美] 柯约翰：《华中大学》，华中师范大学出版社，2003 年，第 20 页。】

与此同时，文华大学和雅礼大学已毕业的许多校友对创建联合的华中大学也不理解。他们认为，华中大学的建立就意味着今后文华大学不复存在，只能保留原来的文华中学，他们文华大学校友的身份将会失去，因而在感情上很难接受这个现实。据此，他们大骂文华大学校长美国人孟良佐、韦卓民以及其他热衷于筹建联合大学的行政人员和校友都是文华的叛徒，是居心叵测。

韦卓民对创建华中大学满腔热情。为了说服那些持反对意见的文华校友,他花费了很大的力气。对于距武汉不很远的校友,他不辞辛苦逐个拜访谈心;对于远在外地的校友,他也耐心解释。韦卓民真诚地告诉他们:联合大学的组建并不意味着文华大学教育的终结,因为新的联合大学里将有文华学院与文华神学院。加入联合大学对各方来讲都只有好处,没有坏处,因为联合大学比过去任何单独的学院都大而且力量雄厚。

华中大学毕业生身着毕业礼服合影

4 月 17 日　韦卓民通知临时管理委员会的各位成员开会。雅礼会的代表没有出席。复初会由于没有收到总部的批文,其代表也没有与会。这次会议决定:原定的自 1924 年 9 月开始的 3 年试验期还是照常推进。会议还决定提供机会让其他差会考虑是否加入联合大学,并决定在 3 年试验期结束以前,成立一个包括最初 3 个差会和新加入者在内的常设组织机构。

理事会接受了文华大学的重组报告和划分文华大学与中学的建议。理事会决定:文华大学仍将作为一个协作实体而存在,以便能够给华中大学的毕业生授予学位。原文华大学的教师一部分划归大学，一部分划归中学，也有少数教师由于特殊需要，同时在中学和大学兼职；文华校园划分为两部分，从前门至后门路以西的区域和校舍由华中大学使用，路以东的属文华中学，位于分界线上的圣诞堂则双方共同使用；文华中学可以和华中大学共同使用图书馆，当需要召开大型会议的时候，可以使用图书馆上面的礼堂，并继续使用思殷堂一楼带厨房的大餐厅，直到文华中学拥有自己适当的厨房设施为止。华中大学的学生则可使用文华中学东头的翟雅各纪念体育馆和运动场，直到建成华中大学体育场为止。

8月6日 在桂林召开的华中基督教教育协会会议上，韦卓民用英文发表题为《论中国文化和道德在形势变化条件下的保存》的讲演。该讲稿发表于《教育评论》(*Educational Review*)1924年第16卷上。1997年由贺然译、高新民校，收录于《韦卓民学术论著选》中。其主要内容是：

第一，指出："本世纪初以来，保护民族文明的呼声就没有停止过。无论它是否具有实际确定的意义，保存国粹已成为我国文化的一个口号。"中国是一个很早就有文字记载的文明古国，建立了作为世界原始文明之一的黄河文明。这种文明经历许多世纪的考验，在遭受许多磨难之后，最终得以延续下来。但世界上许多古代文明都陨落了，悠悠岁月，在世界文明兴衰的规律面前中国文明是成为一个例外呢，还是最终不能摆脱这种规律，重蹈其他文明衰亡的覆辙呢？这就引发了中国文化的保存问题。

第二，指出了对中国文化保存的两种截然相反的态度。激进的改革者认为，中国古老文化是文明进步的障碍，因而它越早地消亡越好；而保守的伤感主义者则呼吁要保存这种文化，永远保留这份古人留下的珍贵遗产。作者分析了这两种态度，认为前一种观点是达尔文主义的忠实追随者，他们看到的仅仅是世界生存竞争的一面。对他们来说，当今中国的基本问题是如何使自己适应这种竞争，要在竞争中求得生存，就必经对政治、教育、工业、社会组织形式，乃至影响人们生活的——无论是个人生活还是集体生活的一切方面，都进行革命的变革，与过去一刀两断，越坚决越好，“因此，古老的中国文化应该被放入禁止之列，保存国粹的观点也应作为最危险的一种观点予以彻底地抛弃”。韦卓民显然不同意这种观点。他指出：“国家及其文明是历史的产物，有一个发展的过程，绝不是什么人一下子造就的。在一种完全新的基础上建立一种文明，就如同在沙漠上建立这种文明一样。不把根深深地扎在过去是不牢固的，历史的连续性是一条不容忽视的法制。”“我很难想象中国人怎么可能在完全放弃了自己的传统而全部采用新的东西时还叫做中国人；而一旦他们不再是中国人时，他们就丧失了作为一个民族而存在的理由。”“如果说这5000年积累的文明在人类文明中毫无价值，那么就违反了我们对天意留美的坚定信念。一种不仅能够维持国家稳定，给人们带来满意和幸福的生活，而且孕育了一代又一代仁人志士的文明，肯定蕴含着极其有价值的东西，人们是不愿让它就此消亡的。”【《韦卓民学术论著选》，华中师范大学出版社，1997年，第440页。】

韦卓民同时认为，“企图将中国文化统统地保存下来如同将它抛弃一样，都是十分荒谬的”，“大家都会承认，我们笨拙的交通工具和落后的通讯方式无论怎样都没有保存的价值。划船、手推车和马背上的送信人毕竟大大逊色于汽车、卡车、现代化的邮局和电报”，“简朴是一种美德，在今天这个奢侈享乐之风盛行的世界，我们最好不要将它置诸脑后”。中国科学对如现代科学之类的成就，没有什么好谈的，但是，“我们在农业和医学方面的知识为研究科学的学生们进行探索提供了信息全面的宝藏。系统的研究将会极大地造福于全人类，并促进这些科学的发展”。中国的教育制度和政治体制远远落后于世界先进水平,“但我们的以经验为根据的知识是不应该被蔑视的,更不用说我们的古代典籍中的一些好的准则。……这些原则又完全应该受到现代学生的高度重视”。此外,中国的风俗、伦理和宗教都需要进一步认真细致研究。“中国人的风俗习惯严重地背负着历史的沉淀物,将它们全部抛弃是一件再容易不过的事,但是这不免太轻率了。在这些风俗习惯中,有大量有意义的东西。”中国的道德在世界上享有盛誉,保存这种道德是必然的要求。“古代圣人关于道德的崇高理想和谆谆教诲以及中国人优秀的道德准则是世界人民的一份财富。我们务必认识到这份财富的丧失是件令人痛心的事。崇高的理想和高尚的思想不容易变成现实,但它却有特殊的韧性,这使它们幸免遗弃而得以流传下来。”【《韦卓民学术论著选》,华中师范大学出版社,1997年,第444页。】

第三,提出了怎样为中国人和世界各国的人们保存中国文化中所有这些好的东西的一些具体设想,强调指出,保存中国文化的最好方法是:“给中国文化一个有价值的激励,使之在新的时期、新的条件下展现自身,发扬光大。”“我们希望给中国的精英们以自由地运用才智的机会,以便使基督教通过中国文明得以阐释,从而使它的伟大真理得到更为圆满的表达。只有将中国文化作为一件完美的礼物奉献给上帝,它的目的才能够达到,它的价值才能够得以保存。”【《韦卓民学术论著选》,华中师范大学出版社,1997年,第447页。】

同月 中国非基督教运动再度活跃。上海一些学校重建“非基督教学生同盟”。上海学联的机关刊物《上海学生》也刊行了《非基督教特刊》,指导和联络各地“非基”运动。该刊相继出版20期,登载了61篇反基督教文章。其时为中国共产党和中国国民党合作时期,国共两党对非基督教运动都持积极支持的态度,并且将非基督教运动引向反对教会教育、收回教育主权的目标上。在国共两党的推动下，1924 年 7 月，中华教育改进会南京年会通过了“收回教育权案”。10 月，全国教育联合会在开封召开第 10 届年会，通过了《取缔外人在国内办理教育事业案》及《学校里不得传播宗教案》两大议案，使得“收回教育权成为全国一致的舆论”。全国各省区教育会也先后制定出取缔教会学校的决议案。12 月，上海、武汉、南京等许多全国大中城市纷纷召开了反对基督教群众大会，举行了大规模的示威。

秋 在韦卓民等人的不懈努力下，武昌文华大学、武昌博文书院大学部、汉口博学书院大学部合并组成华中大学，设文学院、理学院和教育学院。原文华大学校长孟良佐担任华中大学代校长，韦卓民被推选为副校长兼教务主任，实际负责华中大学的内部事务。

华中大学开拓者孟良佐

11 月 1 日 华中大学正式开学。据曾在华中大学服务近 30 年(1923 年—1951 年)的美国圣公会在华传教士柯约翰(John

L. Coe)的回忆：

> 1924年11月1日的开学典礼持续时间很长，给人们留下了深刻的印象。理事会成员、教职工和来宾鱼贯入场。在宣读了华中大学的章程以后，理事会、教职员和学生代表分别致辞。湖北省外事厅的吴厅长代表政府当局致辞，对华中大学的成立表示祝贺，祝愿华大鹏程万里。湖北省教育厅陈厅长也发表了讲话。

中华大学校长陈时

> 武昌中华大学（该大学是一所对教会学校持友善态度的私立大学）的陈时校长用中文作庆典的主要发言。陈时先生指出，有意于促进中国教育事业的外国人士应该专心于两件事：第一，在着手工作之前，必须完全搞清楚这个国家的环境，即政治和社会方面的条件；第二，教会学校和公立学校应该经常互相交换意见，教会学校的学生和公立学校的学生在课外活动方面应该互相协作。
>
> 用英文致辞的来自英国的巴伯博士（Dr. Barber），是博学学院的前身——博学书院的创始人之一。他这次来武昌，是为着参加博学学院建校30周年纪念活动和一栋新建筑物的奠基仪式。他在讲话中指出，华中大学的学生因道义上的力量获得受教育的良机，但中国学生在教会学校里仍有学习他们自己国家

文化的义务，不要忽略了解自己的传统文化是每个学生的责任。巴伯博士进一步指出，教育的基础是广泛的，在不久的将来，华中地区一定还会有其他宗教组织办的学校。【[美]柯约翰：《华中大学》，华中师范大学出版社，2003 年，第 28 页。】

这一学年，华中大学有 89 名学生，其中 34 名是新生，高年级的学生都是以前文华大学的学生。34 名新生中有 32 名来自文华中学或者长江沿岸由美国圣公会资助的其他教会中学，2 名来自英国资助的教会中学博文书院。各项教学工作进展顺利，其足球、排球运动队也是武汉最好的运动队之一。

1925 年　37 岁

5 月　上海发生“五卅惨案”。中国的民族主义和反帝情绪达到了高潮。6 月，在上海召开的“全国学生第七次代表大会”，通过了《非基督教运动》的决议案。上海《民国日报》的《觉悟》副刊、汕头的《反基督教周刊》、广州的《民国日报》和设在上海的中国共产主义青年团机关刊物《中国青年》等报刊杂志，刊登了许多激烈的反基督教文章。从 5 月至年底，全国许多地方的教会学校发生学潮事件，学生们提出了取消宗教仪式，驱逐敌视中国民族主义的西方人，由中国人领导学校等要求。教会大学的学生还参加了罢课、示威和抵制洋货等活动。在强大的舆论压力下，当时的中国北洋政府教育部于 1925 年 11 月 16 日颁发“北京政府教育部布告第十六号”令，规定：外国人在中国设立的学校必须向中国政府注册立案，遵守中国有关教育法令；学校名称冠以“私立”字样；学校校长须为中国人；学校董事会中，中国人名额应占半数以上；学校不得传布宗教；学校课程须遵教育部所定标准等。【朱有、高时良：《中国近代学制史料》（第 4 辑），华东师范大学出版社，1993 年，第 784 页。】

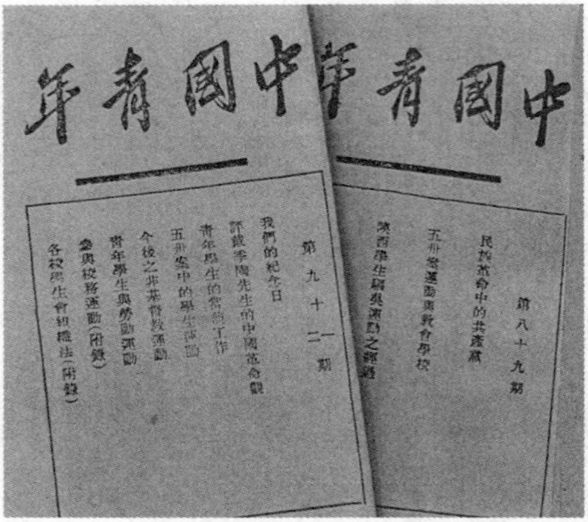

《中国青年》封面照

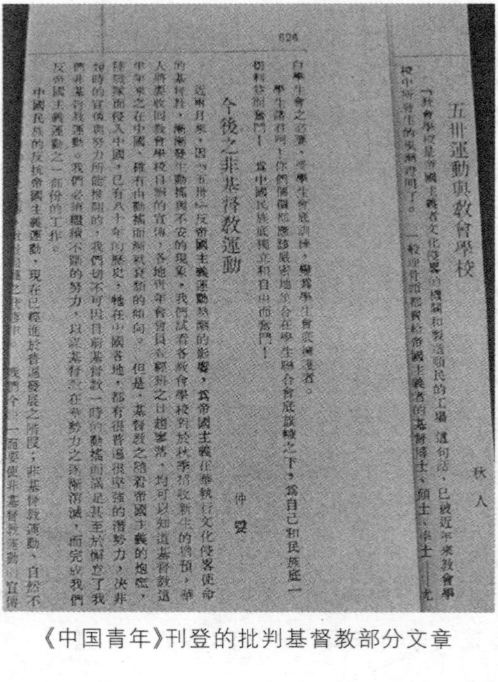

626

五卅運動與教會學校　秋人

「教會學校是帝國主義者文化侵略的機關和製造順民的工場」這句話，已被近年來教會學校中[illegible]證明了。——一般[illegible]都[illegible]帝國主義者的基督博士、碩士、學士——尤

[illegible]白學生會之必要，受學生會底訓練，變為學生會底擁護者。

學生諸君啊！你們個個都應該嚴密地集合在學生聯合會底旗幟之下，為自己和民族底一切利益而奮鬥！為中國民族底獨立和自由而奮鬥！

今後之非基督教運動　仲[illegible]

近兩月來，因「五卅」反帝國主義運動熱潮的影響，爲帝國主義任奔執行文化侵略使命的基督教，漸漸發生動搖與不安的現象，我們試看各教會學校對於秋季招收新生的[illegible]預，華人將要收回教會學校自辦的宣傳，各地青年會會員[illegible]之日趨冷落，均可以知道基督教近年來之在中國，確有由動搖而漸就衰頹的傾向。但是，基督教之隨着帝國主義的炮艦，陸戰隊而侵入中國，已有八十年的歷史，植在中國各地，都有很普遍很堅強的潛勢力，決非短時的宣傳與努力所能推翻的，我們切不可因目前基督教一時的動搖而滿足甚至於懈怠了我們非基督教運動。我們必須繼續不斷的努力，以促基督教在華勢力之逐漸消滅，而完成我們反帝國主義運動之一部份的工作。

中國民族的反抗帝國主義運動，現在已經進於普遍發展之階段；非基督教運動，自然不[illegible]之[illegible]中。我們今[illegible]一面要使非基督教運動的宣傳

《中国青年》刊登的批判基督教部分文章

在这样的历史背景下，韦卓民在华中大学的地位更显重要。柯约翰回忆："在华中大学的初期……与代校长密切合作，才华横溢的韦卓民先生实际负责华中大学的内部事务。"1925 年，当华中大学进入第二学年时，"这一时期，理事会的工作也进展缓慢。他们越来越多地听取教务长韦卓民先生的意见，并对韦先生把中文系建设成为与英文系同等水平的系所作的努力给与鼓励。"【[美] 柯约翰：《华中大学》，华中师范大学出版社，2003 年，第 25、30～31 页。】

1926 年　38 岁

年初　韦卓民在上海举行的基督教协会会议上作题为《试论基督教的中国本土化》讲演。该稿刊登于同年 2 月的《中国纪事报》上，后收入《韦卓民学术论著选》中。

他指出，华中大学作为一所教会大学，其目的是为了培养中国教会所需要的人才。因此他认为应该"让基督教会在中国土地上生根，将中国人的生活基督教化，给中国人的道德以新的灵魂"，这样才能为中国培养出更多的基督教领导人。他主张基督教应该中国化，不仅应该产生本土化的教会，而且应该产生本土化的神学。基督教必须尊重中国的社会结构、文化习俗，逐渐形成"中国形式"。他说："作为存在于人身上的上帝的神圣生命，基督教在中国不是并且永远不可能是土生的，既不是犹太的或非犹太的，也不是希腊或拉丁的，不是东方或西方的——而只是一个上帝，一个基督，一种信仰和一个希望。但是从后一种意义上讲，基督教因时间地点不同而不同，因人而异。'基督在我心中，而不是我在基督之中。'"【《韦卓民学术论著选》，华中师范大学出版社，1997 年，第 394～395 页。】"当基督教或通过耶稣基督而来的上帝的神圣生命存在于中国人和中华民族之中时，它就将体现自身于中国的家庭、中国的社会、中国的政府以及中国的教堂。当这种形式完全中国化时，它将成为土生土长的。而且如让这种形式自由发展，它就不得不是土生土长的。”【《韦卓民学术论著选》，华中师范大学出版社，1997年，第396页。】“什么能使中国教会本地化呢？当然，它的成员必须是中国人，它的领导人物也应由中国人担任，资助其活动和机构的钱也应主要来自中国。”【《韦卓民学术论著选》，华中师范大学出版社，1997年，第397页。】韦卓民认为，只要找到基督教与中国文化相融合的契合点，尊重中国人的思维特点与若干思维习惯，因势利导，基督教就能与中国文化和中国社会相融合，将在中国得到广泛的传播。从这种“基督教中国化”的主张出发，他提出华中大学应该致力于“融合东西文化”，使教会大学成为东西文化交流和融合的重要场所。在他看来，东西文化的接触与融合，对于中国的繁荣是有益无害的。要使西方文化对中国文化发生积极的、正面的作用，就必须作系统的、计划周密的、整体的融合。在这前后，他还相继发表了《要使基督教在中国有活的生命》、《中国的本色教会》、《“民族革命”与基督教运动关系的若干问题》等一批论文，集中强调了“基督教中国化”的问题。【马敏、周洪宇、方燕主编：《跨越中西文化的巨人——韦卓民学术思想国际研讨会论文集》，华中师范大学出版社，1995年，第78～79页。】

韦卓民认为基督教是一种在西方文化土壤里生长和发育起来的宗教。要想使这种在根本精神上与中国文化迥然相异的宗教在中国具有“活的生命”，就必须使“基督教中国化”。他说：“吾人认为基督教，其涵义有二，一为藉着耶稣基督，神生活在人和在人类社会，二为以人类种种形式，来表达那种神生活……就上帝的神生活之在人而言，基督教在中国，不是土生的而且从来不会这样……但是就神生活之在人类的表现而言，假若说是纯真的话，那些表现便该是土生的固有的。”【华中大学韦卓民纪念馆编印：《韦卓民博

士教育文化宗教论文集》(台北),1980 年,第 45 页。】

要使"基督教中国化",就必须发展具有中国特色的基督教神学。基督教决不是仅仅表现在外观形态上,更重要的是体现在其精神内容上。他指出:"每一个国家民族有它的个性,所以有它生命的特殊职责和表现。假若我们一定要试图限制这种表现的差异性,人类将会极其贫乏。一定要给与所有国家或民族一种表现的自由在这种方式下,最适于他们历史背景和他们的特殊添彩。只有在那种方式之下,从不同的国家、民族到全世界,才有真正贡献的来临。"【华中大学韦卓民纪念馆编印:《韦卓民博士教育文化宗教论文集》(台北),1980 年,第 46 页。】

在中国传播基督教教义,必须以中国人固有的方式,充分采取中国文化的形式,与他们的原有生活融为一体,基督教会才可以在中国土生土长。韦卓民认为:"当基督教或藉着耶稣基督的上帝神生活之在中国人和在中国,这种生活必将表现于中国家庭、中国社会、中国国家以及中国教会之中。当这种形式完全中国化,那必是土生土长的,以及它不得不是土生土长,假若它是任其自由表现。"【华中大学韦卓民纪念馆编印:《韦卓民博士教育文化宗教论文集》(台北),1980 年,第 47 页。】

韦卓民指出基督教在中国本土化不排除外借或适应的因素,但是不能通过强制的方式。他强调:"朋友们,不要以为我是说,要国外回来的牧师们,必须停止他们自己那种对我们的宣教方式。让他们把欧美基督教团体许多丰富的传统,带到中国来,让他们把他们的策略,他们的信条,他们的礼节一起带来,我深信这些都是基督教的经验和仪态的成果,在这些成果里,他们最好表达他们宗教生活和信念。所有这些,我们都欢迎,只要那不是独断地指说,他们其中的任何一种,都是最后的。或者是我们中国人所表现我们的宗教生活,是许多早为国外试过的方式之一种。使基督教在中国土生土长,亦不排除外借或适应的因素。但外借必须由中国人自己来外借,而不是强制他们借。”【华中大学韦卓民纪念馆编印:《韦卓民博士教育文化宗教论文集》(台北),1980 年,第 49～50 页。】

基督教是与教会联系在一起的。因此,韦卓民也格外重视教会在基督教中国化中的作用。他认为外国人不应该控制中国的教会,教会应由中国人自己管理。他说:“土生土长的基督教问题,一开始便是一个土生土长的教会问题。……什么可使在中国的教会土生土长呢? 自然,教会的成员一定是中国人,领导人物也设想是中国人,支援它的活动和机构的财源,也大半来自中国。”【华中大学韦卓民纪念馆编印:《韦卓民博士教育文化宗教论文集》(台北),1980 年,第 48 页。】

韦卓民还认为基督教在中国的日子并不算短,但仍未能在中国本土上活出生命来,主要原因是中国教会及信徒缺乏充分的自由去试验和表达基督教信仰。这两者在基督教与教会在中国的土生化伟大工作上,都是重要的。他说:“表现的自由和试验的自由,对于使基督教和教会能够在中国达成土生土长的伟大任务,是很重要的。……把这种表达的自由给于中国的基督徒,我们或可期望,在时机一成熟,将使土生土长的中国教会,开花结实——用他们自己的活动,自己在艺术和神学的表现,自己的体制和组织——这些对他们宗教声明,不是阻碍,而是上帝在人的生命里自然和自发的表现。”【华中大学韦卓民纪念馆编印:《韦卓民博士教育文化宗教论文集》(台北),1980 年,第 49～50 页。】

10 月 孟良佐校长回美国休例假,韦卓民代理了校长职务。“在孟良佐赴美期间,韦卓民先生仍担任中文系的系主任,孟良佐主教将华中大学的事务几乎都委托给了他。尽管韦先生没有校长头衔,但他实际履行着校长的义务,这对华中大学来说是一件很幸运的事情。”【[美]柯约翰:《华中大学》,华中师范大学出版社,2003年,第35页。】同时,韦卓民兼任文华中学校董事会主席。

1926年秋,北伐军攻克武昌。图为攻克后的武昌城

10月10日　北伐军开始强攻武昌城,经过激烈战斗,围困40天的武昌城被占领,城内守将、直系军阀吴佩孚的悍将刘玉春及陈嘉谟以下官兵万余人悉数被俘,创造了北伐战史上最为辉煌的战绩。

1927年1月1日,武汉各界庆祝北伐胜利暨国民政府迁汉纪念大会

北伐军攻占武昌城后,刘玉春及其部分军官翻过学校院墙,曾一度潜入华中大学,试图伺机逃跑。北伐军叶挺独立团闻讯派兵包围了学校。韦卓民作为华中大学校方领导,在校园门口迎接北伐军,向叶挺独立团移交了躲进校园的军阀将领。

在北伐军围城期间,华中大学的文华校园成了避难中心,难民多是城墙附近的市民,也包括近郊的居民。图书馆和其他楼房都挤满了难民及他们随身携带的物件。其间,曾经有一颗炮弹击中图书馆,所幸没有爆炸,因而未造成人员伤亡。

武昌的吴佩孚残部投降后,难民们很快撤出学校回家。随后,韦卓民领导学校师生员工及时清理了各种建筑物,开始了新学年的准备工作。由于校方在战争期间管理得力,学校没有受到大的破坏。10 月 25 日秋季开学时,有 78 名学生注册,人数比前一年略有增加。因为受战争的影响,有五六名学生未能返校,但全校教职工悉数到位。

是什么力量支撑着韦卓民要将华中大学办下去呢?这要归因于他的坚定信仰。韦卓民后来在谈到华中大学的这段时期说:"我们之所以能够在此将学校维持下来是因为我们对学生、对雇员、最终对这场革命采取了合作态度。这不仅是出于谨慎,这是因为我们深信基督教信仰的力量。"【"Some Aspects of the Relation of the 'Peoples' Revolution' to the Christian Movement", *The Chinese Recorder*, LVIII (1927).】

1927 年 39 岁

1 月 在上海全国基督教协会会议上发表讲演《要使基督教在中国有活的生命》。

2 月 讲演稿刊于《中国纪事报》(后于 1979 年由台湾万先法译出,载于 1979 年台湾《圣公会通讯》第 25 卷第 4 期)。

是年　受全国非基督教运动的影响，教会大学的领导者越来越多地遭受到中国民族民主主义者的攻击。美国学者杰西·格·卢茨在其所著《中国教会大学史》中指出："其时决定教会学校命运的，已经不是传教士的愿望，而是中国的政局了。"【马敏、周洪宇、方燕主编：《跨越中西文化的巨人——韦卓民学术思想国际研讨会论文集》，华中师范大学出版社，1995 年，第 161 页。】

3 月 24 日　北伐军攻占南京后，发生了士兵冲击和抢劫英、美、日等国领事馆并打死打伤侨民的"南京事件"。游弋在长江上的美、英军舰借口保护外国侨民，炮轰南京城，毁房多间，致使中国公民百余人伤亡。事件在武汉的外籍教师和牧师中引发了恐慌。3 月底，他们纷纷离开武汉。华中大学的各门课程均由韦卓民和中国教职员承担。但是，当时的社会局势已经对华中大学的发展很不利。由于游行活动太频繁，学校已经没有多少时间能真正从事教学。政治宣传越来越激烈，那些按基督教方式办教会学校的中国教会领导人被称为"洋奴"。

5 月 18 日　面对日益恶化的局势，韦卓民已经无力支撑华中大学的正常运作了。经过一番痛苦的思考，他决定解散自己为之付出了巨大心血的华中大学。韦卓民后来在《华中大学史略》（两周年纪念特刊）中这样写道：

> 民国十五年冬，少数激烈分子希图攫取政权、摧残文化，不遗余力。湘鄂公私立学校先后停闭，华中大学坚持至翌年五月。继而武汉学生会强迫学生参加迫害工作。华中大学不忍坐视华大学生误入歧途，遂于五月十八日解散学生。【《韦卓民个人档案大事年表》，原件藏于华中师范大学档案馆。】

5 月下旬　韦卓民离开华中大学，在汉口乘英国怡和洋行"公和"号轮船去上海避难。柯约翰在《华中大学》中记录如下：

"5月初，反对韦卓民先生的声浪甚嚣尘上，以致韦先生的朋友们认为他的生命已受到威胁。很多学生被告知，韦先生热衷于以基督教方式管理学校，与华中大学和文华中学的学生委员会作对。一天晚上，在鼓动达到顶峰的时候，韦卓民先生过江到汉口，搭上一艘去上海的英国轮船，悄然离开了武汉。"【[美] 柯约翰：《华中大学》，华中师范大学出版社，2003年，第37页。】

经过两天的旅行，韦卓民所乘坐的轮船终于抵达了上海码头。然而，让韦卓民始料不及的是，刚一下船，迎接他的便是大批国民党上海"清党"司令部荷枪实弹的军警！他被国民党上海"清党"司令部以"共党嫌疑犯"的罪名逮捕，关进公共租界巡捕房的监牢里。

关于韦卓民被捕的这段经历，柯约翰叙述道："幸亏美国驻华外交官舒尔曼博士(Dr. Jacob Gould Schurman)也正好搭乘那条船，因为要整韦先生的人发现他从武汉溜走后，便向上海方面通报说韦先生是狂热的共产主义者，要去上海传播共产主义。韦先生搭乘的轮船一到上海，几个等候在那里的警察便奉命将他拘捕起来。舒尔曼博士见状，便向警察陈述并担保韦先生不是共产党人，但这并没有能够使他们立即释放韦先生。后经与上海当局再次交涉，韦先生方得以从监狱里释放出来，但被要求在他的案子的进一步调查期间，不能随便离开上海。如果不是舒尔曼博士看见韦先生被拘捕并很快向上海当局保释，很可能就再也见不着韦先生了。上海的警察当时正忙于搜捕共产党嫌疑犯，许多被捕者未经审讯就悄无声息地失踪了。"【[美] 柯约翰：《华中大学》，华中师范大学出版社，2003年，第37～38页。】

韦卓民被捕的情况，当时在上海的美国女记者安娜·路易斯·斯特朗也曾有记载："斯特朗走在上海街上，到处可以看到大规模镇压的迹象。报纸上刊登消息，在英国人的默许下，中国军队在从汉口开来的英国轮船上逮捕了‘共产党嫌疑犯’。被捕者中有武昌文华大学的校长韦卓民。他本是一个保守的基督徒，曾和大学里的共产党有过矛盾，但此时也连同与他同船的五六个学生和其他知识分子一起被逮捕。在有影响的朋友营救下，韦卓民被释放，而其他人则由民事法庭转到军事法庭，随后便失踪了。”【转引自李辉：《在历史现场——换一个角度的叙述》，大象出版社，2003 年，第 78 页。】

余日章先生

营救韦卓民的具体过程是这样的：舒尔曼博士没有能够使国民党上海“清党”司令部立即释放韦先生，便立即打电话报告上海圣公会主教。主教即通知公共租界英军司令部，没有将韦卓民送到“清党”司令部。第二天，青年协会总干事余日章和沪江大学校长刘湛恩出面斡旋，通过租界法庭形式上的审讯，将之保释出狱。【马敏、周洪宇、方燕主编：《跨越中西文化的巨人——韦卓民学术思想国际研讨会论文集》，华中师范大学出版社，1995 年，第 274 页。】

韦卓民被保释出狱后不久，被获准得到了人身自由。随后，他离开了上海。

“在韦卓民先生抵达上海约一个月后，上海当局通知他：对他是共产党嫌疑犯的指控已澄清了，现在他已经自由了，可以去他想去的任何地方。于是，韦先生离开上海，回到了广东中山的老家，短时间探亲之后启程去了英国。”【[美] 柯约翰：《华中大学》，华中师范大学出版社，2003 年，第 38 页。】

9月 赴英国伦敦大学留学，师从著名哲学家霍布豪斯(Hobhouse)，专攻西洋哲学史、比较伦理学。“在英国留学两年，在伦敦大学规章许可之内，用了大半年时间赴法国巴黎大学和德国柏林大学听讲。”【韦卓民：《武昌文华书院及其后身华中大学》，写于1964年，原载《武汉文史资料》第9辑，1982年。】

同年 被美国南方大学授予名誉法学博士学位，并成为美国南方大学同学会会员。

1928年 40岁

是年 在英国牛津大学卫克里学院上了一学期课程，被吸收为该校同学会会员，之后每年都收到校友通讯录。

是年 应伦敦基督教团体的邀请，在《中国人心目中之今日中国》一系列专题中，发表了《东西文化之综合问题》(Synthesis of Cultures of East and West)一文。后人评价他的这篇文章时说：“虽时隔半世纪之久，但文中论及文化之意义，文化之积累，文化冲击及交流之不可避免性，以及两种文化背景融合时之涵容与取舍，句句精到，价值犹新。韦氏复论及从事基督教教育者，应在了解中国文化基础下，介绍西学，传播福音，始不致为人视为洋奴，又可想见当年主持基督教高等教育者之卓识与伟抱。”【华中大学韦卓民纪念馆编印：《韦卓民博士教育文化宗教论文集》(台北)，1980年，第62页。】

该文首先论及了文化的含义。他说：“文化一词有许多种含义。有时它用来指一国的整个社会传统、其艺术及科学、语言及文学、教育及政府、风俗及制度、伦理及宗教等。其他时候，它指个人优美的修养，其出入上层社会有礼的举止，及其遇事熟练的适应。然而，本文中将此一词用来指个人拥有的社会传统，及经由个人一股心智精神将其表现于外，其对某风俗制度之态度及其将这些态度对其同胞表示之方法所有的社会传统。……文化在这一解释下所含的社会意义是非常深远的。它是将社会结合在一起的关联，是使人与同胞交流的共同语言，使全体经验及社会价值储存，保全及传播的方法。因此当我们处理一民族的文化时，我们所处理的不仅有重大的社会价值，而且精神上的意义也很重要。”【华中大学韦卓民纪念馆编印：《韦卓民博士教育文化宗教论文集》(台北)，1980年，第53页。】

不同的文化进行接触必然就会产生文化的融合，这是不以任何人的意志为转移的。对此，韦卓民强调：“每种文化的接触早晚会导致两种文化的融合，这种普遍的定理也是无法避免的。在我们眼前就可以看到中国正在进行这种融合。试看如上海这种商埠的生活，并看看那里的改变。中国人正吸收外国文化的成素，不管我们愿不愿意。这种事我们可以引导，可是无法阻止。……可是在其他方面还有更深、更大的潮流朝着这方向走。每年都有学生出国留学、归国，每个月都有翻译的外国书籍出版，每天都有新思潮在散布，西方文化已经在我们当中无时不在影响，改变我们古老的文化，与我们教会机构的教育工作不太有关联。东西文化的接触已在我国产生无法避免的影响，就如同在他时他地同样的接触所做的。”【华中大学韦卓民纪念馆编印：《韦卓民博士教育文化宗教论文集》(台北)，1980年，第54页。】

文化的融合必然会导致文化的改变。当时，国家主义盛行，许多人惧怕国家文化被改变，常对影响文化纯净的因素采取敌对的态度。韦卓民却认为这种看法是不适当的，应当用开放的心态来面对文化融合的潮流。他指出：“……然而从更大一方面看，这种恐惧是不必要忧虑的。文化的改变对国家繁荣有益无害的情形在世界文化发展史上不乏先例。文化的改变并不一定危害到国家的生命，反而经常使其更丰盛。其实这也是各种有机生命的基本原理。有机体须从其环境中吸取并同化一些要素，而只有在吸收及同化的过程不断的情形下，才可能有生命。……我们的文化（目前所接触到的文化）是这种吸收、同化过程的产物。只要稍微研究一下，就可以发现其成素的起源不同，就如历史古城南京，它的砖头来自各地，但这并未减少其坚固，反而增加了它的丰盛。”【华中大学韦卓民纪念馆编印：《韦卓民博士教育文化宗教论文集》（台北），1980 年，第 53～54 页。】

20 世纪 20 年代，中国学术界正在盛行比较东西方文化异同优劣、如何存优去劣的文化讨论热潮，韦卓民经过比较分析，认为文化的融合是在文化综合的基础上发生的。“……现在这种文化接触是我们用来教化人类的绝佳机会，我们岂可轻易放过？我们岂可满足于漫无目标的表面改变及无关紧要的机械融合，而不尝试做一些更深一层、更具建设性的事情？我们所要做的不是贴贴补补的工作，或是单纯的融合，而是系统的、计划周密的、整体的综和。……‘综合’一词是很重要的。它意指我们须对我们要综合的文化有完整的分析，比较其优缺点，然后造成一个有机的整体以保存两种文化的优点。我们必须这样做，而且须以母体系统为新结构的间架。这是精神创新的工作。”【华中大学韦卓民纪念馆编印：《韦卓民博士教育文化宗教论文集》（台北），1980 年，第 55 页。】

韦卓民认为，教会大学里的中外师生在一起生活和工作，为人们提供了中西文化交流和融合的重要场所。人们本着彼此欣赏、互相学习的精神，能够达到“综合中西文化”的目的。“……在基督教学院里，西方及中国学者以同志的精神并肩工作，同时也是为训练新中国领导人才这相同的志趣一起工作。我们在基督教学院里，不管外国人或中国人，不仅是一起工作、一起思想，而且住在一起，以最亲密的态度彼此担负责任。因此在我们工作中，既有机会去消除分割文化背景不同的个人及团体的因素，也有各种便利可使我们能仔细地观察我们文化的基本并耐心研究，而不是只做些表面工夫而已。”“因此，在这种方式下，透过同情的观察及耐心的研究，就会发现中国的许多特征与西方特征即使在基本上不同，也是可以协调的。可是这需要同情的眼光及欣赏的心境，方能发现其真正本质。”【华中大学韦卓民纪念馆编印：《韦卓民博士教育文化宗教论文集》（台北），1980年，第58页。】

教会大学如何才能做好“综合东西文化”的工作呢？韦卓民提出了三点具体的建议：“首先，必须吸收更多受过本科优良训练的有良好中国文化背景的中国学者，以充实大学师资，特别是社会科学的教学。他们不仅必需介绍西方事物给学生，同时也必需教导他们这些对解决中国问题有什么帮助。这些人应占协助制定一机构之教育政策及指导其行政的地位。其次，外国教授应更加注意研究了解中国观念及制度，不要把这重要的研究延后，以免太迟。除非他们能把握住学生及中国同事的一般态度及文化背景，否则他们珍贵的协助就会被误用，而他们的好意会被误解。第三，在学院课程中的中国科目，应占更大的比重，——而且应该尽力教好。……应该鼓励教会大学的学生们以中国人的观点思想，以合于中国人的态度做事。”【华中大学韦卓民纪念馆编印：《韦卓民博士教育文化宗教论文集》（台北），1980年，第60～61页。】

7月　在《教会国际评论》发表《一个中国基督教徒的佛教观》。

是年　出席基督教世界运动耶路撒冷大会。

是年　撰写博士学位论文《孔门伦理》。

1929年　41岁

1月　重新筹建华中大学的英国循道会、伦敦会，美国的复初会、雅礼会和圣公会5个差会的代表在武昌孟良佐主教住所开会，商讨华中大学重新开学的有关事宜。会议决定如下:(1)以孟良佐主教为首的执行委员会制定详细的计划,为1929年9月华中大学重新开办做出最大努力。(2)5个协作差会的代表与他们各自的教会协商,带回关于派遣人员的数量以及年内支援华中大学财务的详细报告。(3)代表们认为华中大学及早在教育部注册是必要的,各差会代表应就此征询各自差会的意见,并尽可能快地获得国内总部的批准。(4)由与会代表制定出华中大学临时章程草案,并提交给各自的差会。为了促成华中大学的注册,制定草案时应充分考虑教育部有关私立大学的规章,以保证最后确定的章程不与教育部的规定相抵触。(5)代表们同意将于5月再次聚会,讨论执行委员会关于华中大学9月份重新开学的计划,希望各差会能在5月前收到国内总部有关华中大学章程草案的答复,以便能按照章程开展工作。【[美]柯约翰:《华中大学》,华中师范大学出版社,2003年,第43页。】

同月 继续撰写博士学位论文。在写博士学位论文的过程中,导师特别注意培养韦卓民搜集材料和研究问题的方法与能力。韦卓民后来回忆说:

> 在伦敦大学时,导师指导我写博士论文的过程中,很注意培养我搜集材料和研究问题的方法与能力。以下几例可见一斑。
>
> 在搜集材料问题上,老师只对我进行一般性的提示,而不具体告诉我搜集哪些材料,怎样和到何处去搜集。他认为,研究生是作为专家来培养的,而未来的专家应该了解本专业各方面的情况;如果还要老师指出论文材料的范围、出处以及搜集的方法,那怎能培养出合格的专家?因此,老师指导我搜集材料时,总是让我钻烟囱,等我钻得差不多了,他才说,这里不够,那里不行,要我再去钻。开始,我把搜集的材料送他审阅,

他说不行，不够。我请教他，应该再如何搜集？他幽默地说："在这个问题上，你是专家，我是外行，我只代表学术界对你提意见，找毛病，评论你研究成果的价值，你不要依赖我给你更多的东西。"我对老师的这几句话印象十分深刻，使我认识到，独立研究是一个研究生首先的和起码的职责，不具备这个条件就根本不配当研究生。

有次，在我送审的提纲中提到，陶器在公元前约 5 世纪至 3 世纪发明于中国，而后才传入东欧。此问题本与我的论文主题无大关系，但碰巧这个观点同英国一位地质学家和一位陶器专家的观点相左。我的老师对此情况颇感兴趣，乃鼓励我深入钻一下这个问题，搜集更多的材料以证实自己的看法，并敢于向那两位专家挑战。我本是研究哲学的，现在要我去钻陶器的发源地及其传播的历史，不免离开我的本行和研究主题而进入地质、考古的领域了，牵涉面太多、太广。但我必须遵照老师的教导去做，我一头扎进图书馆，广泛搜集资料，访问有关专家、学者，终于写出一份有分量的材料，证明了我的观点，驳倒了那两位专家。事后我体会到，老师并不是要我离开本题去钻牛角尖，搞枝节问题；而是借这个问题培养我独立地广泛搜集各种有关资料的能力，开阔我的视野，扩大我的知识面，同时培养我以严肃的科学态度敢于向权威挑战的勇气和创新精神。

还有一事启发颇大：在写论文的过程中，我发现我国宋代的朱熹和古希腊亚里斯多德在一些重大哲学问题上相类似。那么，他们的思想有没有历史的联系？朱熹是否受过亚里斯多德思想的影响？但两位哲人在时间上相距 1700 多年（一为公元前 5 世纪，一为公元 12 世纪），空间上又远隔重洋，何止万里？加上语言文字的差异，决不能因为两位在哲学思想上有相似之处，就轻率地认为有师承关系。虽然，我国和欧洲早在朱熹之前1400多年已开始通商,但物质的商品交换和抽象的哲学思想的交流毕竟不是一回事。所以,对此问题必须作深入的研究,在掌握大量材料的基础上待证据确凿、理由充足,而后才能作出实事求是的结论。这一问题原来也不是我的论文的组成部分,甚至并无什么直接的联系;但老师却要我作进一步的研究,弄清楚两位哲人究竟有无师承关系,能确证其有固然是成绩,如确证其无当然也是成绩。

在老师的鼓励下,我满怀信心地钻研进去。开始我依据一定的材料,提出了亚里斯多德的思想在朱熹以前传入中国的三个可能性。我的根据是,唐太宗时,大秦景教、伊斯兰教和佛教这三派宗教曾相继传入中国,而宗教语言和哲学语言是有关联的。那么,当时在欧洲盛行的亚里斯多德的哲学就有可能随着这三种宗教之一而传入中国,这就有了三种可能。我按照科研逻辑的方法、步骤,依次验证这三个假设;重新钻研了亚里斯多德和朱熹的有关著作,阅读了上述三种宗教的有关典籍、文献、历史。当时我只掌握了大秦景教和佛教的一些资料,但对于伊斯兰教,我只知一部古兰经,特别是对于它传入中国的历史,却一无所知。我不得不请教内行、专家,或登门拜访,或以信函方式求教(英国学者很愿意用通信方式来回答或讨论问题)。我用了半年的时间钻研、考证,首先否定了其中两种可能性,最后只剩随大秦景教传入这一可能还有一点影子。那时,我到德国请教柏林大学Franke教授(我过去的老师),他找到一篇尚未发表的内部传阅的论文,文中提到亚里斯多德的著作有可能于公元7世纪时通过大秦景教从叙利亚传入中国,但缺乏具体材料证实。这样,这唯一的可能也不过只是一条据以追查的线索而已,它是不能作为肯定结论的充足理由或论据的。当时,在这个问题上,国内外再没有人比我掌握的资料更多了，因此，我完全可以作出亚里斯多德在朱熹以前没有传入中国，因而两位哲人没有师承关系的结论。这是一个消极的否定性的结论，而科学研究中，真正按科学方法得出的一个否定性的消极结论也是重要的，其价值并不亚于一个肯定性的积极结论。而且更重要的不是在这个问题上得出什么结论，而在于经过半年时间对这一问题钻研，我不仅读了不少书籍资料，掌握了更多的专业知识，而且大大提高了钻研问题的能力，学会了科学研究的方法。

我在国外做研究生的四年生活中，体会到一个研究生的首要任务，不是听课，甚至不是读许多书，而是在有经验的老师指导下学习科学研究的方法。大学毕了业的人应该具备自学的能力，知道读什么书，如何读书，不需要花多的时间去听课。我虽然也听过不少课，读了不少书（每年约读 100 本专业书，杂志在外），但我收获最大的则是得到严格的科学训练，锻炼了科学研究的方法。【韦卓民：《浅论科学研究的方法》，载《华中师范大学学报》（哲学社会科学版）1990 年第 2 期，根据遗稿整理。】

3 月　提前一个学期在德国完成博士学位论文，并由霍布豪斯教授审阅通过。霍布豪斯叫韦卓民在剩下的几个月的时间去牛津大学借读，听哲学课。

5 月　在 5 个差会的代表商议选举华中大学的校长及校址问题的会议上，孟良佐主教提议选出一名中国人任校长。鉴于韦卓民渊博的学识和前期成功管理华中大学的实践，代表们一致选举韦卓民为华中大学校长，任期 5 年。

7 月　学位论文《孔门伦理》答辩通过，获英国伦敦大学哲学博士学位。《孔门伦理》对中国的人伦道德赞许备至，认为，“中国人优秀的道德准则是世界人民的一份财富”。

第三编　重建华大

（1929 年 9 月—1937 年 7 月）

1929 年　41 岁

9 月　回国任重组后的华中大学校长。立志献身教育，以期发展华中大学，使之成为中国基督徒高等教育领导中心之一。

就任华中大学校长

重建后的华中大学面临着与其他教会大学和公立大学竞争的强大压力。华中大学重建时，教会大学整体上已进入较为成熟的时期，每所教会大学都有自己的传统和特色，与国内外的网络结构初步形成并逐渐巩固。在华中地区，南京国民政府决定将武昌高等师范学院与外国语学校合并，成立国立武汉大学，力图使武昌恢复到过去湖广科举考试中心的重要地位，由此，对武汉大学的建设在人力、物力和财力上给予了全力的支持。武汉大学领导层在武昌城外购买了大片土地，并制定了宏大的发展计划，决定将其建成可以容纳 2000 名学生的一流大学。在严峻的现实面前，韦卓民等认识到，华中大学要在武汉高等教育中占一席之地，必须抓质量而不是数量，因为5个合作差会提供的资源远远不能同政府鼎力支持的国立武汉大学相抗衡。于是，韦卓民把华中大学的办学特色定位为“小规模”、“重质不重量”【“韦卓民个人档案”，原件藏于华中师范大学档案馆。】，决定集中力量办好人文学科方面的中文、历史、英语、经济、哲学、宗教等系和自然科学方面的生物、化学、物理3个系。

教学楼多玛堂

为保持“重质不重量”的办学特色，韦卓民大刀阔斧进行改革，在学校发展政策、教员选聘、学生数量、教学管理制度等方面，都作了相应的规定并切实予以执行。他回忆说：“本校立案后即致力于经费之稳定，设备之充实，教学研究程度之提高。选聘优良教员，礼遇有加，限制学生名额，宁缺毋滥，以期符合本校重质不重量之主旨。为厚植学子之学术基础，特设中期考试、毕业总考等制度，以为全国倡。复采用宿舍制、导师制，开我国实验高等教育之先声。”【“韦卓民个人档案”，原件藏于华中师范大学档案馆。】他还回忆道："溯我校草创之初，固以讲究高深学术，培植有为青年，为人群谋福利为国家增元气为职志。故招生则宁缺而勿滥，教学则重质不重量。诚欲造就真实人才，以建立坚固之基础，进求无疆之发展。惨淡经营，多历寒暑，此种主张从未少渝。"【"韦卓民个人档案"，原件藏于华中师范大学档案馆。】同年，湖南长沙的雅礼大学、岳阳的湖滨大学相继并入华中大学，学校的规模进一步扩大，正式成立了文学院、理学院以及教育学院，设置了中文、历史、英语、经济、地理、宗教、生物、数学、音乐等10多个学科。"合并后的华中大学共有教职员24人，学生57名。"【韦卓民：《武昌文华书院及其后身华中大学》，写于1964年，原载《武汉文史资料》第9辑，1982年。】

1930年　42岁

是年　与当时的华中大学教育学院院长薛世和联合倡导：华中区20多所教会中学每隔一年召开校长会议、教员讲习会，武汉市教会中学（9所）校长每月开联谊会、聚餐，在各中学轮流举行。

1月　在《汉口通讯》上著文，阐明华中大学的办学目标和动因：

韦卓民校长与美籍教师薛世和（左一）的合影

> 我们认为，这所大学（指华中大学——笔者注）的工作与这个国家基督教

运动紧密结合，是我们政策的很重要的部分。在多重意义上，中国正处在一个十字路口，我们可以预见华中大学的毕业生将积极参与引导国家向正确的目标迈进。我们中间那些相信基督教可以拯救中国的人，希望能够看到我们的学生在完全的基督教环境中受教育。我们相信，中国基督教会一定指望教会大学能够培养它们所需要的领导人。当这个伟大的国家面临命运抉择的时候，这些领导人能洞察下一代或更下一代中国教会和国家面临的错综复杂的问题；他们将确信，除非有一个建筑于伟大人格力量之上的坚实基础，否则中国不能完成任何壮举。

在摒弃某些糟粕的同时，我们可以从欧洲和美国学到许多有用的东西。目前，大约有2400名中国留学生在美国学习，800名留学生在法国，300名学生在德国，还有150～200名留学生在英国。任何曾与这些留学生一道旅居在诸如纽约、伦敦、柏林或巴黎等大都市的人，都会感觉到接受纯粹外国教育的学生少之甚少。大多数旅居外国的留学生，都很少有机会去接触他们置之其中的基督教文明，因而他们回国时便带回了对西方文化有几分离奇的看法。所以，如果中国基督教会要有自己的领导人，他们显然必须在国内培养。研究生教育固然重要，但基础教育必须在地道的中国环境和纯正的基督教氛围中完成。

最近，有关中国教会的问题中没有什么问题比教会的责任感的降低更引人注意，这使中国需要基督教领导人的问题尤显尖锐突出。领导人不会像蘑菇那样一个晚上就突然生长出来，他们必须学会深谋远虑和忍耐。华中大学正是要帮助基督完成这一工作。所以，我们不仅着重于使教学达到高水平，而且还要着重于为教会和中国培养学生的品格，以适合我们正在经历的关键时刻的需要。我们的教育为了基督，同时也来自基督。我们希望越来越多地理解中国基督教会的需要，以尽力推进我们为之存在的事业。【圣公会《汉口通讯》(*HanKow Newsletter*)，1930 年 1 月。】

7 月上旬 华中大学替华中基督教教育协进会举办了一个暑期讲座，参加讲座的有 23 位女士和 19 位先生，韦卓民是唯一的校内主讲者，其他都来自校外。

10 月 发表《基督教学校的行动方向》，认为不管环境如何困难，相信教会中小学应该继续存在下去，其理由如下：

第一，我相信现在这个时期是一个过渡时期，这一段时期有多久却很难说，如果我们基督教教育工作者能做出最大的努力，做适当的正确的工作，这种惧怕和不信任的态度是不会长久的。政府对基督教将采取更自由灵活的态度的日子不久就会到来。遵照政府法规和减少原则牺牲是该赞扬的，等待着好日子到来吧！

第二，在现在形势下，在小学和初中进行基督教工作并不完全可能。我们常说基督徒教师会造成基督徒学校，再没有比这更明确的真理。想想我们每天每日与儿童接触的影响，即使他们在课外时间，在课堂以外，并不进礼拜堂做礼拜或听讲道。但是也有可能把我们学校的学生聚在一起搞宗教活动或把他们带进星期日圣经学校。不仅仅我们的学生，连学生的亲友也有可能，想一想我们有许多接近家属的机会并由此开创了在家庭中做基督教工作的道路。除了这种方式外，用别的方式是行不通的。最后想一想我们基督教教育工作者在居民中，使人看得很清楚的基督教教徒的品德。正是这样我们才能开办学校，关心儿童。

第三，即使我们把形势估计得最坏，不能正面地、公开地做宗教工作，但是，如果有了教会的初中和小学，我们至少可以保证一件事，即我们把这样多的儿童放在我们学校读书，他们就不至于受到随时都可以蔓延全国的反基督教的宣传。

第四，即最后一点，我们应归功于基督徒家长，帮我们维持了一些小学和初中，政府不能剥夺家长在家里教他们的子女他们所要求的宗教的权利。然而，如果儿童们过多接触在学校中的反基督教的或十足的世俗主义的宣传的影响，家庭中宗教教育的效果必然会受到损伤。【原载《教育季报》，1930年10月第22卷第4期，参见《韦卓民学术论著选》，华中师范大学出版社，1997年，第400～401页。】

秋 随着第二学年的到来，华中大学的注册已刻不容缓，韦卓民与临时校董会把注意力放到了华中大学在政府注册的有关事宜上。幸运的是，韦卓民一直保存着1927年湖北省教育厅厅长给当时校长孟良佐的复信。这封复信同意华中大学重建后再注册。韦卓民把这封信的抄本寄给南京国民政府教育部。教育部经调查研究后认可了这封信，并同意注册时不把华中大学作为新学校来对待，因为新学校的注册比老学校要复杂得多。

1931年 43岁

1—6月 为了使注册工作既能得到中国政府的认可，又能符合各协作差会的意愿，韦卓民与临时校董事会经反复研究，起草了4份文件：建校委员会章程、校董事会章程、华中大学章程以及建校委员会与校董事会达成的协议。根据章程，在纽约成立由5个差会代表参加的建校委员会。校董会设在中国，其成员有5个协作差会的代表以及其他有关的中国教会和团体的代表。6月底，所有注册表格填好后，提交湖北省教育厅审核并报送国民政府教育部。

夏 聘请包鹭宾接替前清举人周正权先生任中国文学系系主任。包鹭宾此后十余载，历任讲师、副教授、教授，并兼任校常设委员会的入学、课程、中期考试委员会委员，国文学会顾问及《华中学报》编辑。由于先生的人品、学识见重于时，所到之处受到学校领导与侪辈的敬重和信任。在此前后，受到韦卓民聘请的当时国内的顶尖专家来学校任教的还有楚辞学家游国恩教授，社会学家许烺光教授，物理学家卞彭教授，磁学专家桂质廷教授，教育学家黄溥教授、胡毅教授，化学家张资珙教授、徐作和教授等。

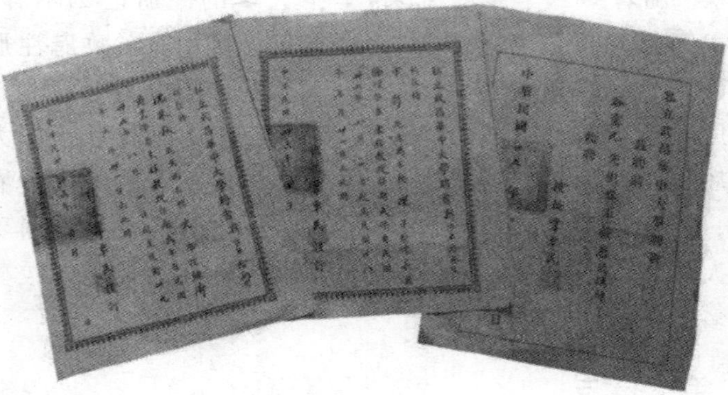

韦卓民校长颁发的聘书

华中大学中文系包鹭宾教授

华中大学理学院卞彭教授

华中大学理学院桂质廷教授

同期 长江流域连降暴雨,江水猛涨。7月28日,长江洪水从江汉关一带溢出,滚滚注入滨江附近一带的街道。8月17日,整个武汉被大水淹没。据《武汉水灾留景1931》画册发刊词记载:"武汉三镇被水历七八九三月,海关水标达五十公尺以上,家产漂没、无家可归者约二十余万人,罹祸之酷,尤百年以来所未有。盖武汉据大江中流,为川襄两水所出入,下游自武穴以下,又淤塞不能畅流,于是水流湍急,诸堤悉溃,汉口固成泽国,武昌、汉阳亦大半被浸,虽后先高下,各以地势隆衰而有不同,而其终于受祸,则一而已矣。……当是时堤防之溃决,家室之倾圮,交通之梗阻,灾民之荡析流离,以及器具牲畜漂流死亡,岂唯目击者为之心伤,继耳食者亦当色变。"【转引自2007年7月16日《长江日报》。】8月25日,蒋介石抵临汉口,于9月1日发表《呼吁弭乱救灾》电文,称大水灾属"天然灾授,非人力所能捍御"。水灾期间,华中大学成为临时难民收容所,安置灾民3000多人。蒋介石在汉期间,由韦卓民陪同,视察了设立在华中大学校园内的难民收容所。【《文华校园洪水退除情况》(英文),藏华中师范大学档案馆。】

1931年武汉灾民栖身地

华中大学师生参加抗洪防疫义务服务

8月6日　湖北省教育厅派两名专员到华中大学视察，就华中大学向政府注册事宜与韦卓民等协商。

10月13日　在金陵女子大学为南京基督教学生退休会上作讲演，由黄教三记录整理。后以题为《中国文化改变中青年应有的态度》在《金陵神学志》1932年第14卷第13期上发表。全文如下：

文明是人类拥有的支配自然界的能力。支配自然界的能力大，则文明的程度高，反之，支配自然界的能力低，则离开野蛮原始时代近。再换句话来说，文明是人类和自然界奋斗的结果，它能减少或消灭自然界给予人类偶有的灾害，如水、火、旱、涝、疫症等灾祸，而增加人类控制自然、支配自然的能力，享受大自然界中所取得之得益或幸福。这是一般学者公认的所谓文明。

科学确实是发达了，60年来的科学发明比60年前数千年中恐怕发明的还多，但是科学的结果表明是怎样？是不是增加了人类的幸福？是不是提高了人类的人格？不幸得很，由观察所得的结果，科学发达而人类的痛苦也跟着增进，这无疑说明一切物质的文明倒是提高了人类的物质欲，而且是无穷的物质欲，而无穷的物质欲使人类沦于自私、阴险、奸诈、谋杀、战争等野蛮的行为，因此人类愈感痛苦了，人格也愈向下堕落了，可见科学发达的结果虽是增进了物质的文明，而物质的文明多半是直接或间接地引导人类走向野蛮的痛苦的国土里去。

我们中国人素以中国的精神文明自豪，许多外国的学者也多说中国是富有精神方面的文明的，而且我们中国的历史确实是一部精神文明史。不过，到了现在还保有精神文明的疆土没有？这不能不使我怀疑起来了，我国的精神文明跑到哪里去了？跑到坟墓去了吗？我们不再需要这骷髅了吗？今日的中国基督徒，实在是缺乏精神文明还是缺乏物质文明，我想恐怕还是缺乏精神文明的多些。为什么有这种出人意料的结果？为什么这么注重精神修养、精神文明的基督徒，又住在素以精神文明自豪的国土中，还会缺乏精神文明呢？原因是服务、贡献之类的说得多，结果把自己忘却了。为了要服务、要贡献，而把自己的个人忘却，不知道还有一个自己是需要修养的。

说到修养个人心性，实在是不可轻视的，是一个关于个人一生的大事。试看古今之大宗教家的生平或伟人成功的历史，他们对于个人的修养是何等的重视。耶稣40昼夜的旷野生活，保罗在大马色的三年静默，是都无意义的吗？是徒耗光阴的吗？我们可以说耶稣之能完成十字架的伟功，保罗传道异域的成绩，都和他们的修养没有关系吗？

由此看来，我们都应该暂时离开繁冗复杂的社会，拨开簇拥着的人们，一登高山，凝神专注地看清楚应走的方向，尤其是预备将来肩任伟大事业的我们不能不这样，否则，盲从着潮流东游西撞是很危险的，从未有自己已是迷了方向，还能有什么成就！

人类的知识是否日增，也是一个疑问，科学影响我们的，是使我们容易失掉方向,使我们坠入五里雾中。这确是事实,为着五花八门同时并进的科学,使我们忘却自己,忘却自己是一个有人格的人,那是没有什么可希罕的了。我们由科学所得到的知识竟失掉了自己,这能说人类的知识随着科学的进步而增加了吗?

我们所有的一切物质的文明,是别人给予我们的,我们现在可以不用再点煤油灯了,更用不着燃烛或桐油灯了,因已有人给我们发明了电灯使我们可以享用,但是别人虽是给了我们这样那样的物质文明,而我们则失去了自己,把自己沉沦于物欲的深渊里。此为今日基督徒学生的最大危机。许多许多有用的青年基督徒这样被卷入漩涡里湮灭了,这是一个很可悲哀的事。

世界各国的青年学生,最忙不过的要算中国和德国的了。他们除了课务外,还有许多什么运动,什么组织,开什么会,结什么社,整天不是忙着这样就是忙着那样,对于他们个人的灵性的修养却没有空暇留意,甚至没有时间去想一想:除了服务和贡献之外,还有一个自己是需要修养的。

因此希望大学的职员们,当设法使学生每日有四分之一的时间可以拿来做修养的工夫。“到民间去”那口号确实是应当高呼的。不过个人还未有充分的力量,下到民间去,也是不会有多大的成就的。欲充实“到民间去”的力量,欲到民间去建设伟大的事业,那就不能不于未到民间去之前就作充分的准备,就进行个人长时间的修养。把自己的人格修养好了,到民间去干起事来才不至于偾事,才有真的成功。

虽是这么说,但我不是说人人都要上山学佛去。须知我之所谓修养,不是消极的为着自己去修养,或是消极的为修养而修养,我所说的修养是积极的修养,是为人类的幸福、世界的和平而努力的必须的修养,不是“各人自扫门前雪,莫管他人瓦上霜”的那种自私自利的修养，而是为着牺牲自己以谋国家社会的幸福的修养。

因此基督徒应该认清楚基督教运动在世界的地位，认识自己在基督教运动中所占的是一个什么位置，并须认清我个人在该运动中应当努力的是什么？为着我们所负的使命是整个运动中使命的一部分，我们所努力的工作是全体运动中的工作的一部分，所以我们一定和大家同向着一个目标跑去，使我们所努力的工作不是违背时代需要的工作，不至脱离时代而和时代需要相矛盾，真正使基督教整个的工作富有成就。

末后的话，我希望所有的青年基督徒，不要为了物质的文明失去自己，不要为着服务和贡献忘却自己的心灵的修养，在这科学发达物欲强盛的时代，尤当认识方向，认识基督教整个的运动，认识自己在这整个的运动中所占的地位和所负使命，然而这都是个人有了相当的修养才可能做到的。

华中大学校门

10 月 24 日　在韦卓民的参与推动下，华中大学成为中国政府正式承认的高等教育机构。国民政府教育部就华中大学申请注册的呈文作出批文："具有文学院、理学院和教育学院三个学院的华中大学以大学级别在教育部注册。"

1931 年华中大学全体教职员合影

随着注册的完成，一个由 15 人组成的建校委员会在纽约成立。由 24 名成员组成的华中大学校董会也正式在中国组建。在校董会中，17 名成员是中国人，超过国民政府规定的校董事会三分之二以上应是中国公民的要求。具体名单如下：

姓名	籍贯	姓名	籍贯	姓名	籍贯
(主席)颜福庆	江苏	吴国桢	湖北	曾约农	湖南
孔乐德	英国	吴德施	美国	郑和甫	湖北
江虎臣	湖北	孟良佐	美国	曾兰友	湖北
何钦士	美国	陈宗良	湖北	宝尔格	美国
克保罗	美国	陈立廷	河北	唐永和	湖北
孙洪芬	安徽	黄溥	湖南	韩仁敦	美国
郭发潜	四川	黄馥亭	湖北	舒厚仁	江苏
张世秀	湖南	劳启祥	湖南	饶永康	美国

根据华中大学组织章程，注册后的华中大学设有注册部、事务部和图书馆，各设主任一人。校长韦卓民兼文学院院长，教务长薛世和兼教育学院院长，桂质廷任理学院院长，沈祖荣任图书馆主任，雷美佳任注册部主任，贺兰德任会计主任，柯约翰任会计副主任，桂德华任女生主任，吴砚农任英文秘书，王仁载任中文秘书，唐福初任仪器制造室技师。

院系专业设置情况为：文学院设有中文系、外文系—英文组、商业系，社会科学系—社会组、经济组、历史组、政治组、哲学组、音乐组；理学院设有物理系、化学系、生物系、数学组；教育学院设有教育原理系、教育行政系、体育组。【马敏、汪文汉：《百年校史》(1903 年—2003 年)，华中师范大学出版社，2003 年，第 49～50 页。】

是年 去美国芝加哥大学讲学，并在耶鲁大学研究生院任伦理学客座教授。据后来韦卓民回忆："应邀去美国芝加哥大学在哈士卡尔基金讲座作特约讲师，主讲中国儒家的伦理学。同时美国耶鲁大学也约我去在该校主办的暑期中学行政人员比较教育讲习会讲课。暑期后又在该校研究院作为伦理学客座教授一年。利用这个机会，我和美国圣公会、雅礼会和复初会董事会及其主要人物取得联系，打破了在中国的传教士的中间隔阂。美国圣公会与复初会增加了对华中大学的常年捐助，并募得扩大校址所需购买基地的用款，以及计划的文学院大楼建筑费。从此，学校经费虽少，但是相当稳定，学校得到了稳步前进的基础。"【韦卓民：《武昌文华书院及其后身华中大学》，写于 1964 年，原载《武汉文史资料》第 9 辑，1982 年。】

1932 年　44 岁

年初 华中大学新的校董会举行了第一次正式会议，选举颜福庆博士为校董会主席。校董会由21名成员组成，华人成员的事实比例大于2/3。此外，由5个协作差会各派一名代表组成校董会执行委员会，其委员出席校董会的常务会议。校董会通常每年在春季和秋季各召开一次会议。韦卓民每次都为校董会的召开做大量的准备工作，如议事日程的准备、必需的资料、提前通知需提交会议讨论的问题等等。每次提交校董会的校长报告书，都简明扼要地反映华中大学目前的情况。会后，他往往还得将校董会的报告完整地寄给纽约的建校委员会以及各协作差会（国内外的）有关负责人。【［美］柯约翰：《华中大学》，华中师范大学出版社，2003年，第68～69页。】

7月　在上海中国基督教教育协会刊物《教育评论》上发表《华中大学及其向我国政府办学之经过》，介绍了华中大学重建及登记的具体过程。

同月　在金陵神学院编《神学志》1932年第14卷第13期上发表《中国文化改变中青年应有的态度》。

秋　聘请黄溥博士到华中大学任教。黄溥是雅礼大学1916年首届毕业生，获文学学士学位，后在美国获斯坦福大学教育硕士学位、哥伦比亚大学哲学博士学位，曾任湖南商专、湖南大学教授，醴陵市遵道中学及长沙市雅礼中学校长。次年，黄溥博士任华中大学教育学院院长。

是年　蒋介石在汉口怡和村召集武汉地区大专院校校长并讲话，韦卓民就华中大学教学情况专门向蒋介石汇报。

1933年　45岁

1月底　作为华中大学的代表之一，在九江威廉纳斯特中学出席为期两天的教会中学校长会议。

1934年　46岁

1月　在上海中国基督教教育协会的《教育评论》上发表《华中大学》。

6月　应邀赴美国耶鲁大学和芝加哥大学讲学，临行前湖北省政府主席张群设宴饯行，陪同有武汉大学校长、院长，中华大学校长等。张群嘱其在美国宣传抗日。

6月　在华中大学校董会上提醒与会人员，他任校长的时间已满5年的任职期，鉴于此准备卸职。结果，校董们一致投票选举他连任校长。韦卓民提出第二届校长任期仍为5年。【［美］柯约翰:《华中大学》，华中师范大学出版社，2003年，第77页。】

韦卓民校长与资助华中大学办学的外籍友人合影（前排左一为普罗克特夫人，前排中为约翰斯顿小姐，后排左一为孟良佐）

8月　参加在耶鲁大学召开的关于教育与文化接触的研讨会。在讲学中，宣传抗议日寇侵略中国领土，主张美国抵制日货。

同月　受聘为美国耶鲁大学研究院比较哲学客座教授、耶鲁大学暑期比较教育讲习会讲师、芝加哥大学特设讲座伦理学讲师。

同月　向美国复初会进行了游说并递交了教育

学院的计划。美国复初会妇女布道会决定每年拨款1250美元，以建立和维持一所属于教育学院的初中。

在美期间，韦卓民向美国圣公会介绍了文学院所面临的困难，结果得到玛丽·E.约翰斯顿小姐的同情和支持，她答应每年捐助5000美元（至1950年），以加强文学院师资。其姑妈威廉·C.普罗克特夫人捐资3万美元，给文学院建一幢行政和教学大楼，这幢楼后来被大家称为普罗克特大楼。

是年　为谋求华中大学发展，赴美讲学募集资金，赢得哈佛—燕京学社中国研究会执行秘书长叶绥夫博士的支持，获得了一大笔捐助资金。【段锐：《春蚕萦绕千千缕　只为兴学吐尽丝——忆韦卓民先生的办学精神》，见《中国高等教育》2002年第23期（半月刊）。】

1934年华中大学校园

1934 年 11 月 1 日华中大学全体师生合影

1935 年　47 岁

春末　普罗克特夫人和约翰斯顿小姐访问华中大学，参观期间捐资 10000 美元，用以购买土地。6 个月后，又追加 10 万美元给华中大学购买土地或建造教学用房。

4 月　从美国返回武昌。回校的首要问题是与校董会执委会研究扩建华中大学校园的计划。【［美］柯约翰：《华中大学》，华中师范大学出版社，2003 年，第 82 页。】

6 月　校董会详细讨论了韦卓民提交的校园扩建方案。董事们一致认为，校方应设法购买城墙根环城路之间的那片农田和坟地。校方与坟地的所有者开始了艰苦的谈判，并与武汉市政府反复协商，于同年秋完成了农田与坟地的谈判购买工作。这为华中大学的发展拓展了空间。

英国伦敦大学经济学院收录韦卓民进校友录中。

12 月 9 日　在中共地下党的领导下，北平爱国学生冲破国民政府的压制，举行了声势浩大的抗日救国示威游行。

12 月 10 日　“一二·九”运动的消息传到武汉，武汉三镇爱国学生群情激愤。华中大学学生当晚成立学生自治会，并以该会名义发出《快邮代电》，声援北平学生“扶颠持危、抱冰卧火”的爱国壮举，宣布在此华夏陆沉、民族沦丧之际，武汉学生“翘首北望，临风泣血”，“当联合全国之学校，以作诸君之后盾”。

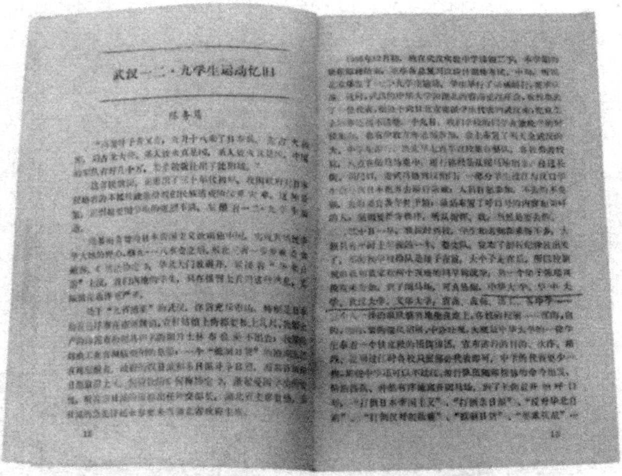
武汉一二·九学生运动忆旧

《洪山文史资料》登载的武汉“一二·九”学生运动回忆文章

12 月 12 日　在华中大学学生的倡议下，华中大学、省立高级中学、市一男中、市一女中、省立女子师范、市二女中、湖北艺术专科学校、心勉女中、中华大学等 40 余校 100 多名学生代表在华中大学召开联席会议，决定组织各校学生会，举行示威游行，进行抗日救亡宣传。会议通过《告全国同胞书》，并决议致电国民政府“以不丧主权，不失领土为原则进行外交”，维护国家主权与领土完整，维护中华民族尊严，以振民气；惩处一切汉奸卖国贼，声讨殷逆，以正法纪；保证正常的爱国运动和言论、结社、集会、出版、新闻自由，一申人权。会议推举华中大学、武汉大学、市立一女中三所学校担负武汉学生运动的领导责任。

12月12日 武昌50余所学校的万名学子举行了声势浩大的声援北平“一二·九”运动的示威游行活动，这次游行一直持续到12月23日，“民气之盛，达到极点”。【以上见《新民报》，1935年12月24日。】

是年 经过韦卓民的努力，华中大学从国民政府得到英国返回的庚子赔款4万元。

1936年 48岁

春 陪同来中国考察的哈佛—燕京学社中国研究会执行秘书长叶绥夫博士(Dr. Elisseeff)专程考察华中大学。叶绥夫对华中大学的现状及发展的设想，作了高度的评价。【[美] 柯约翰：《华中大学》，华中师范大学出版社，2003年，第86页。】

女生宿舍颜母室

男生宿舍博育室

1937 年　49 岁

年初　向校董事会提出扩大女生宿舍颜母室的申请报告，还与雅礼会协商建造两栋两层楼房。这两栋两层楼房的建造分别由华中大学和雅礼会出资，均建在地势较高的城墙地基上，并且纳入华中大学的整体规划。当年春，华中大学董事会通过了颜母室的扩建和建造两栋两层楼的计划。

春　接到三份邀请书：一是作为中国代表出席 6 月份在牛津大学召开的“生命与圣工会议”；二是作为中国基督教会的代表，在夏季出席在爱丁堡召开的“信心与差遣会议”；三是收到美国南俄亥俄州的亨利·霍布森主教的特别邀请，于 10 月出席美国圣公会的全国代表大会。建校委员会和校董会研究同意韦卓民参加上述会议。

哈佛——燕京学社的 4000 美元捐助资金寄抵。

6 月初　取道西伯利亚赴英国。

第四编 喜洲办学

（1937 年 7 月—1945 年 8 月）

1937 年 49 岁

7 月 出席在英国牛津大学召开的基督教世界运动“生命与圣工会议”(Conference On Life and Work)。在这次会议上初识戴惠琼女士，共同的文化背景和宗教信仰，使他俩情投意合，一见如故。

8 月 出席在苏格兰爱丁堡(Edinburgh)大学召开的基督教世界运动“信心与差遣会议”(Conference On Faith and Order)。

在回忆文章中写道：1937 年七八两月，世界各教会在英国牛津大学与苏格兰的爱丁堡举行代表大会，我为中国各教会代表人之一。我到达英国后，“七七”抗日战争爆发了。我匆匆参加两次大会之后，又应美国耶鲁大学之请做第二次客座教授讲课，为华中大学进行募捐，没能收到较大的效果。我心盘算着学校搬迁的事，向在美国的华中大学设立者大会提出一笔搬迁费的预算，也没有结果。【韦卓民：《武昌文华书院及其后身华中大学》，写于 1964 年，原载《武汉文史资料》第 9 辑，1982 年。】

10 月 由英国抵达美国。当时，著名学者胡适受命正以非正式使节身份在美国宣讲抗日，以争取国际援助和同情。胡适得知韦卓民到美后，邀请他与自己一起做抗日宣传。韦卓民认为胡适在美代表官方宣传抗日，自己代表民间人士宣传抗日，可能会取得不好的效果，遂婉拒了胡适的邀请。据韦宝锷所言："1937年先生休假赴欧（那时华中大学实行教授工作六年休假一年的制度），他一到英国，'七七'事变发生，他便立即赶去美国，作义务的抗战宣传。当时，胡适正好在美国，胡要先生同他一起做'抗战宣传工作'，被先生拒绝，后来先生对我说，胡适当时并不是真正宣传抗日，如果同他一起搞，反而不能放手宣传抗日了。"【韦宝锷：《关于韦卓民生平的一点资料》，写于1987年12月，见"韦卓民个人档案"，原件藏于华中师范大学档案馆。】

胡适自题小照

韦卓民在美国作抗日救国报告时，主要陈述了如下观点：第一，日本帝国主义对中国的侵略，必然影响到美国在中国的利益。美国与中国的利益是一致的。第二，"多行不义必自毙"。日本侵略中国是不义的，中国反对日本的侵略是正义的，因此，日寇必败，中国必将获得最后的胜利。第三，让基督教"普爱"、"仁慈"之光播撒中国大地，美国人民应支持中国人民抗战。胡适听到韦卓民在美宣传抗战的报告后，认为其讲的内容与自己的观点基本一致，感到无比欣慰，对韦卓民大加赞赏。【"韦卓民个人档案"，原件藏于华中师范大学

大学档案馆。】

1938年 50岁

是年 受聘为美国耶鲁大学研究院伦理学客座教授。作为唯一的中国人,参加在荷兰召开的世界基督教协进会筹备会议,为发起人之一。

6月16日 国民党中央常务委员会第八十一次会议根据4月上旬五届四中全会制定并通过的《国民参政会组织条例》,讨论决定了200名参政员名单,韦卓民作为无党派人士和社会贤达,被国民党中央"遴选"为第一、第二届国民参政会参政员。

7月6日—15日 国民参政会第一届第一次会议在武汉召开。在国民参政会里,韦卓民积极与各民主党派通力合作,为抗日战争建言献策。

6月 在《教会国际评论》发表《基督教差会在中国的制度化工作》。

同月 在美国《耶鲁评论》(*Yale Review*)发表《抗战初期中国的若干问题》(Questions about China),对上海"一·二八"事变以来的中国政局和抗战前景做了比较客观的陈述。原文如下:

在现在不宣而战的战争结束以后(原文如此),谈论中国前途如何,似乎为时尚早。但是,跟许多熟悉中国最近政治发展的情况的人而言,这个问题,甚至比这次战争的后果还要具深远而重大的意义。对每一个中国人来说,中国从来不可征服。

在过去十个月的战事,已充分说明了这一点。要就是侵略者逐渐衰败,或是交战双方,两败俱伤。中国人是不会被征服的。保卫大上海,两个多月的英勇倔强抵抗是辉煌的。它使全世界为之震惊,尤其是侵略的敌人。它证明了中国人的作战素质，在防卫自由和国家职责上，英勇和乐于为国牺牲。牺牲是奇重的，但他们象征全国决心，抵抗侵略，直至最后关头。

但上海过于濒海，海军炮战，对装备欠缺的中国军队是够惨重的。上海寸土寸地丧失。守卫的军队，虽很有技巧地守备于城市的四郊，最后终于陷敌。工事建筑得很坚强的“兴登堡防线”(Hindenburg Line)，也终因防线太长，难敌日本机械化部队，也被冲破。国民政府的首都南京撤退了，也沦陷了。

1937年12月13日日军坦克入侵南京中华门

中国首都的陷落，是中国人韧力的一种重大考验。跟着十二月十三日，中央政府迁都内地而来的，都是些艰难岁月。但结局未了。中国人的休养生息，培养元气的能力是惊人的。内阁重组了，士气也恢复了。人民振臂齐呼，誓愿站在他们的领袖身边，从事长期抗战。新生的兵力，投入战场。蒋委员长飞陇海前线，指挥部队，保住了由东至西的铁路战略地带。中国军队恢复了常态。冲突继续进行，结束无期。

几星期来，日本发言人宣称在陕西、河南或山东，都没有真实的胜利。在其他方面，在杭州附近，以及距上海不远的太湖地区，据说是在日本占领线范围以内，还有在南京与芜湖之间，战争都在进行。有些地区，也仅是主要城市陷落敌手，游击队伍，仍然使得日军棘手。敌人交通线受到威胁，甚至若干地方被切断。占领城市，并不意味着占领地区。这是敌人最严重的问题，游击战，是中国人的王牌。

七七事变前的抗日救亡游行示威队伍

许多过于忧虑中国劣势军事设备的人，常常引以怀疑为什么这张游击王牌，不能全心全力地去做。他们问——为了保卫许多关键地区，为什么不冒险从事在前线的抵抗和战斗。这只有中国战略家们能够回答。表面上看，这类战斗仍是可能的。而且最近中国军队有足够的力量来发动反攻，无论在河南西北部与山东以南，那里的城市已被占领。在山东的一次，被认为是大胜利。因之，国家的活力被证实了。在中国方面的游击战，证明了它的技术有效性。但是，很明显地中国还有较之王牌更有活力的地方。

虽然挫败，冲突还要继续，而且没有预言家，不惜声誉去预测这战争早日的结束。国际间有不少的人，对中国防卫的不屈不挠的意志表示惊奇。侵略者确实为这场冲突，早有完善准备。他们建立了从所未有的一种最可怕的战争机构。但是他们没有好久，便认识到这种任务，并不像他们军方领袖最初所预料这样地容易。在正月，这是战争爆发后的六个月，日本首相发觉他们必须警告日本人民，这帝国正遭遇着在它历史上最严重的危机。有头脑的日本领袖们，再也不把中国事件，看成只须几个星期，是一种无对手的容易胜利。于今，很清楚的，帝国的力量，无论人民或军人，必须竭尽全力，以应付这种情势，而其结果，还会得不偿失。无可疑问地，日本人在起初是过于乐观自信。现在他们才知道他们是贪多务得，食不下咽。

许多人，不仅被中国的战争素质，同时也被他们保管军火的方式，引为惊异，这些军火，在今日较之战争爆发的前一年，还要多些。世界各地的同情，自然倾向于中国人。但是，仅同情也买不到军火。其他因素，必须渗入进来。然而为了获得军火供应，中国也不能卖身投靠以换取嗟来之食。在这里施受双方，会有许多冷酷的计较。

在这种情势下，最令人惊异的，就是一个以上的运输通道，在中国与外界之间，仍然保持开放。粤汉铁路连接中国南海岸与华中的临时首都，这可以说是唯一的一个临时首都(译者按指武汉)，自从去年九月以来，这是日军空军轰炸的目标。但火车仍在运行，许多月来，最严重的结果，便是火车误点达四十八小时。每次空袭以后，数以千计的工人，带着器材等待在铁路沿线，空袭一停，即刻工作，损坏很快修复，火车由隧道里再向前进，一直到次一个空袭警报的到来。天然与人力，是中国的最佳资源。

在整个情势之中，有一种因素，会使得日本军阀大为惊讶，最后还会使得他们失败与毁灭，那就是中国人的政治团结。他们并非完全没有感觉到这种政治团结。事实上，就是因为日本军阀们惊讶到中国人很快地政治团结，才觉得他们必须于去夏，开始挑衅。但是，他们错估了他们的真实力量。

……

1938 年武汉民众举行保卫大武汉示威游行

假若全国不已经臻于政治团结，中国抗战，是不可能的。日本预望只要真正摊派，若干北方领袖必定退出，但他们失望了。这些将领，仍在抵抗侵略者并且继续奋战。韩复榘，一度是山东军的领袖被处决了，这倒不由于背叛，而是由于他在日本人未入侵以前，即行撤离，并未等待最高统帅命令的到达。白崇禧将军，全国最优秀战略家之一，在抗战前，被认为和蒋委员长意见不易调和，现在是蒋委员长最可信赖的参谋总长。李宗仁是二位最具权力领袖的另一位，也在指挥在山东区的防线作战，后来也引人瞩目。所以，一个团结的国家，对外国侵略者，显现了一个联合战线。自然有敌国外患，可以加强团结，但它不能创造团结。当不再有共同敌人需要抵抗的时候，有人问这种团结，可否维持于抗战以后，抑或中国又将陷入军阀割据的局面？这一点是要牢记在心的。

许多人讨论到分裂的中国的时候，经常忘记了中国人在文化上、社会上，常是一元的。的确，我们经过一段内战时期，但这些只是军阀和他们佣兵们的玩艺。百姓遭殃，却是被动的。基本上，人民并未参加。中国人就是中国人，全国各地都这样地看待他。地从不分南北，也从不分东西。地方性的偏见是有的，但这些不能来分裂国家。

这个时期，在外来人看来，似乎是奇怪的。这仅是现代中国政治进展过程中的一段落。革命发轫于一九一一年。中央集权溃败了。要再想恢复，需要时日。这也需要演变。约莫廿余年来，各派都热衷中央集权。结果导致内乱。稳健地，南京方面变成最具统治力量，这是由于适者生存之故。我们经历这件事的怎样发生，尤其是在一九三三年至一九三七年之间，人民付出很大的代价，他们获得了一个中央政府。

他们获得了政治团结，以表现他们的文化一元，他们也就支持这种团结。他们不愿再见国家分裂。这就是在现在对日本的侵略战争中，他们为什么集合在政府之下的缘由。日本军阀犯下最惨重的错误，错估中国人民的民族团结，驱使在中国作战。

在现在的战争结束以后，我们确信在军阀时代的残余者，定会淘汰。他们已经丧失人民的信心。这战争帮助了人民进一步唾弃他们。他们一个接一个地，已从独裁宝座上摔下。他们那种时日，确已逝去。韩复榘的被处决，便是一个明显的例证。军事失败，随即处决，仅是处置方法之一。现在的战争一结束，他们将不再可能卷土重来。

广西集团怎样呢？他们是爱国者，民族主义者。很少人会怀疑到他们的忠诚，许多人慕仰他们能力和勇气。他们拥护民主。他们反对独裁。以往他们和南京方面，尤其和蒋委员长的嫌隙，是由于他们误解。他们认为蒋委员长把个人利害置于国家利害之上。他们把蒋委员长早期拒绝和日本作战，是怕危及他个人的军事力量。他们不了解蒋先生的远见。他们对他们所了解的，都不赞同。

在抗日战争爆发后，他们不久就了解蒋先生对日抗战的忠诚跟他们一样，同时也了解蒋先生期望，怎样换取时间，多作更为适当的准备，这是怎样的大睿智。据我们判断，他们之间再没有歧见了。所有桂军，完全供蒋先生指挥。——日本的侵略，不仅使他们团结，而且给予他们一个面对面消除歧见的机会。

……

历史有时会重演，但这世界是在变迁中。许多事也可从经验中学习。今天我们不会再听到很多有关世界革命的话。自然，他们有他们的政治理想，有他们的政治计划。这些是不是和国父孙中山先生遗教，国民党的政治计划终不能调和呢？言论和新闻自由，土地改革，或者在中华民国宪法下，中国共产党的存在问题，这些在战后，国民党也不会认为不可能的。

在孙中山先生三民主义政纲系下，所有现在各党各派都能站住，都能联结。这是一个非常广泛的政纲。中国需要在国际间平等与正义基础之下，寻求它在国际社会间的地位。民主必须维持，人民需要有适当的民生的机会。那里甚至含有大同主义的显著因素。但是中国不能是一个国际独裁主义的工具，由外来势力操纵它。

无论如何，在现在冲突以后，中国内部政治歧见，只能经由政治方法，而不能经由内战来解决。一个强有力的中央集权，生长起来，在这次战斗中领导国家，并且在将来也要予以保持。

自然，有许多都要看这次冲突怎样结束，以及要好多时间才能结束。游击战争在抵抗现在敌人上，是中国强有力的武器之一。但是游击战，假若太散布、太延长，将要危及中央权威，因为那种战略，意味着地方自治，地方自治也意味着分权。而地方分权，十余年来，自从一九一六年袁世凯逝世后，正是中国政治之病瘤，也是国家许多衰弱和纷乱之源。国家不能再一次地遭此厄难。

在现在中国进行战争之际，土匪乘机而来，除非侵略者很快被驱退，以及和平与秩序及早恢复。今天匪祸猖獗，据说大部分是在日军占领下的华北一带。一旦蔓延过广，消灭更难了。

不过，这些都是次要问题。战后军人的黩武扬威，才是严重的问题。中国从不是一个和平的国家吗？中国人爱好和平，有必要时，他们也常从事战争，但是他们决不以武力为荣。在古时，有四种行业，公开地被认为光荣。那些是士、农、工、商。军人不被提及。甚至十年前，很晚在国民党北伐时，在口号中拥护革命的社会阶级中也是农、工、商、学、兵，兵为名单中之末。现在，军人拯救国家，人民不能健忘他们。为什么他们那样？

读中国历史的人，或者提示过我们，将近四千年来，朝代的建立，都由于兵力。但是只要朝代稳固地建立后，注意力即转向民间事务。军人回到原有的岗位，直到再需他们服务再来。

但朝代创业之主，或其继承者，在以武力建立王朝以后，便想消减武力的声光，因而在人民之间，建立其武力，专制主本人，则对其加以控制，这是一件事，或者人民本身开始认识军事装备和准备的需要，有如我们在这样的世界，这是另一件事。过去十个月，我们军队在战场上表现了军人优美的素质。在任何时刻，为了保卫国家人民，他们决不缺乏勇气或视死若归。但是由于缺乏适当的装备，在许多战场上牺牲惨重，遭受败绩。战后装备一事，颇值我们国人的重视，这将是军人以及具有军人头脑的人，一个好机会。

战斗还在进行，世界局势的发展，还是暧昧，现阶段战争结束后，中国对外关系将如何殊难预料。不管其他情况，我觉得有一句老话仍具有力量，“患难朋友，乃是真正朋友”。不过中国人的政治生活，必沿着现有路线，尽量地继续发展。约翰根室(John Gunther)四月七月在纽约时代日报上发表蒋委员长在接见他时的一段话：“中国在一九一二年，即从事于民主制度。在一九二七年，全国遵照国父中山先生遗教，努力于国家建设。这期间有一段训政时期，俾人民熟悉，善尽其责任之准备。苟无此次战争阻挠一切正常之发展，原经通过之宪法草案，早经付诸实施。战斗停止后，宪法将正式采用与宣布。确将中国基于民主基础之上。吾人对政府之其他形式，不感兴趣。”

这决不是与之所至，或为了宣传的政治谈话，这代表着近三十年来中国之一般趋向，欲求改弦易辙，那真不简单了。

6月底　从美国到英国，积极宣传抗战，并在檀香山及马尼拉宣讲宗教课程。

7月　在日军逼近武汉的情况下，华中大学被迫西迁桂林。韦卓民后来回忆说："抗战开始后，我正在英国，极力主张华中大学迁往后方，写信向代理校长建议，再向校董会提请讨论。可是校董会受美国圣公会代表孟良佐的错误思想影响，认为我国不能支持长期的抗战，即使日寇打到武汉，对英美教会合办的华中大学，也不会进行摧残。很多人受其影响，都主张不过早迁移。直到武汉各校开始后迁，华中大学才开始准备。1938年7月我由英转美，得知学校已决定迁往桂林，我按学校所提出的搬迁预算，筹足款项汇回武昌。"【参见韦卓民：《武昌文华书院及其后身华中大学》，写于1964年，原载《武汉文史资料》第9辑，1982年。】

8月　飞越太平洋抵香港，稍作休息直奔桂林，领导华中大学迁校工作。"当我由美国飞香港转道到达桂林时，已是8月15日，学校师生先几天到了桂林，当询及搬迁情况，才知从武昌运来的图书不过百分之四、五，仪器不及1/4。当即决定派员回武昌抢运，而水路交通业已阻塞，损失甚大。"【韦卓民：《武昌文华书院及其后身华中大学》，写于1964年，原载《武汉文史资料》第9辑，1982年。】"华中大学于1938年9月下旬在桂林开学，这时它有130名学生。……虽然教学工作在按计划进行，但仪器和设备10月份才到达，这严重影响了理学院几个系的教学进度。"【[美]柯约翰：《华中大学》，华中师范大学出版社，2003年，第96页。】

10月　武汉失守，韦卓民到重庆，第一次出席国民党参政会议。

武汉失陷后,武昌武汉行营前的日军

被日军轰炸的汉口市区

10 月初　华中大学校董会执委会在汉口召开会议，讨论成立临时执委会的问题。会议决定，由华中大学教职员中的几个人组成临时执委会，在不能与在西南的华中大学联系的时候行使校董会的职能。韦卓民是临时执委会成员之一。随后，他与建校委员会取得了联系。建校委员会同意了校董会的这一决议。【[美]柯约翰:《华中大学》，华中师范大学出版社，2003 年，第 97 页。】

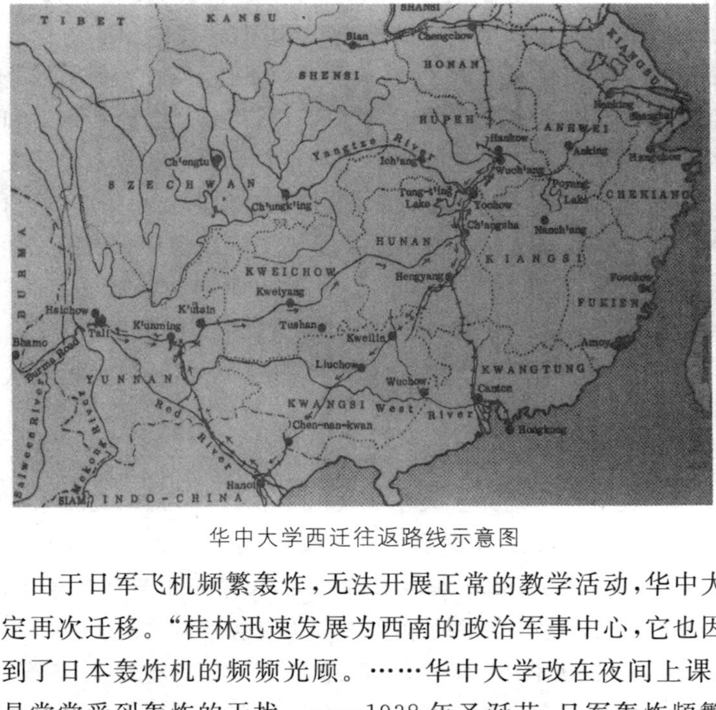

华中大学西迁往返路线示意图

由于日军飞机频繁轰炸，无法开展正常的教学活动，华中大学决定再次迁移。“桂林迅速发展为西南的政治军事中心，它也因此受到了日本轰炸机的频频光顾。……华中大学改在夜间上课，但还是常常受到轰炸的干扰。……1938 年圣诞节，日军轰炸频繁起来。临时执委会马上就此问题召开了会议，会议决定第一学期结束后华中大学迁离桂林。下一步迁徙的方向有三个：四川、贵阳或昆明。四川已有许多大学迁至，华中大学在那里不一定能找到合适的地方。至于贵阳，它正在变为一个大的军事基地，必然会遭到日军猛烈的轰炸。最后决定选择昆明或云南农村。”【[美]柯约翰：《华中大学》，华中师范大学出版社，2003 年，第 98 页。】关于此事，韦卓民后来写道：“从 10 月下旬起，日机频繁空袭桂林，学校几乎不能上课，于是又不得不作再次后迁之计。经校务委员会决定，再迁云南，后经派员调查确定为喜洲坝。”【韦卓民：《武昌文华书院及其后身华中大学》，写于 1964 年，原载《武汉文史资料》第 9 辑，1982 年。】对于华中大学的搬迁，他指出：“我们到底为什么原因要搬迁？这当然不是为了校产，那些都是搬不动的，但是战争初期在上海、苏州、南京和旁的地方，经验告诉我们，当地的妇女和儿童处于敌骑之下是不安全的。敌人对于知识分子和学生是不友善的。如果这些人不幸陷入敌人铁蹄，撇开身体所受的折磨不说，其精神上的痛苦将是无法忍受的。不是为了崇高的目的而牺牲性命更且牺牲人格，是无法辩白的。”【《抗战时期的中国教育》，见《韦卓民学术论著选》，华中师范大学出版社，1997 年，第 426 页。】

11 月 1 日 《华大桂声》刊登《韦校长与一年级学生第一次谈话》的内容。全文如下：

> 我要讲的是关于大学性质及本校组织两点，大家来到这里，必定都知道大学到底是作什么的，也必定想到进大学里来究竟准备作些什么。据教育部规定，大学是以研究高等学问，培养专门人才为宗旨的学术机关，其任务非常重大。
>
> 一个现代国家的教育，常依其阶段分为三个等级：(一)初等教育；(二)中等教育；(三)高等教育。
>
> 初等教育是基本教育，其鹄的在于普遍地推行义务教育，树立公民教育的基础。中等教育是以培植社会各项团体之领袖人才为目标，不单只在于造成一批好国民使其能服务社会

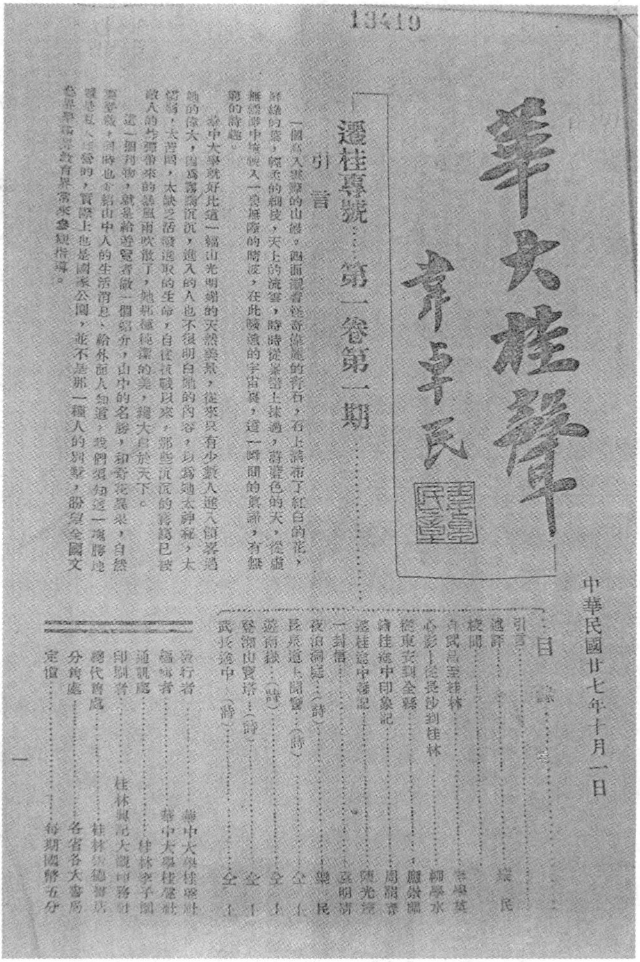

13419

華大桂聲

韋卓民

遷桂專號……第一卷第一期

中華民國廿七年十月一日

目錄

引言

一個高入雲霄的山巔，四面環着怪奇嶙峋的青石，石上滿布了紅白的花，鮮綠的葉，輕柔的細枝，天上的流雲，時時從峯巔上抹過，蔚藍色的天，從虛無縹渺中接映入一望無際的晴波，在此曠遠的宇宙裏，這一瞬間的異跡，有無窮的詩趣。

華中大學就好比這一幅山光明媚的天然美景，從來只有少數人進入領略過她的偉大，因爲霧靄沉沉，進入的人也不很明白她的內容，以爲她太神秘，太倨傲，太苦悶，太缺乏活潑進取的生命，自從抗戰以來，那些沉沉的霧靄已被敵人的炸彈帶來的暴風雨吹散了，她那種純潔的美，纔大白於天下。

這一個刊物，就是給遊覽者做一個紹介，山中的名勝，和奇花異果，自然要羅致，同時也介紹山中人的生活消息，給外面人知道，我們須知這一塊勝地雖是私人經營的，實際上也是國家公園，並不是那一種人的別墅，盼望全國文化界學術界教育界常來參觀指導。

發行者……華中大學桂聲社
編輯者……華中大學桂聲社
通訊處……桂林李子園
印刷者……桂林興記大觀印務館
總代售處……桂林崇德書店
分售處……各省各大書局
定價……每期國幣五分

《华大桂声》迁桂专号

国家而已，且更应灌输他们更多的知识，及其与社会国家的关系。至于大学教育，则更较前述二者高过一层。它是中等教育所不能研究到的教育，是以作为特殊贡献为依归的教育。

西迁时期的合影(前排右二为韦卓民校长)

我国教育已经普遍到了什么程度,迄今尚无确实统计,根据初步的调查结果:我国有四千一百万儿童,应该承受小学教育,但是现在实际入学的儿童不过一千一百余万,竟有三千多万儿童失学,这是一个非常严重而待解决的问题。就教员而言,这三千多万失学儿童,应该需要一百多万才够分配,而求这样巨量的师资,目前决难办到。中学教育更不堪言,我国现时中学生不过五十余万,美国人口仅及我国四分之一,尚有七百多万中学生,我们与之比拟,相差实在太远。至于大学和专科学校学生数目更少。据抗战前之统计,全国人数尚不能超过四万,由此可知我国教育程度,距理想目标实在太远,至此又令我想到大学生与出路的问题上来:大学生人数既少到这样,尚有人整日价地闹喊着"无出路",时在今日,正值国家遭逢厄难,社会情形也变动得比较厉害,在这种时代要一个比较适意的职业,的确不甚容易,惟可怪者,许多大学毕业学生有事竟不能做，甚或不肯做，学生不能干，学校应该负责研究其不能干的理由，质言之，教育，社会也非没有工作，而多是毕业学生不肯去干。大学生若求享乐，定难找到出路，若求真实服务，则到处都是机会。

其次我要谈到华中本身上来，华中究竟是哪一种学校呢？大家都知道，在国内高中以上的学校有两种：一为大学与独立学院，一为专门学校，依教育部规定，后者以二年或三年为修业期，所施教育，是应用某种事业之一种技能（农科、图专皆属其列）。至于大学，则有文，法，商，教育，理，工，医，农等八院。文学院分中外文学，史地，音乐等系；法学院分法律，政治，经济等系；商学院分理财，会计，银行等系；教育学院分心理，教育，行政等系；理学院分物理，化学，生物，天文，地质等系；工学院分机械，土木，工程，矿冶等系，医学院则有医生，看护，公共卫生等训练；农学院则有农林、畜牧等科。据教育部规定，大学至多分设以上所述八院，不能再有第九之设立；若只办三院，则需设有理，工，医，农中之任何一院，方得称为大学。我们设有文理教育三院，所以也称大学，某生在某学院毕业即授以某种学士，惟经济学系虽属文学院，却授以商学士，故共有四种学位的授予。教育部对于大学课程，正在规定，我们学校前两年的课程仍旧一样，也无多大限制，不过四年之中非修满一百四十六学分，不能毕业，本来课程之名称，学分之数目，院系之多少，无需多事规定，其要者乃在于如何健全学生学术头脑，以及养成特殊技能。

我国大学普通可以分为两种：一为欧洲大陆式，一为美国式。就一般而言，国省立大学多近于大陆式（大陆学生如德国，须经过十二年学历，方可升入大学，我国亦然；其不同者是我国大学修业期为四年，德国大学只二年）。德国大学教育与其他国家确有不同，凡学生毕业考试及格，论文合格者，即授以哲学博士学位（柏林大学神学院例外），但德国教育确能造就许多专门人才，德国的九年中等教育，全为准备升大学之阶梯。中学毕业学生对于求学工具以及基本知识均已获得，故能进入大学领受专门教育而不感觉半点困难，我国中学既未臻完善，大学若采用这种教育方式，必属难能；观乎我国之中等教育，对于一切基本学科，尚未筑成相当之基础，就中文程度而言，至大学仍需学习，外国语言能力，更属不够。这种情形在德绝对没有，他们高出我们的程度，实在惊人。据我校英文系教员多年研究的结果，以湘鄂皖赣诸省中学校之学生平均程度为标准，年来投考华中之英文入学考试，仅相当于美高中一年级程度，这是一种非常落后的现象。今日中学生所习之数学，程度虽加紧提高，但成绩竟不如从前的了，其缘因在于中学课程太繁，时间不充分，故以我国此种中学基础，去模仿欧洲大陆国家之大学制度，是只有百弊而无一利的。我们正看出这种弊病，所以特求极力补救。课程一项，不在于繁多。盖世上一切知识，绝非在这四年中，即可以研究得精通的，其要者乃在于此四年修业期中，打定一个基础，使学生以后能继续研究学习。我国大学亦有仿效美国制度者，这大都以教会大学为多。美国大学教育制度，十余年来，日求改善，我国竟模仿其陈旧不适用的制度，殊属失计。观乎美国大学生多无专门技能，苟进一步从事专门研究，作学术上之贡献，至少尚需受三年研究院教育。美国一般人最珍视时间，而于教育上，则确不免过于浪费，德国中学毕业生，入美国大学只需两年，便可卒业，由此可知美国十六年的教育，仅相当于德国十四年的程度，其时间值浪费可见。直到前几年感受了经济不景气，推进教育才注重节省光阴。

华中自改组以来，不过九年，惨淡经营在谋养成学生研究学术的态度与门径，使其毕业以后能够继续研究，深求学术上之造诣，以贡献社会国家。大家都知道，办学校首在经费充裕，世界上绝对没有大学是仅依学费收入，便可以应付一切的。我们每年的经费大概是廿多万，和别的大学比较起来，恐怕是最少的了，但我们是在刻苦经营，尽量地推行服务人群社会的工作，所以前四年教育部派员来校视察的时候，批评我们是“以最少的金钱，办最多的事业”，如工资之节省，教员多兼职而不兼薪等都是我们吃苦实干的实例子。欲以少数金钱，举办最多的事业，我们设立一系，即切实为之，决不苟且敷衍。至于学生所纳各费，以每年计，尚不足学校为他所花用的数目的十分之一，故人家以为多收学生，学校即可增加收入，是为大误。抗战发动前，我校本拟于今年度容纳学生两百人，而今则决不愿收足此数，并希望不超过一百六十人为好，学校每年花用廿多万，教育百多个学生，平均每人应费千余元。希望各同学随着我们全体教职员，本着苦干实干的精神求学。我们聘请教员不在乎课堂之动听悦耳，而在谋学生学术上之增长。我校原则上，不聘兼任教员，不收走读学生，目的在使师生间随时可以析疑研究，多有切磋的机会，去年提倡导师制，亦是本着这个目标，故不在乎学生之多，在使学生多有与教员接近的机会。

几年来我们所举行之中期考试，是在测验学生于第一第二两年中，于所习科目及基本治学工具，已否养成相当的根底，中期考试，除英文国文之外，再就其本系规定之科目，加以考试；考试科目共五项，五项之中，必有两门是修满过十二学分三门修满过六学分的。

至于学校将来的发展，今天暂且不讲，一来是短于时间，一来也是不愿多谈空理想。我们办学校的精神，各方面大家都能体会得到的。实事求是是华中办学的基本精神，希望大家要深加注意。【载《华大桂声》第1卷第1期《迁桂专号》，胡润清、袁明清等记录。】

1939年2月西迁取道越南时，当局签发的护照

12月 华中大学部分教授、青年教师及全部女同学，由桂林乘坐三部客车，两部卡车运行李及部分学校用品出发，经广西南宁，到龙州办理出国手续经友谊关去河内，由河内乘火车经滇越铁路三天到达昆明。西迁人员所乘汽车，由当时学校里的几位年轻的外国教师担任驾驶，据说这些汽车都是用韦卓民在国外演说弄来的钱购买的。【吴醒夫：《怀念恩师韦卓民》，《华大校友通讯》第5期，2003年10月。】

年底 抵达昆明，经云南省教育厅厅长龚自知介绍，结识了滇西大族严氏家族的头面人物——严子珍。他建议把位于大理北面12英里的洱海湖边的喜洲镇作为办学地点。时逢大理五台中学

（现大理第二中学——笔者注）校长到昆明聘请教师，韦卓民便与他一起取道滇缅公路西行至喜洲实地考察，发现喜洲基本符合临时执委会提出的校址要求，回来后即向临时执委会建议将学校迁至喜洲。

是年　鉴于在美国的抗日宣传引起了巨大的国际反响，韦卓民被国民政府任命为国民党国际宣传委员会委员。【马敏、周洪宇、方燕主编：《跨越中西文化的巨人——韦卓民学术思想国际研讨会论文集》，华中师范大学出版社，1995 年，第 277 页。】

是年　出任国民政府中央政治委员会教育专门委员会委员。

1938 年华中大学毕业生留影

西迁时期华中大学的喉舌《华大桂声》及《华大滇声》，
现藏华中师范大学档案馆

抗战初期，国民党当局要韦卓民出任教育部部长，被他拒绝，后改为由武汉大学校长王世杰担任。抗战期间，国民政府又请他出任中山大学校长，战后教会组织建成的华东联合大学也再三请他出任校长，均被他一一谢绝。【马敏、周洪宇、方燕主编：《跨越中西文化的巨人——韦卓民学术思想国际研讨会论文集》，华中师范大学出版社，1995 年，第 209 页。】

1939 年　51 岁

春　将爱妻刘渭筠送回广东老家，自己率华中大学全体师生在喜洲办学。“1939 年元旦全校教职员工、家属和图书、仪器分批乘汽车经河内转昆明再到喜洲坝。喜洲坝在大理城北 40 里。风景幽美，确实是个‘世外桃源’，我们在这里闭门办学，为时七年有半。抗日战争胜利后，于 1946 年 5 月才启程迁回武昌原址。”【韦卓民:《武昌文华书院及其后身华中大学》,写于1964年,原载《武汉文史资料》第9辑,1982年。】在从武昌到桂林,再从桂林到喜洲这两次西迁过程中,由于韦卓民等的正确领导和周密安排,华中大学基本上维持了正常的教学秩序。“计阅一年举校搬迁者再,长达八千里,而总计学生缺课不满六周,占全学年五分之一,员生坚[艰]苦至可钦佩也。”【韦卓民:《华中大学史略》,载《私立武昌华中大学二十周年纪念特刊》,原件藏于华中师范大学档案馆。】

云南大理——塔寺

云南少数民族居民

是年 发表《远东的冲突与基督教面临的挑战》。

10月 在中国基督教教育协会《教育评论》发表《基督教学校应循之途径》、《当代的传教》。

是年 聘请戴惠琼来喜洲，任华中大学英语教师和女生部部长。

虔诚的基督徒、华中大学英语系戴惠琼女士

1940 年　52 岁

是年　在重庆发表时事论稿《抗战时期中国的教育》(Education in Wartime China),原文如下:

多少世纪以来,中国人就秉承了古圣先贤的教诲:深信人活着不只是为了饮食,而是为了国家的生存必须竭尽所能去维护吾人从古到今所积聚的经验。他们体会到国运是依存于一个有教养的领导阶层,基于邦国之服务乃是凭借学识,而且经由其服务不但可以光耀门楣,更且沾益了其据以崛起的社会。主要的是基于此一传统，方使学识之炬，代有传人，教育工作从未中断，而无视于国运的振疲。

此一值得中国人骄傲的教育传统应追溯到公元前一千年。古时生计简朴，教育即可于阅读先人遗留下来的书籍中获得，故而教育事工[业]即使在战时也不受干扰。当时只要有一位塾师和几本书就足够推行教育下一代的工作了。可是半个世纪中，中国的教育制度乃是因袭西方的。教育不再是一个简单的事情了。校舍更精美，设备更昂贵而且不易搬动。不像以前的只要一位塾师和少数的学生，现在我们拥有不少教职员和人数相当庞大的青年学子需要我们去照顾。像这样的一个教育机构及其工作，很容易因为任一严重的社会或政治的动乱而致中断或遭干扰。因此，当日本于1937年发动侵华战争以来，中国采取了抗战政策，政府所面临的一个问题就是在这个存亡绝续的全面战争中，如何继续我们的教育计划。

1932年的沪战乃至1931年东北同胞所遭受的惨痛经验，在告诫我们，敌人对于我们的教育设施是毫不留情的。只要有机会，第一个受到攻击和破坏的就是学校。面对此一情况，如何保全我们教育力量，实在是一个很大的课题。战争持续而我们的军队继续诱敌深入，教育工作不可能停顿下来等待战事中止。另外还有一个更严重的问题，是要计划陷于敌后的人民的教育。敌人当然会榨取沦陷区青年人的心智。而对此一可能，吾人应否将学校和学生统统迁往后方？或是干脆关闭学校，而将在学青年送上前线作战？中国不是一个富庶的国家，国库的每一分钱都应当用于战争，以保卫国家。我们就让这些青年人的心智随着战争的持续而呈休耕的态势呢，还是用各种方法勉励在极端困苦的环境下仍能继续我们的教育工作？过去三年在战争中的中国教育是一部史诗，将为中国人民子子孙孙永记不忘。

华中大学西迁云南喜洲后的校舍一隅

大专院校的迁徙

自从1937年夏季以来，中国教育所发生的事情，要言之，当诿因于中国文化的富饶淳厚以及中国人民真正喜爱和平的德性。仅就高等教育的机构而言，在抗战以前设立的108所大专院校中，目前只有十四所还能在外国租界中或是为敌军侵占的城市中（如北平）勉强维持，这些机构在外国教会主持下还能继续办理。七十七所原来设立的大专院校都从战区迁往大后方，俾使弦歌不辍，其中包括国立的、私立的和基督教会所办理的。

任何人若体验过一个机构的被迫搬迁，将知这实在是一件不愉快的事。房舍当然是搬不动的，所有的家具也不得不丢弃，科学仪器和设备大都是易脆或是过于笨重而无法搬运，图书要装箱而且沉重。在战时，运输困难，就算能够运送，搬运整座图书馆甚或小部分的图书，所需运费之高昂，实足惊人。可是搬迁一所学院或一所大学而抛弃其藏书和教学设备，那还有何用！在敌人封锁了大部分的海港后，避处内地的学校如欲补充图书仪器，即使可能，也是昂贵的。其次是搬迁教职员及眷属和学生的问题。这七十七所机构中，每一单位平均有一百位教职员，而每一位教职员的家庭约为四人到五人。跟随学校迁移的学生人数平均为三百人。此一概略而低微的估计（由于缺乏精确统计，我们只能做此估计），意味着三八·五〇〇位教职员及其家属和同等数目的学生，总计是七七·〇〇〇人迁入内地，而这个数字还不包括国民小学。

我们到底为什么原因要搬迁？这当然不是为了校产，而且都是搬不动的，但是战争初期在上海、苏州、南京和旁的地方，经验告诉我们，当地的妇女和儿童处于敌骑之下是不安全的。敌人对于知识分子和学生是不友善的，如果这些人不幸陷入敌人铁蹄，撇开身体所受的折磨不说，其精神上的痛苦将是无法忍受的，不是为了崇高的目的而牺牲性命更且牺牲人格，是无法辩白的。

国外的友人时常问我，何以这些学生不去从军或是参加其他战时工作以保卫国家，反而将他们迁入内地接受教育。难道政府不需要大学教授在战时提供技术的知识吗？这个说法可以说对也可以说不对。在 1937 年以前，中国尚未充分备战，欲将我们的生产力一夜之间转入战备状态，谈何容易。而且我们的军械多自国外输入。大学教授不能立刻变为工厂的专家，然而许多教授都参加了战时而且成千成万的学生也参加了陆军和空军。有一件事，中国不虞匮乏，那就是人力。政府认为将所有的学生派赴前线，其代价终究是太高了；试想把他们培养到大学程度需要十几年，而且全国的人口中，大学生仅占万分之一。他们若都在战场上被屠杀，那么战后国家的精神生活中势将出现严重的缺口，斯时重建的工作将对全国的才俊责以重任，似此情景会与第一次世界大战结束后英法两国的经验充分昭告世人。我们当前的口号是“抗战建国”，假使我们的抗战忽略了复兴，那不啻自毁立场。中国现代化的伟业始于抗战前不久，必须于战争结束后完成，所需的长期训练绝对不可中止或遭到严重的阻碍，主要的是基于此理，使得高等教育的机构向内地迁徙，绝非逃避战争，而且配合政府抗战的计划以为战后国家的重建。这个代价是高的，而且所受的苦痛也是很大的，但是为了这场自卫和自保的圣战，这不过是一部分的牺牲而已。

中日战争爆发之前，全国有108所高等教育机构，其中有42所为大学(每校至少设有三个学院)，34所独立学院和32所专科学校，其分配如此：

	大学	独立学院	专科学校
国立	16	5	6
省立	7	8	16
私立	19	21	10
小计	42	34	32

中日战争爆发以来，沿海各省以及扬子江下游和中游的教育机构都受到威胁，甚至于这些地区的城市在尚未被敌军占领以前，由于日以继夜的空袭，使任何教育工作都无法进行。然而有些学校在如此困扰的情况下继续上课，一直等到必须撤离不可的时候方才停止。

由于残忍的空袭和敌军于占领沿海和扬子江中下游城市后的暴行，教育机构的校舍和教学设备所受到的损失是无法

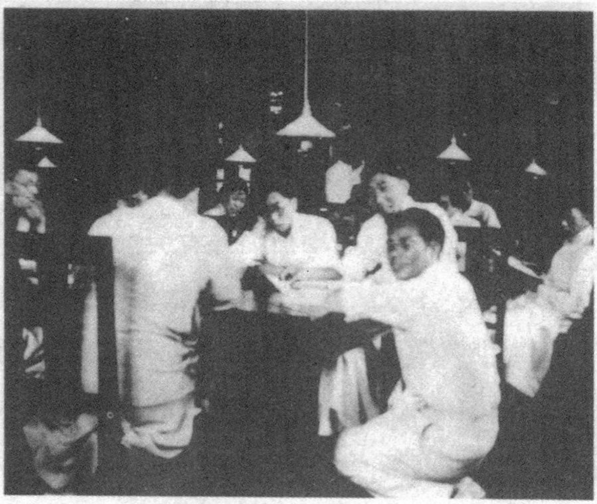

华中大学学生在晚自习

估计的。记录和手稿被破坏，校舍被焚毁，若干珍贵的善本书籍甚且被敌人掳去作为战利品。不幸的是百分之四十的独立学院和大学，不论其为纳税人或他种情形所支持的，都设在上海、北平、南京和广州。这些大专院校都在战争爆发后的一年半的时间内全部沦陷敌手；其中有42所被迫选择是否迁往内地，或是在外国势力保护下和严重阻碍下继续办理，究竟是选择了迁校所遭受的苦痛大呢还是选择了留在原地忍辱苦撑的苦痛大？实在难以判定。

然而高等教育机构的迁入内地并不是一种灾难，他们是迁移到了文化落后的地区。知识和技术意念的普及帮助了内地的迅速现代化。由于这些外地高等学府的迁入，促使落后地区的学校在教学水准上和效率上都获得改进。大专院校的师生大都是在沿海大城市中长大的，有机会和本国落后地区的生活接触，使他们能于亲身体会的经验中学习到重视祖国所面临的问题。许多教授由于环境所迫，要去应付新的问题，而这些答案绝非仅为西洋人使用的课本中所能觅得，更非彼等携归的欧美各大学课堂中所讲所做的笔记。简单而欠精确的设备也非全然无益，基于此理，教学也许更有兴趣而且更有实效。

可是，虽然政府已尽全力去减轻学生在战时刻苦求学所遭受到的困难，情况依然很严重，而且战争若持续下去会更加恶化。许多青年势须离乡背井徙入自由地区。他们的家庭已丧失了收入，因此不能够接济他们。物价不断上涨，仅就膳食费而论，许多地方都昂贵得惊人。值得注意的是处此情景，91 所大专院校 1938 年春季注册学生的总数占了战前 108 所校注册总数的 74%。1938 年一年中，有 6 所院校复校，使这 97 所院校的注册总数达到了战前总数的 95%。1939 年有 102 所院校开课，可是本年的统计还无从获致。这一点充分说明了中国高等教育大无畏的精神以及中国政府及人民的决心不让敌人攻破其文化前线。我们的抵抗是坚韧的，而且我们深信最后的胜利必属于我。我们继续培育青年人，因此一旦战争结束，我们就可立即展开重建的计划。由于战争扩大，政府需要更多有学识的人去担任不同的工作，我们的愿望是在自力更生，在薪火相传中供给政府所需的人才。

失业教师的征用

政府和私人团体虽然已竭尽所能支援教育，但是仍有少数学校被迫停办，而且那些还能勉强支持的学校不得不减少教职员的名额，并紧缩开支。因此大专院校的教师遂大批失业。政府在 1937 年秋就面临这一难题。教育部着手登记这些失业的教师，并且负责分配他们的工作：(1)“群众运动”或“青年文艺运动”的编辑，(2)国立编译馆担任译书工作，(3)在继续办理的学校充任临时教员，由教育部发给薪津，(4)充任偏远地区的地方教育主管。以前担任过大学教授的教师每月津贴法币100元至120元，视当地的生活程度而定；至于以前是大学讲师或专科学校教师者，每月津贴法币50元。截止1938年7月中日战争爆发一周年为止，报告中指出有447位大学教授接受政府此项周济。

韦卓民校长与外籍教师合影

另外还有流亡学生的问题，他们逃离了入侵的敌军，可是他们既无工作，又兼身无分文，远离家乡，无依无靠。于是政府透过教育部向他们伸出援手：依照年龄和各人以前所接受过的训练，有些被安置在不同的战时工作中，其他则发给旅费回到他们原来就读的学校，由于学校内迁，致关山阻隔。更有一些遣送到邻近的学校认做流亡学生或寄读生。

然而这些流亡学生和许多其他学生，由于家乡陷敌，接济中断，或因战争的关系未能全力支助其子弟，必须获得资助始能入学。政府乃给予彼等膳食贷款，每月自7元至14元不等。1937年至1938年度，有4256名学生领受此种贷款。

1938 至 1939 学年度增为 5372 名，而 1939 至 1940 学年度增至 6384 名，此一数字表示大约有 13.5％的大专学生领受政府的补助。

对留学生的援助

政府也关注海外的留学生。当然也因为战事而使来自家中的接济受到了影响。许多留学生实际上完全得不到金钱的接济。1938 至 1939 学年度在北美洲的留学生总数为 1872 名，其中有许多人是自费，可是他们的收入由于外汇的调整和家庭的财务不振，都受到了影响。政府补助每人法币 700 元作为返国的旅费，或让他们暂时渡过 3 个月的难关，直到他们能够重新做必须的安排。有 300 位留学生曾经接受了政府此种金钱上的援助。

从 1938 年起本国学生不准出国留学。政府只核发护照给那些到外国学习军事、医学或工程学的学生。战前几年，教育部曾指令出国留学只限研究生。国内大学几乎各个学院都有大幅度的改进，如果还要送青年学子到外国去念大学，无异浪费金钱。他们应该先在国内念完大学，然后到外国去仅就他们认定的专门学科继续攻读，并选定何校可以获得最佳的训练，以便日后从事该项工作。如果出国只为了炫耀，那简直是愚蠢，而且在战时这种事情是应该停止的了，尤其是此种炫耀如今已迅速消失了。即使在今日的战争情况下，我们许多的大专院校仍旧能够像西方一般的大学一样，各种学科都能给予青年很好的教育。一个学生在他心智尚未成熟以前就出国留学，其于中国文化背景的丧失，有胜于他可能在国外旅行而与另一文化接触所获得的益处。战争唤起了我政府当局的注意，认为我们大量派遣留学生的政策必须重新厘订。

高等教育所受战争的另一影响是公立大专院校的合并。

像北平的北京大学、清华大学和天津的南开大学三所大学合并起来，由北徙南，首先迁到长沙；继以战争持续而且华中地区受到威胁，复迁昆明，改称国立西南联合大学。同样的，其他在北平的国立大学迁到陕西，合并成为国立西北联合大学。由于三所工业专科学校的合并，新成立一所工学院。另有三所医学院也合并起来迁入内地上课，以避战火。这些院校的合并，全是为了我国高等教育的延续，如果不是为了战争，再也不会想到更不会实行合并的办法。

当此战火弥漫之际，政府新开办了六所师范学院。以前国内有5所高等师范学校，培育中等学校的师资。后来这些高等师范学校，除了设在北平的一所外，不是关闭了就是并入了一所大学，成为一个学系。此后，我国的中学师资就委由大专院校培育。战前不久，教育部指令大学生之欲充任中学教师者，必须修习若干教育科目方为合格。1938年教育部订定了一套新的培育中学师资的计划。根据这一计划，政府有责任和权力培育中学师资。在新设立的六所师范学院中，5所是附属于国立大学的，第六所则系设于湖南的一所独立学院。前此设立的师范学校和大专院校的教育学科系（不论是由政府或其他情形设立的）全部停办，只留下两所私立大学所设立的和一所省立的师范学校。这说明了政府的政策是尽可能将大学程度以下的教育掌握在政府手中。这不仅是一个试图使中学教育标准化因而提高其水准的措施，而且也是必须的和我们所渴望的；这个措施实际上乃是达到了集中管理中等学校的一个步骤。这个办法只能在战时行之有效，斯时一般民众，尤其是教育工作者都极愿支援政府在抗战期间全力创造一个联合一致的阵线。其结果更是足以说明战时中国的知识分子是坚决支援政府的。

新课程

这次中日之战也使政府能够公布大学及独立学院各学系的部定课程标准。在此以前，高等教育机构实际上是可以随心所欲地讲授，在大学四年中所有的学生只有三民主义、体育和卫生三科在学年度中每周必须上课一次，男生接受每周二小时的军事训练，为期一年；而女生则接受每周二小时的护理，否则不准毕业。对于这些必修科目，无论你如何看法，他们并未干涉到大学安排课程的自由。自然会有滥用此种自由的情形，但是对于那些以高水准和良好训练传授学生为职志的机构——而且他们都诚恳地办到了，此种自由应是吾人想要达成目标的最好途径。

云南大理喜洲的洱海湖畔

政府下定决心要使高等教育维持一个高水准，甚至于尽可能地提高其水准。多年来中学生都必须通过政府所举办的毕业会考。此种会考本质上是一个使全国的中等学校达到大约一致的水准的量杯，进而改进中等教育。

迄至今日，大专院校的水准，距达到一致的目标尚远。多年以来政府一直想施行若干改革，但是直到一年以前，才使大专院校有了一个部定的标准。本年政府鼓励学生去参加大学所授各种科目的甄别考试，而且同一地区高等教育机构的学生得竞选品学优良奖。吾人愿观其成。毫无疑问的这些考试如果适当地执行，对于我国的高等教育一定会产生良好的影响。我们切盼标准化，但绝非统制，因为高等教育，一经统制，将丧失活力。应该允许有变化和实验，尤其是现代教育的全盘计划在今日来说，对于我国还是很新颖的，只有凭借我国悠久的文化，乃其特殊的和多样的需要，在长远使用不断试探的过程中，才能为我国的高等教育求得正确的政策和方法。

导师制度

教育在战时的另一个创举，乃是教育部于1939年春颁布了中上学校导师制的施行。兹将有关导师工作的部分译成下文：(1)为了改善当前过分着重知识传授的教育制度，并促使师生的关系更密切，教育部计划采行古老的导师制，于我国的中上学校内仿效英国牛津大学和剑桥大学的实施办法。

(2)一校中每一班级分为若干小组，每组应有学生5至10名组成，并由校长指派专任教师一人负责督导。校长尚须派定主任导师或设立训导处(组)，以负责全校导师和科际间的事务。

(3)导师应注意各生在学习过程中，心智与品格的进展及其身心的发展，给予指示与劝导，以保护该生之正常发展，进而培育其健全的品格。

(4)除了个别指导以外，导师应利用闲暇时间和假日，集合其负责的一组学生举行会议或野餐，施以参与团体生活的指导。

云南当地少数民族服饰

加强职业教育

这次战争显然使教育主管当局集中注意力于职业训练的重要性，而这或许是我国现代教育中最弱的一环。不过，在过去三年间，中央政府创办了9所职业学校，而且由教育部直接管辖。所授科目包括造纸、制革、染整、养蚕、电讯、汽车工程、畜牧和农业经济。会计、兽医和卫生行政也有讲授。此举旨在提倡轻工业，并且开发本国资源，以应付战争的需要。职业学校是让学生接受较长时间的课程，而又不致拖长他们的结业年限。以前职业学校的课程是属于所谓的美国“短期大学”的标准，修业时间是两年或三年，而且这些学校只收高中毕业生，那就是说，在他们接受职业训练之前已经读过12年书了。1938年教育部施行了一个新方案，使职业学校可以招收初中毕业生，即是说他们已经受过六年的初等教育和三年的中等教育，他们以后得受五年的职业训练。这种较长时间的专门训练应能产生较好的效果。不过，有一个困难却是希望这些只有十五岁年龄的学生能够决定他们愿欲接受的专业训练。若能于职业学校的五年中多讲授一些基础科目，而使专业训练逐年增加，如此或可排除此一困难。

根据我国的教育行政制度，中学是由当地（省、市或区）政府拨款和管理，虽然这些地方的主管是透过教育部所派任的省政府教育厅长而接受中央政府教育部的一般监督。当战事蔓延到某一省份时，省立、市立或区立的中学就纷纷迁往后方恢复上课。如此当可照料不少学生，可是许多家庭自沦陷区迁徙到内陆各省去，虽然远离敌人的铁骑，但是当地的教育并不发达。成千成万的中学男女学生背井离乡地徙入内地的城镇，他们的父母将子弟送到自由地区，一方面是为了安全，另一方面则是继续他们的学业。自由中国的中等学校，特别是一些离国军阵地不远城镇的学校，所收容的流亡学生几乎到了人满为患的地步。其中有几所私立的学校，尤其是基督教会所办的中学，有办法迁往内地，并可对于此种拥挤而又必须充分收容的现象，提供部分的解决。但是像这样的学校并不多，而且需要救济的情形不断增加。为了应付这种急迫的需要，中央政府开办了十三所国立中学，分别设立于河南、四川、陕西、甘肃、湘西、贵州和江西各省。根据最新的报告，这些国立中学总共收容了三万名学生。

沦陷区的教育

中国历史上从来就没有发生过人民因为逃避入侵敌寇而大批迁徙的现象，可是这一次的数量之庞大却是空前的。然而大部分的人仍旧留在沦陷地区。许多人由于种种原因无法迁移，经济上使他们必须留下来，这只不过是其中的一个原因而已。若干中学的适龄儿童可能很幸运地能够到距离国军阵地不远的学校就读。即使敌人限制人民离开沦陷区，也无法阻止聪明机智的中国人千方百计地设法克服这些困难，遣送青年人逃离魔掌。然而事实上有许多男童和女童，特别是国民小学的适龄儿童，他们年纪太小，不能离家，敌人一日不撤去，他们只有被迫失学。有些儿童或能在家中得到父母的教导。这个古老的私塾制度乃是延聘一位老师到家中来，但只教导几名儿童，如果能够不让敌人干扰而有效施行，或可拖延沦陷区青年的教育，直到抗战胜利。除此以外似乎别无他法。让有组织的教育受制于一个怀有敌意的势力，而其整个的意向和宗旨乃是在摧毁中国人的民族精神，这简直是不可思议的。我们为儿童未能获得学习阅读和习字的机会这一事实而感到悲愤，但是学习读和写，本身并不是教育，而且只为了获得求生技能也不能认做是教育。千百年以前我们先贤留给我们更好的教训：我们必须不计任何代价去阻止敌人假教育之名去榨取我青年人的心智。榨取人类心智的行为是违反教育的基本原理的。因此在沦陷区唯一可行的方法是勿须试图实施任何有组织的教育，只要让青年人在家中接受教育，并使国族的理想在家庭中生生不息。当儿童长大到可以回到自由祖国，重新呼吸到新鲜空气的当儿，政府应给予照顾并使彼等继续求学的机会。因此教育部修订了以前的入学规程，使意欲升学的学生经过甄别考试而无需如前的提出较低学校的毕业证书。假如此一方案经正常施行，而且为环境所迫留在沦陷区的人民与政府合作，我们深信他们定能合作，将能使我们下一代的学龄儿童免除敌人有毒的影响。其目的乃在从根感染中国人，破灭国家的生命。

际此生死存亡之秋，中国人民的教育实系我们抵御外侮的文化前线。本文限于篇幅，未能对遍及全国的社会和大众教育提出详尽的报道。贴在墙壁上的报纸，战争的影片，新闻卡通，战讯的广播，战歌的教唱——这一切都是爱国教育的本质，而且深具有利的效果。本文纯系对战时中国的正规教育而论，更重要的是抗战三年，吾人虽然遭受横逆处于极端的困苦中，仍能完成许多因应措施。【原载1970年1月台北市出版的《湖北文献》第五十四期。】

中文系包鹭宾教授撰写的著作《经学通义初稿》，现藏华中师范大学档案馆

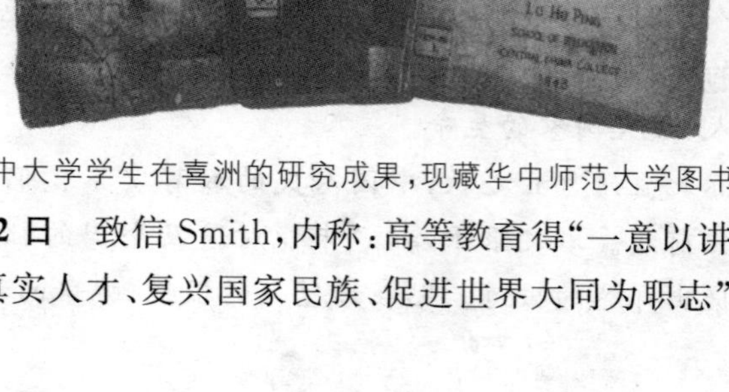

华中大学学生在喜洲的研究成果，现藏华中师范大学图书馆

9月2日　致信Smith，内称：高等教育得“一意以讲求高等学术、培养真实人才、复兴国家民族、促进世界大同为职志”，“正是由

华中大学学生在喜洲撰写的毕业论文，
用自己的学习成果慰藉前方的抗战将士

于教学质量堪称上乘，所以华中大学学生在战争期间，均能找到合适的工作，尤其是教育和经济专业的同学，社会的需求更为迫切”。【《韦卓民致 Smith 的信》，写于民国廿九年（1940 年）九月二日。原件藏于华中师范大学档案馆。】

是年　在云南大理喜洲举行的一次宴会上，当学生们向他举杯敬酒时，韦卓民抓起酒杯将酒泼在地上，表示不见到抗日的最后胜利，决不开怀畅饮。【马敏、周洪宇、方燕主编：《跨越中西文化的巨人——韦卓民学术思想国际研讨会论文集》，华中师范大学出版社，1995 年，第 216 页。】

11 月　《华中通讯》刊登有关“中国文学系研究工作”的概况，内容摘录如下：

> 中国文学系于一九三七年向美国哈佛燕京学会申请补助为长江中部文化之研究，一九三八年春得该会通告准予补助美金四千元，无奈初期抗战失利，武汉危急，原定研究计划无法进行，既而本校迁桂，乃改而研究西南民族文化问题。在桂数月，虽日处于敌机轰炸之下，仍极力搜集材料，幸得一九三九年春再迁现址途中，完成报告，复承该会继续补助美金二千

五百元。是年四月本校到喜,入秋以后,该系遂积极从事于云南各土族文化问题之研究,计成论文十篇,益得该会奖励,又准连续补三年,每年美金四千元。兹将已寄之研究论题及今后研究方向分别胪列于后(略)。【武昌迁滇华中大学《华中通讯》第一卷第一期,民国二十九年十一月。】

1941年　53岁

春　在*Christendom*六卷二期发表《中日战争对中国文化的影响》(Cultural Effects of the Present War in China)。文中对当时国人英勇抗战的心情进行了剖析,对人口由海岸迁移内地所产生的文化影响,以及基督教在战时与战后中国应尽的任务及复员工作作了深入的阐述。原文如下:

所谓"支那事件"已经演变成为一个真正的战争。在一九三七年七月七日所发生的卢沟桥事件并没有如军事专家们所预测的于四个月之内结束。这场战争居然进行了漫长的三年(编者按:韦氏发表此文时,战争尚未结束。),对中国人来说,这诚然是饱受苦难的三年,但在另一方面,中国人民的耐性,承受长期灾难的能力和潜伏的力量让他们不至于像敌人所谓的"屈膝"也在这几年里表露无遗。相反的,中国人民挺起胸膛,抗战到底,让全世界惊讶,也让敌人沮丧。

一

在历史上,中国人民第一次发现整个民族的力量,广大领土的好处,国家的丰富资源以及短促时间内快速的政治进步——这些只有在英明领袖的领导之下才有可能的进步,战争使得人民对这个领导中心更加爱戴。在历史上也是第一次海外华侨体会到与祖国的认同,不是幻觉,而他们所渴慕祖国的伟大，尚待实现。到底一个具有五千年历史的文明，在国土上紧紧生根，不仅是东方人自尊心的夸大而已。它自有其可贵之处。敌人的机械化部队和残酷的空袭，不能摧毁他。中国文明，犹如磐石，屹立不摇。

但是战争也教会中国人重新评估他们的古老文化。在三年战争期间，他们看到很多事件以及错综复杂的国际关系，霍布士(Thomas Hobbes)的“总体战”在国家间竟然存在；在国际事务中，自私自利是主要动机；既得利益，控制了国家的政策；而宗教伦理尽管已经使若干个人转变，而对于国家仍然一筹莫展。他们现在从文化睡眠中惊醒，认清国防，乃属必要，所谓国防的意义乃是一种意识形态，用尽各种方法，无论好坏，将工业化与军事化的精神，灌输到人民心灵之中，让恐惧与愤恨驱使他们愿意在国家主义吸血之神的圣战之前，心甘情愿地奉献他们的生命。他们现在体会到没有一个国家能被容许自行决定他的命运。一个国家必须参加一个集团，围着一个轴心旋转，假使不能成为他的主动力量，至少也要成为集团里的工具。第一次大战后的美丽梦想很快地已经破灭了。这种破灭，于一九三一年开始，那时国际联盟在中国是彻底失败了。但现在回想起来，好像一场恶梦，当全世界漠不关心，看着在中国每天发生的暴行，束手无策。为什么我们不该将四亿同胞武装起来，在这个野蛮世界里保卫自己呢？这样做是否太迟？但是迟一点，总比不做的好。我们正在为这个机会而作战。世界人类四分之一的人口，有这类想法，自然是有可悲的隐痛。但是无疑的这是这次战争带来第一个文化影响。

此一影响在战争结束后，究[竟]会继续多久，以及对于战后国家复兴与建设的政策和国民生活影响到什么程度，至少要看下列三个因素而定:第一,要看中国在战后是一个什么情况;是由某些暴力来支配我们的命运抑是和日本结束战争时,还能维持若干公理与正义。第二,欧洲的新形势,当然会再影响到我们未来的态度。现在的欧战,会不会暂时停战,而等到二三十年后,再找机会拼个你死我活?或是这次战争,将西方文明带到永久和平的康庄大道,代替了整个毁灭?第三,我们必须确定还有那[哪]些因素目前在影响中国人的思想和态度。

二

上述三个因素的前两项,我们无从预知,我们无妨在我们国内,观察第三点的情况。

在此一观察中,最值得注意的现象,乃是人口自海岸和河流沦陷区向西部省份的迁徙。由于缺乏统计数字,估计约为五百万人,其中大部[分]为受有良好教育以及经济环境较好的人民。灾民中包括有由于战争而迁移到后方的学校师生。以四川省,中国最大的省份收容难民最多。其次为云南,再次为贵州、广西。除去上述数字的灾民外,尚有许多难民退避至中国战线之后紧接地区,这些地区不易接受外来影响,因其处于交通不便远离主要干线之外。

战难时期人口移动,在中国历史上,不是没有先例。例如十三世纪宋朝末期,和十七世纪中叶明朝末期。现在在长江以南若干省份的中国人,就是那些早期移民的后代,他们原为逃避战难而迁徙,终于定居。这次人口流动,欲有若干不同之处。很多到达后方的人,将会重返故居。我们的看法是基于下列理由:第一,这些逃离沦陷区的人,仍然和故乡亲友保持通讯,这要感谢报纸、无线电、邮政、电报,这种便利,是过去没有的。第二,历史上的动乱,常常延续几十年。老辈消失之后，新的一代对于故乡毫无关联，而对于新居反多留恋。因此当情势许可重返故居时，新的一代没有兴趣。新的房舍已经建立起来，新取得土地已经开垦，新的环境已能适应，自然乐不思蜀。现在的情势不同。这些流动的人大多不是农夫，他们大多是公务员、艺术家，或是学术界人士。他们不容易对新居产生浓厚情感。当敌人被击溃以及故乡恢复和平与秩序之后，他们大有可能回到旧居。第三，尽管在我们国家交通仍然不便，但是和过去比较，差距仍然甚大。过去从成都到汉口足足需要一月旅行，现在只需一周时期；过去从昆明到喜洲须要骑马两个礼拜，现在乘坐汽车最多只要三日，而且旅行辛劳，大为减轻。因此回乡是容易多了。

三

但是这些回乡的人将遗留下来永久的影响，而人口流动对于整个国家，当然也会发生若干作用。他们在居留过比较闭塞的后方，传播新的观念与技术。在战前，湖南以西的八个省份，陕西、山西、甘肃、四川、西康、广西、贵州、云南之中只有四所大学，这些大学，学术水准及效率都低。大专以下学校的程度更不合标准。战争初起，大量高级学术机构，随着政府西迁，其中实多全国之精英，各行各业的专门人才，也涌入内地，有些是公职人员，也有是灾民身份的。与这些机关和人民团体接触，自然而然地散播了文化。教育、工业以及社会情况，一般地水准都已提高，这对于内陆文化，自有长远的影响。这种在战时积累的进步趋势，在战争结束后，仍然会持续下去。中国在各方面的进步，将会比较均衡地发展。如果没有这次战争，这种均衡发展，恐怕需要更长时间。

同时工、商、教育文化界及政府领袖们的眼光，开始注意到西南和西北地区的潜藏资源。在战前，必需要用宣传，才能引起全国注意，开发落后地区的重要性。经过这次战争后，宣传已不必要。这些省份的潜力已经表现出来，而政治家、教育家、工商界领袖在战后，都不会健忘。人才和资金都会投入后方的发展，成为国家重建工作的一部分。

我们更不要忘记这次人口移动对于文化团结的影响。内地人和外地人的界限，将会完全撤除，误解也将消失，一种坚强的团结也形成了。各种事业上的合作，也会容易得多。中国团结更将是一种事实。换句话说，中国将成为一个更强大的国家，物质建设，将更为迅速，在各方面，都会有重大进步。

四

但是，如果这些新的力量，倾向于军国主义，和狭窄的民族主义又将如何？由战争而产生报复仇恨心理，当由记忆而增强，又将如何使之减轻？在沉思着这黑暗面之中，我们看到一线曙光，那就是基督教的广泛地散播福音，这也是中国人民在战争流离中的结果之一。

在移民之中，有不少是基督徒。从一九○○年到一九三七年之间，基督教会在全国，都有长足进展。在沿海和长江地区的省份，特别是在日军占领下的大都市，进步更大，也附有更有效的教育工作。其结果，是在那些地方的基督徒，比较聪敏活泼，更为开放，相形之下，在内陆后方地区的基督徒，一般说来，教育程度较差，地方派系的色彩较为明显，在观念和实务上，也比较保守。他们不太会想象由基督教差会传教阶段，转移到独立自养阶段，可能涉及的若干问题。他们缺乏教会领导人才，经济力量社会声望也较为薄弱。

这次战争，很显著地发生两种影响。比较成熟的基督徒团体，他们的地区，饱受日军侵略的灾难而分散流离，或是失去了领导中心。基督教会学校，原来是教会社区发展的重要机构，被迫转移。这种分散，对于实现教会自养的希望，和基督徒社区生活的发展，至少延缓了十年。

但是将比较优秀进步的基督徒分散开来，以及基督徒工作紧随着到达后方，亦有其光明的一面。平信徒工作，也紧随着他们的脚步，进入内地。只要当他们聚集人数较多时，就成为基督徒社区。他们或尝试着在教会影响力不大的地方，开展新的基督徒活动，或者和当地基督徒合作，提供新而有力的领导人物。任何一面，都意味着一种新的基督教冲击。

在有些事例，这些活动也会制造复杂和不愉快的情势。这里会有两种形态的领导，两种不同的想法，两种不同的做法以及两种不同的神学。但是这种困难是短暂的，其良好结果，却是永久的。若干年来，在中国若干教会人士，以整个教会为着眼点，认为将来的困难，不是由西方输入的不同教会宗派，因为对外国教会的历史上纷争他们并不特别感觉兴趣，但真正的危险，或者是来自两个不同的广大地区成长的分歧形态的教会，那就是一方面从沿海和河流附近地区来的教会，另一方面，是后方省份所产生的教会。我们没有北方和南方长老会、美以美会、浸信会的区别，而可能有东部和西部的英格兰教会，或是东部和西部的基督教会。当基督徒从“外来”省份和后方基督徒接触时，这种观念更为显确。一个从上海或汉口来的圣公会教友，在和昆明的英格兰教堂听证道时，或者在和当地牧师讨论教会事务，都会感觉到不是味道，除非这位牧师也是外来的。这种感应，并不是由于教会之不同，而是态度和看法不太一致。由于人口的大规模移动，这两大派系逐渐合流，使得上述差别逐渐缓和。但是在战争结束后，当这些流动人口，回到东部时，会不会有足够的教友，留在西部而保存这种混合的优点呢？在战争结束后以及这些流离灾民回归东部以后，教会在敌军撤退后的地区的复原工作，自然是原来在那个地区基督徒的责任。由战争带来的损失，将会以有限的志愿来重建。在这种情形之下，是不是在我们国家东部地区的教会，会有余力支援在西部地区所需要的领导以及财务支援，以继续在战争时期已经开展的若干开放性活动？当在中国的战争结束，惊吓已经消失，尤其是当欧战使得在海外老资格教会，将注意力转移到世界其他角落时，正在中国挣扎的年青教会，由于多年的战难，痛深创钜，而外来援助又相对减少的情形之下，能担负新起而日渐沉重的工作负担吗？在战时，外国差会，当在沦陷区工作被迫停顿时，很迅速地在自由中国展开新的工作场所。在战后，当沦陷区摆脱军事占领，已恢复正常情况时，差会预算，一方顾及后方地区，是否能同时兼顾刚收复的沦陷地区需要呢？

五

我们更不要忘记情势的另一方面。我们国家，对于在中国的基督教会和基督徒产生另外一种看法。在基督徒创导之下，战后救济、医药服务、儿童福利等工作，已经显示出来，教会的爱心和善意，是为全人类的，不管种族和祖国，也显示出，在外国传教士中，为了在危机之中保全人命，愿意作最大牺牲者颇不乏人，也显示出，传教士在必要时愿意牺牲自己生命，以尽传教士职责，以及中国基督徒爱国，也决不后人，因为他们是基督徒。这种表现，使得很多人逐渐更了解基督教是怎样性质的一个宗教，和基督教会是怎样一种组织。有些人深受这种见证的感动，因而接受了基督教信仰。更多的人会追随他们，进入基督教会。这种机会是前所未有的，在现在以及在战后，都将来到我们眼前。我们应该做什么准备，将效用发挥到最高潮呢？我们准备训练那一类型的工作人员？计划精密到什么程度，以应付这个前所未有的局面？假使由于这次战争，使得我们的教会，更为壮大，更为团结，对于人民的需要，感觉更为灵敏，那会产生一种希望，就是破坏力量将被消除，国家建设计划将会积极开展，将中国带近上帝的天国。【原载台湾圣公会通讯第廿五卷第十二期。见华中大学韦卓民纪念馆编印:《韦卓民博士教育文化宗教论文集》(台北)，1980年，第97～107页。】

3月　在重庆"中央广播电台"，以国民参政会参政员及华中大学校长的身份发表广播词《学者在战时的任务》(The Role of Scholars in the War)，向全国及国外广播。讲述了20世纪三四十年代战时中国高等教育的艰难之状，为国家前途及中国高等教育提出远见卓识。原文如下：

我很高兴能够有机会从我们的战时首都重庆，向我在美国的朋友们讲话。

我访问美国回来已经二年半了。二年半来，世界情势变化真大；记得我在美国的时候，我告诉朋友们说，在中国所发生的战争，只是极权与民主间大战的先锋。过去一年半来的事实，证实了我的说法，中国正在作战，而且决心继续作战，直至正义和世界公道得到维护为止。

当一九三七年夏天，中国战争爆发的时候，我刚好在国外。我和许多人的看法相反，我当时确信，我们中华民族在英明领袖蒋委员长的领导之下，必将战斗到最后一刻，战争将是持久的，虽然我知道我们的国家没有战争准备，但是我对我们的最后胜利充满了信心，因为我也知道我们人民的士气以及战争的起因，我们是接受我们的敌人的挑战，战争并不是因为我们而起的。

我从美国回来的时候，战争已经进行了整整一年，我目击一切，产生了我的信念，没有任何困难，能挫折我们人民的意志，没有任何敌人，能动摇我们对政府的信心。城市一个接一个地陷落于敌人之手，我们一时无法抵抗敌人的飞机和机械化部队的进攻，我们的装备确很落后，可是情形正在改善，我们很快就会有更多训练良好的部队，投入战场。我们将在适当的时候，进行大规模的反攻。我们现在对战争的最后胜利比以往更有信心，正如在美国的朋友们对我们赢得战争的能力比以往更有信心一样。

过去三年半来，有数百万人，其中大部分是知识分子和熟练的技工阶层，由沦陷区撤退到内地去。中华民族正以崇山峻岭最为自然屏障，在继续抵抗日本的侵略，并且开始进行国家重建的积极工作，建设规模如此宏伟，只有亲眼看到的人才会相信，战争创造了新中国，它也给予我们新生。有很多事可以说明这点，因为时间的关系，我在这里只谈到一点，那就是高等教育。我最了解这方面，我可以根据亲身体验来谈。

中国的高等教育，在战前已经有了相当的进步，假若这种进步没有中断，我们很快就会赶上美国的大专院校。但是战争迫使我们许多最好的高等学府，撤退到内地，在那里教育落后，环境也不顺利。

在一九三七年，我们有一〇八所大专学校，其中只有九所，是原来就在我们现在所说的自由中国地区。其余的有一半由占领区撤退到西南方和西北方，四分之一留在北平、天津、上海继续开课，这几个地方日本人的影响还不算严重，还有廿二所被迫关闭了。

但是目前很多已经关闭的学校，又在自由中国地区复校，政府也针对战争的需要，设立了一些新的学校。目前大专院校达一百一十三所，比战前还多。大专学生总人数在战争初起时有些减少，但是这三年来，则已稳健地增加，现在已经接近一九三七年春的数目了。

二年半前，我还在美国的时候，朋友们常问我，也许现在也仍在问，为什么大学生不上战场保卫国家，而撤退到后方去。一部分大学生已经参加作战，而且更多的正在走向前线，但是中国并不缺乏人力资源，我们已经有五百万武装男儿，还有更多的正在训练中。我们政府考虑到让所有的大学生去参战，代价太大，培养一个大学生的水准，要花很多年时间，一千个人当中才有一个大学生，要是大学生都战死了，当战争过后，迫切需要调动国家的才俊来进行重建工作时，国家的知识命脉，就会严重地枯竭。中国现代化的伟大任务，已经开始，而且一定要完成。这个任务，需要受过现代化智能训练的男、女青年，这种训练将不惜代价继续下去，因此政府采取一最大的代价来维持高等教育的政策，因此高等学府迁到内地，这并不是想逃离战争，甚至是害怕日军的屠杀，而是考虑到为将来重建国家而实施一部份[分]抗战计划的缘故。

我上面说过，战争爆发以来，政府设立了一些新的大专院校，政府也拨了一笔相当大的款项来济助被这战争殃及的老师和学生。很多私立中学和大专学校都由沦陷区迁到了中央政府现在所在的四川省。食物昂贵，对师生都造成了严重的生活问题。政府采取特别措施，拨了一百万元专款来济助他们。自由中国其他地区的流亡学生，这三年来也受到同样的济助，刚刚几天前，当我们亲自听到在国民参政会议上报告，说政府尽管有严重的财政困难，教育预算还是比战争初期高出百分之卅的时候，我们真是受到极大的鼓舞，这是政府决心要使教育发挥最大功能的最显明的表示。

但是政府虽作了努力，大学教师和大学生的生活困难，还是严重，很多学生是由沦陷区流亡出来的，不是家庭破散，就是穷困不堪，再也付不起在校的伙食费，有的完全和家人隔绝。战时的食物，经常都是问题，有营养不良的威胁，物价天天在飞涨，文具用品很贵，书籍几乎买不到，几个学生合用一本书，流亡大学发觉要是尽力设法搬运图书，费用太贵，科学仪器有的太重，有的易碎，不堪大卡车长途颠簸运载，因此带出来的很少。迁留的时间一久，图书和设备的缺乏越来越成问题，化学物品和其他供应品用完了，很难再行补充，很多实验没有办法做，老师们势须要像无米难炊的巧妇一样，运用智巧来克服这些困难。

牺牲总是有代价的，困难激使我们动脑筋，我们常常由较深远的学术研讨，转而孜孜于切身的问题，但是没有一些起码需要的书籍和仪器，这些实际的问题是不能解决的。美国的朋友们，能否给予我们珍贵的援助，供应更多的图书和科学仪器。

这些困难问题，就是战时中国的高等教育上所遭遇的。但是就像我们前方战士那样，我们所持有的，是无畏的精神和坚强的决心。

透过坚忍不懈的努力，中国的高等教育，不但在战时得以维持，而且在一些重要的方面还获得了显著的进步，特别是许多研究所和高等学府向大后方落后地区的转移，产生了很好的影响，使得过惯了沿海各地生活的师生们，有机会熟识内地的生活。这种情形本身就是一种具有深远意义的教育、文化得以广泛散布。现代思想也得以传播，水准较低的学校，在和进步的省份迁来的大学接触后，也因此激发，提高了程度和效能，其结果将是战后会出现一个更教育化的中国。

为了战时的需要，我们的高等教育已经作了许多调整，在战争结束，也将要作更多的调整，但这一切都是为了国家的最高利益。【详见《战时中国》杂志，1941年4月。】

3月　在重庆召开的“国民参政会”上，蒋介石会见韦卓民，企图拉拢他参与“皖南事变”后的反共宣传。王云五（后任国民政府行政院副院长）更是逼他表态反对共产党，韦卓民严词拒绝：“我与共产党一起参加参政会的，共产党退出参政会，我也退出参政会，我不参加参政会的活动。”【马敏、周洪宇、方燕主编：《跨越中西文化的巨人——韦卓民学术思想国际研讨会论文集》，华中师范大学出版社，1995年，第216页。】

4月　《学者在战时的任务》发表于《战时中国》杂志。在《教会国际评论》上发表《抗战三年来中国教育之检讨》。

在致校友的信中写到：“溯我校草创之初，固以讲究高深学术，培植有为青年，为人群谋福利为国家增元气为职志。故招生则宁缺而勿滥，教学则重质不重量。诚欲造就真实人才，以建立坚固之基础，进求无疆之发展。惨淡经营，多历寒暑，此种主张从未少渝。”“本校立案后即致力于经费之稳定，设备之充实，教学研究程度之提高。选聘优良教员，礼遇有加，限制学生名额，宁缺毋滥，以期符合本校重质不重量之主旨。为厚植学子之学术基础，特设中期考试、毕业总考等制度，以为全国倡。复采用宿舍制、导师制，开我国实验高等教育之先声。”【“韦卓民个人档案”，原件藏于华中师范大学档案馆。】

10月上旬　邀请抵达喜洲会见包鹭宾、游国恩等人的好友，著名作家老舍和古琴家查阜西，为华中大学及五台中学师生讲演。其中老舍为华中大学师生讲了三个晚上，查阜西讲了一个晚上。此事，查阜西在《旅滇杂记》（摘编）中写道：“抵喜洲，已近暮，宿老舍故人包渔庄家，无何游君泽承亦至，皆热肠惊呼。余则借他人酒杯，自消傀儡而已，华大校长韦君之来访，求老舍为之讲学三夕，余一夕，允为讲中国音乐，亦附骥之意云耳。廿九日为华中讲中国古代之理论与实用，评者谓题范过大，非一小时所能尽意云。”另据包鹭宾之女包淑撰写的《华大惜才　永志难忘》一文中记载：“1941 年，我们刚到喜洲时，住在杨家祠堂西厢房，很宽敞，楼上有房三间，楼下有一大一小两间房子，还有大殿、内外庭院和厨房。……有一次，父亲的故友、著名作家老舍先生住在我家，韦校长得知后，亲自到我家看望贵客，并见缝插针，趁老舍到喜洲作苍洱之游的机会，请他晚上为华大讲学，学生反映极佳。如华大校友、河北大学的胡人龙教授在 1989 年写给我大姐的信中还提到请老舍讲学的事，念念不忘。”【《包鹭宾学术论著选》，华中师范大学出版社，2005 年，第 312、340～341 页。】

包鹭宾教授在大理

是年　王多恩[1]与高铭元[2]两人从华中大学英语系英国语言文学专业毕业，韦卓民发现他们基础好、有才能，便选留下来在英语系任教。

1942 年　54 岁

2 月　到重庆参加国民参政会议，会后与陈立夫交谈。后退出国民参政会。

5 月　在华中大学中国文学系研究室编辑的《西南边疆问题研究报告》第一期“弁言”中写道：“民国二十七年秋，我校中国文学系始受美国哈佛燕京学社之补助，研究我国长江中部文化。时寇势甚张，数月之间，江、淮、两浙相继沦陷，武汉震动，人心绎骚，事未造端，而学校即仓黄迁桂。余惟西南诸省，堪复兴之藉，乃商之诸子，变更初议，从事于西南边疆之研究，期对抗战救亡有涓埃之

---

① 王多恩(1917—1987)，安徽泾县人，是华南地区外语教育界享有盛誉的教育家。留校先后任助教、讲师。1947 年，受学校的派遣赴美留学深造，以惊人的毅力修完全部课程，获取美国密执安大学的英国语言文学和图书馆学双硕士学位。抗美援朝战争爆发后，积极响应新中国的召唤，毅然放弃博士论文答辩的机会，于 1951 年回国，先在华中师范学院任副教授，1953 年院系调整时调广州中山大学外语系任副教授、英语教研室主任。1970 年调广州外国语学院，历任副教授、教授、英语系主任、学院副院长和英语系名誉主任，硕士研究生导师。他还历任广东省第五届政协委员，全国外语教学研究会理事兼英语教学研究会副会长，广东省外国文学学会副会长、顾问等职。他长期从事英美语言文学的教学和研究，其中参加编写《双英分类插图词典》，在外语教育界受到好评，撰写的论文《中国英语教学的回顾与前瞻》，对中国英语教学的历史经验进行全面的总结，对中国英语教学提出了不少独到创见。1981 年，在美国纽约州立大学及美国第十五届英语年会上宣读论文 A Brief History of Teaching of English as a Foreign Language in China(Past and Present)，获得国外同行的高度评价。

② 高铭元，生卒年月不详，广东人。在文华中学(英文名 Boone School)念书时，英语作文写得好，常被老师米勒先生作为范文念诵给低年级学生。后在广州中山大学任教，是外文系著名教授之一。

裨也。佥以为然。乃背秋涉冬，寇从空轰烧桂林，殆无虚日，几辍弦诵，研究更无从着手。于是复举校西迁，展转入滇，止于苍山洱海间。劳生甫定，系中诸子即各就志趣所向，恣意研讨，或究方言，或征文献，或察其山川地理、风俗人情，三年以来孜孜不懈。凡先后撰文十馀篇，邮致美国报告者四次，补助亦递有增加，乃益觉前功之非徒劳也。爰议裒集，陆续付印，其事匪易，久乃克底于成，兹编其嚆矢也。夫居今日谈边务，见事已迟；然亡羊而补牢，尚未为晚，愿与国人有志于兹者共勉之。”【《包鹭宾学术论著选》，华中师范大学出版社，2005 年，第 281～282 页。】

9 月 邀请李约瑟博士（Dr. Joseph Needham）及夫人来华中大学与师生进行广泛的学术交流。

1943 年 55 岁

8 月 发表文章《中国基督教育的前途》。亲自组建成立华中大学战后发展规划委员会，主要出谋献策，拟定出战后十年发展计划。拟将华中大学原来三院扩充为四院，即将文学院中的经济商业系扩大为商学院，内分三系；另将音乐组扩大为音乐学院或音专，神学仍不成院系，但课程充分加强；不办研究所，但加强教师研究工作量等。此规划由华中大学校董会原则通过。

是年 向联合托事部提出建议书，建议教会大学要着重培养传教、教育、医药、社会工作、妇女及青年工作的人才。

本年至 1944 学年度的冬天，让临时执委会制定华中大学战后规划，该委员会制定了一份详细的华中大学十年规划。规划制定出来后，寄交给了建校委员会。

喜洲办学期间，韦卓民勤俭节约，廉洁奉公，与师生同甘共苦。据其学生吴醒夫所言：“在喜洲进行正常教学活动的那些年份，一般的教授与教师，大都是住在喜洲标准的四合院中的有三间房的楼上，而韦校长只住可作为一个小厨房的不到十米的小阁楼旁的一间房内，……当时由我们几个距离他的寓所有近一里之遥的校本部的年轻教师与他合并，每人凑一份钱，请一位老农民帮他及我们做一日三餐的饭，每到吃早、中、晚饭时都集中到他房旁的阁楼上，伙食极为平常清淡，……我们几个年轻教师每天去到上洪坪吃饭时经常看到韦校长身穿的那件微微带点浅绿色条条的西装外衣，在第二年开始时，两个袖子就破了，他请喜洲的修鞋铺替他在西装的两个袖子的破处，各补了一块黑皮，一直到我1943年离开喜洲来到昆明时，他都是穿的这件补了黑皮的外衣。……多年同他在一道生活，从来没有见过他用由他辛苦弄来的学校公款，大鱼大肉的请客，有时也有远客来到喜洲，是专程来到喜洲看他或者商量学校大事的，可是，他总是将客人带到我们吃饭的这个阁楼上，最多就是请这位帮我们做饭的老农民，拿三四个鸡蛋，添一盘炒鸡蛋待客。这三四个鸡蛋的钱由他自己付。"【吴醒夫:《怀念恩师韦卓民》,《华大校友通讯》第5期,2003年10月。】

1944年　56岁

是年　国民党军训部派了一个姓佘的军事教官到学校，企图组织三青团，韦卓民坚决反对，学生也强烈抗议，使这位教官无法施展其伎俩，只得走人。【参见全国政协西南地区文史资料协作会议编:《抗战时期内迁西南的高等院校》,贵州民族出版社,1988年。】

暑假　西南联大和云南大学的部分教授及青年教师，如郑天挺、罗常培、游国恩、徐嘉瑞等为编写大理方志在大理考察。8月7日，华中大学在王家祠堂设宴招待他们，韦卓民在宴会上喝得大醉。据郑天挺《大理访古日记》(摘录)记载:"五时，华中大学设宴于王家祠堂，即包渔庄、黄秋浦所居，招待同来诸人。……八时天阴雨，归图书馆，卓民、萃田均大醉。"【《包鹭宾学术论著选》,华中师范

大学出版社，2005 年，第 310 页。】

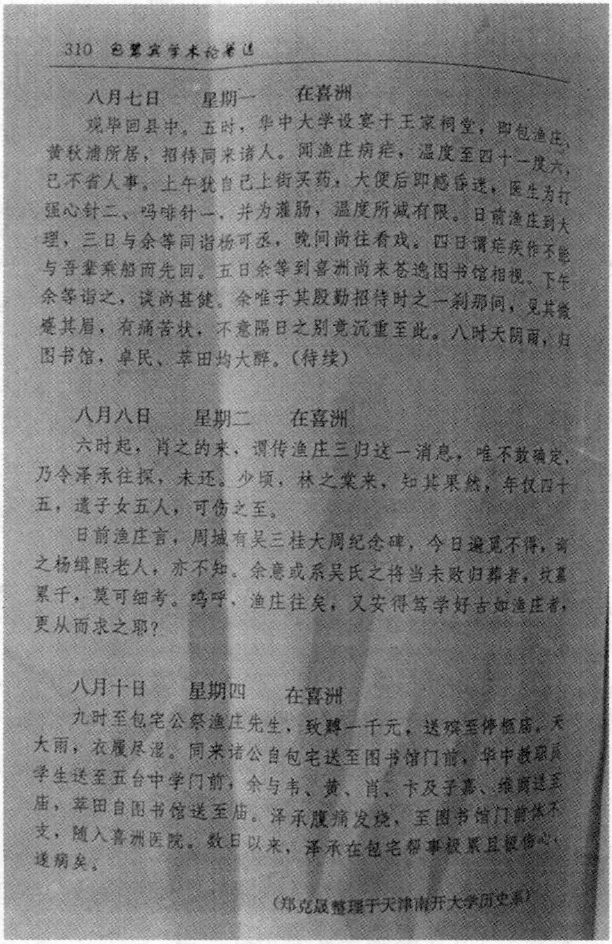

310 包鹭宾学术论著选

八月七日　星期一　在喜洲

观毕回县中。五时，华中大学设宴于王家祠堂，即包渔庄、黄秋浦所居，招待同来诸人。闻渔庄病疟，温度至四十一度六，已不省人事。上午犹自己上街买药，大便后即感昏迷，医生为打强心针二、吗啡针一，并为灌肠，温度所减有限。日前渔庄到大理，三日与余等同谐杨可丞，晚间尚往看戏。四日谓疟疾作不能与吾辈乘船而先回。五日余等到喜洲尚来苍逸图书馆相视。下午余等诣之，谈尚甚健。余唯于其殷勤招待时之一刹那间，见其微蹙其眉，有痛苦状，不意隔日之别竟沉重至此。八时天阴雨，归图书馆，卓民、萃田均大醉。(待续)

八月八日　星期二　在喜洲

六时起，肖之的来，谓传渔庄三归这一消息，唯不敢确定，乃令泽承往探，未还。少顷，林之棠来，知其果然，年仅四十五，遗子女五人，可伤之至。

日前渔庄言，周城有吴三桂大周纪念碑，今日遍觅不得，询之杨缉熙老人，亦不知。余意或系吴氏之将当未败归葬者，坟墓累千，莫可细考。呜呼，渔庄往矣，又安得笃学好古如渔庄者，更从而求之耶？

八月十日　星期四　在喜洲

九时至包宅公祭渔庄先生，致赙一千元，送殡至停柩庙。天大雨，衣履尽湿。同来诸公自包宅送至图书馆门前，华中教职员学生送至五台中学门前，余与韦、黄、肖、卞及子嘉、维宙送至庙，萃田自图书馆送至庙。泽承腹痛发烧，至图书馆门前体不支，随入喜洲医院。数日以来，泽承在包宅帮事极累且极伤心，遂病矣。

(郑克晟整理于天津南开大学历史系)

郑天挺《大理访古日记》一页

8 月 8 日　包鹭宾猝死于喜洲。华中大学举行了隆重的葬礼，举丧时给予了极高礼遇。韦卓民不仅参加了葬礼，还亲自做其家属的抚恤工作。据包鹭宾之女包佶在《包鹭宾先生生平事略》中所述,“出殡之日,学校在大礼堂举行隆重的追悼会后,全校师生员工列队自包宅至五台中学门前为先生送行。除游国恩教授因协办丧事,操劳伤感,中途体力不支转入医院外,韦校长、黄秋甫、肖之的、卞彭年、傅懋勣、王玉哲、郑天挺、罗常培等教授在包宅公祭后亲送到停柩庙。随后,灵柩移厝于喜洲镇侧,面向洱海的青山之麓”。【《包鹭宾学术论著选》,华中师范大学出版社,2005 年,第 298 页。】另据包鹭宾之女包淑在《华大惜才　永志难忘》中提及:“韦校长多次到我家看望母亲,坐在母亲旁边,亲切地对母亲说:包太太,你要节哀保重,孩子们都太小,你不能垮啊!你一定要挺住。并告知母亲,学校对我家今后的生活和子女教育已作周密考虑和妥善安排,如决定抚养男孩包仁至大学毕业,四个女孩至高中毕业等。这里我必须插入一点说明:学校当时即一次性给了我们一笔数额不少的抚恤金和教育费。”【《包鹭宾学术论著选》,华中师范大学出版社,2005 年,第 343 页。】

11 月 1 日　发表《华中大学二十周年纪念特刊发刊词》,原文如下:

> 大学之设不徒为培植后学已也,讲授之余必有事于学术之探讨,以求增进世界之文明,开辟知识之领域。故华大□□(“□”为原文字迹不清,下同)素以学术研究相砥砺,□□以远播千万里。图书仪器残缺不全,研讨之功夫未敢自信。间有一得,亦不轻易示人,以沽薄誉。盖学问之道,点滴未清,不免见笑大雅贻误后生也。年来研究结果未刊行问世者,以此之故。兹值学校成立二十周年纪念,同人等□□□□□□谨蒐集旧作十余种汇为一编,为学校寿庆□□□□□□□□□,行将付梓,同人索发刊词于予,予不文爰□□□□□□,不苟之精神及新编发刊之大意,以弁编首,是为序。【《私立武昌华中

大学二十周年纪念特刊》,原件藏于华中师范大学档案馆。】

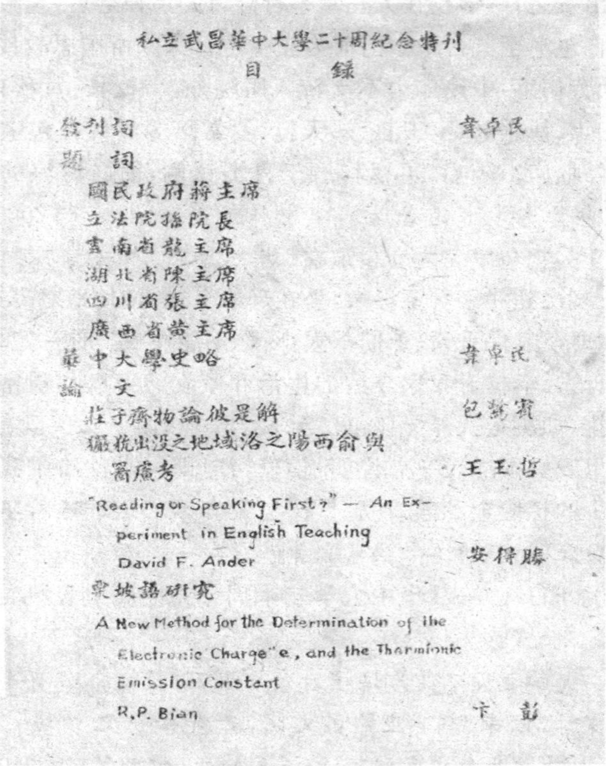

私立武昌華中大學二十周紀念特刊

目　錄

华大二十周年纪念特刊

为庆祝华中大学成立20周年,国民政府主席蒋介石、立法院长孙科、云南省主席龙云、湖北省主席陈诚、四川省主席张群、广西省主席黄旭初纷纷题词致贺纪念。国民政府蒋(介石)主席题词:“菁莪乐育”;立法院长孙(科)院长题词:“博爱为怀,树人是志,缔造艰难,充实设备,教育恢宏,人文荟萃,廿载程功,青年受赐”;云南省龙(云)主席题词:“为国育才”;湖北省陈(诚)主席题词:"培育英才";四川省张(群)主席题词:"缔构廿年,播迁万里,为国家弘作育,即为建设植深基";广西省黄(旭初)主席题词"桃李成蹊",以示嘉勉。【《私立武昌华中大学二十周年纪念特刊》,原件藏于华中师范大学档案馆。】

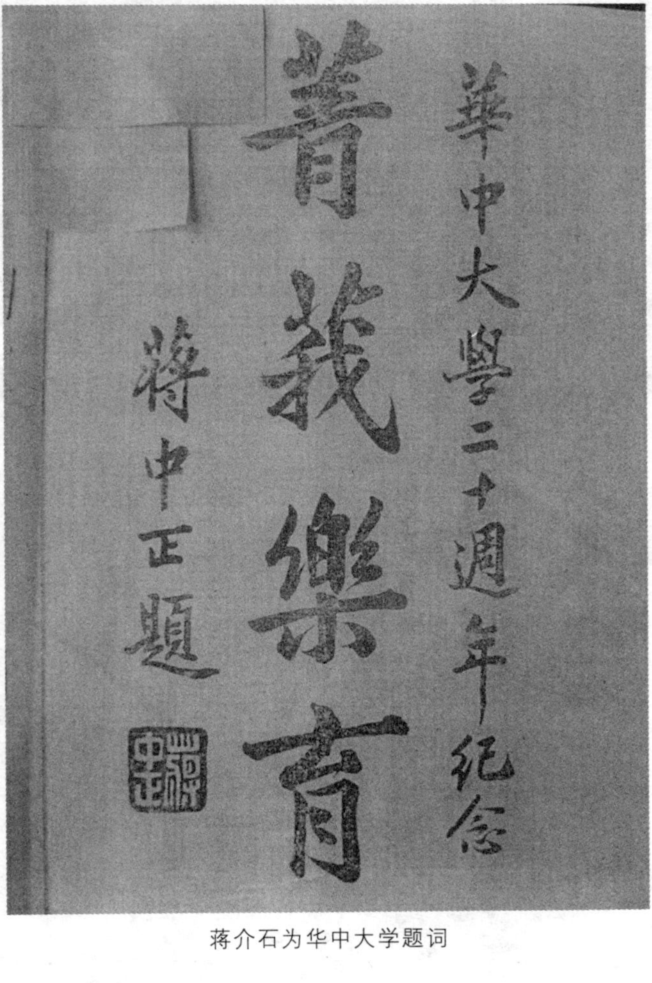

蒋介石为华中大学题词

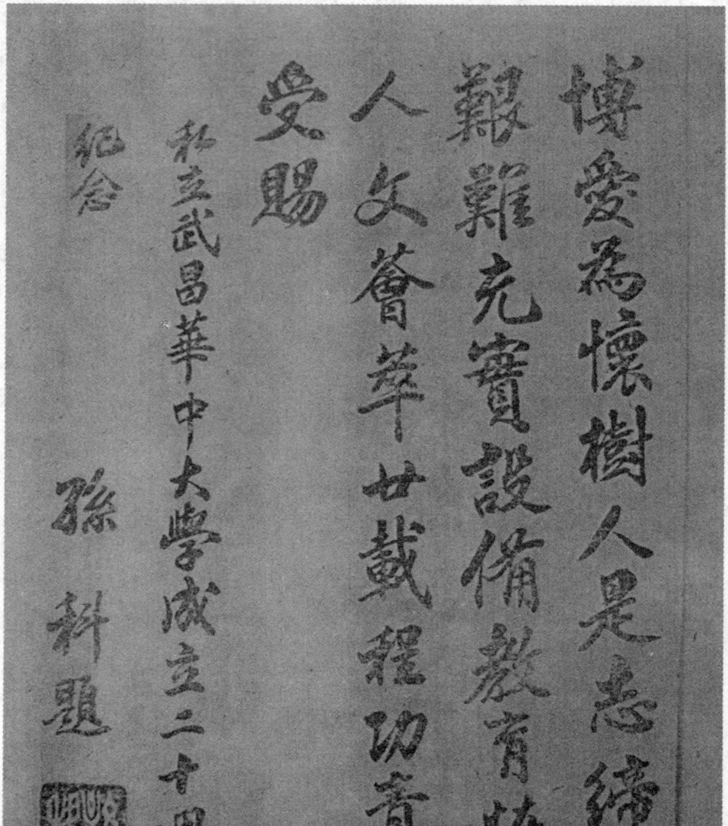
博愛爲懷樹人是志締造
艱難充實設備教育恢宏
人文薈萃廿載耀功青年
受賜
私立武昌華中大學成立二十週年
紀念
孫科題

孙科为华中大学题词

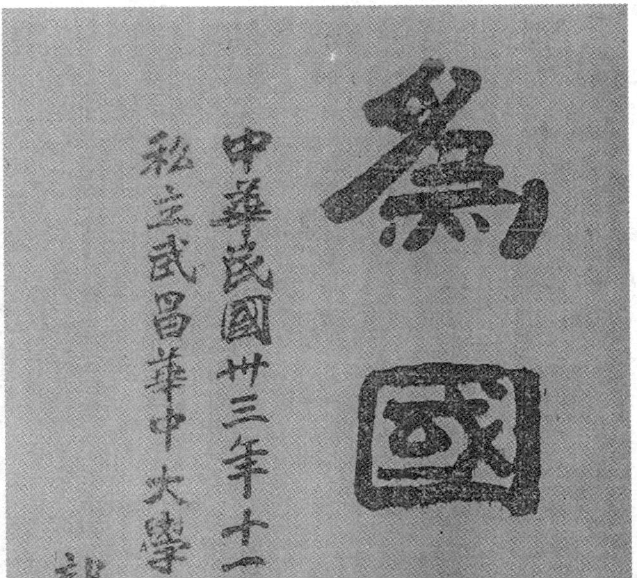

龙云为华中大学题词

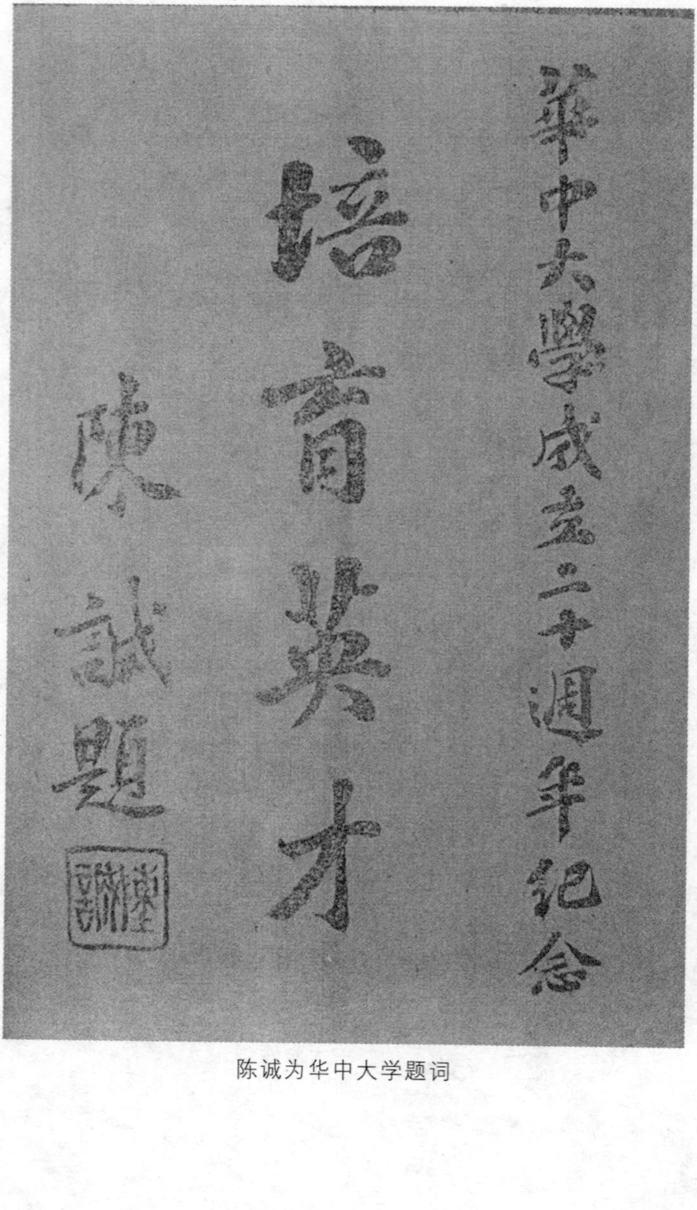

陈诚为华中大学题词

张群为华中大学题词

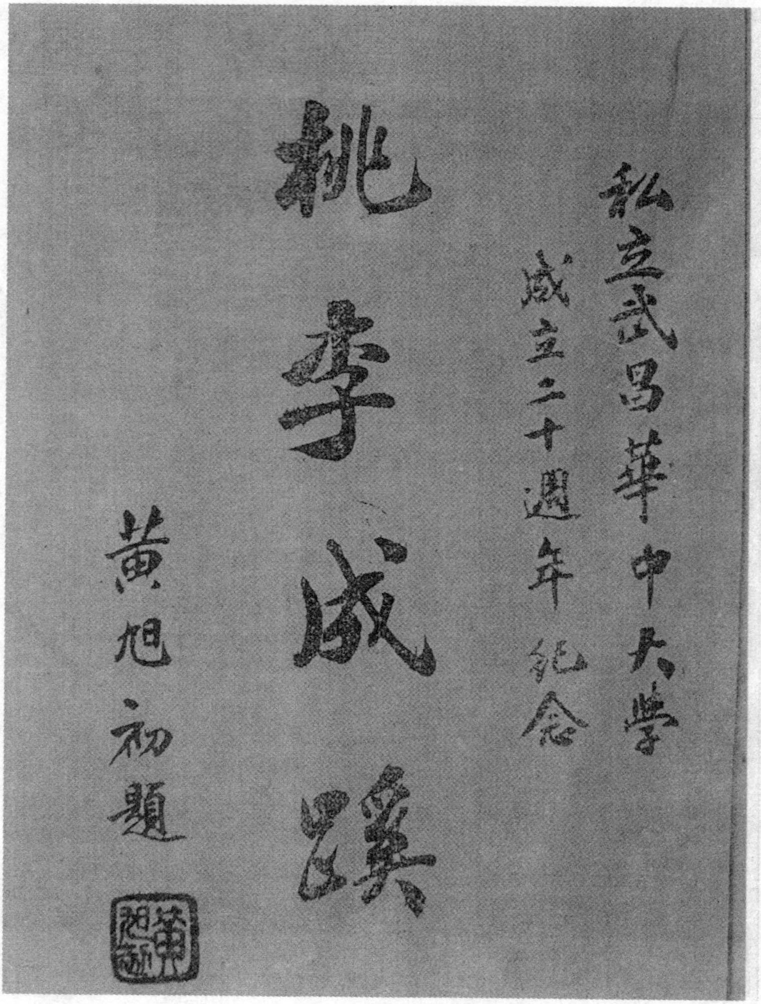

黄旭初为华中大学题词

12 月　感染重伤寒，被送往大理医院治疗，其间，一直得到戴惠琼的精心护理。圣诞节当日返回喜洲。其病至次年 3 月才得以康复。据记载："1944 年 12 月，韦卓民博士感染重伤寒，被送进大理中国内地会医院。有两周他曾几度虚弱，但他强壮的体质和医院的精心治疗，使他摆脱了病魔。圣诞节时他已能独自返回喜洲，但还是需要一段恢复期。到 1945 年 3 月，他才重执教鞭并重理校政。"【[美]柯约翰：《华中大学》，华中师范大学出版社，2003 年，第 112 页。】"在喜洲的生活是艰苦的，……而生活差，医疗条件更差，好几位学生与教师病死，先生也于 1944 年十二月初得了斑疹伤寒，那时的医药水平是即使现在很容易治好的常见病，如肺炎，伤寒或肺结核，猩红热等都只能是头痛医头，静卧休息，增加营养的古老办法，让病自然地痊愈（或恶化，死亡），先生经过那次大病，也是年纪不小了，休息了好几个月才能起床工作。"【韦宝锷：《关于韦卓民生平的一点资料》，写于 1987 年 12 月，见"韦卓民个人档案"，原件藏于华中师范大学档案馆。】

1945 年　57 岁

初春　美国纽约协和神学院研究班聘请韦卓民为 1945—1946 年度首席"亨利 · W. 卢斯（Henry W. Luce）世界基督教客座教授"。他接受了邀请，并在 1945 年的客座讲座上发表了《让基督教在中国的土壤里生根》（Rooting the Christian in Chinese Soil）的就职讲演，论述了基督教的本土化问题，其中指出，"假使中国文化若干元素与基督教基本教义不能配合，没法代替它，但是基督不是到世上来毁灭，而是来充实的。将一幅图画中的缺失予以变动，使得这幅图画能够更为完美，乃是完成一种意愿，照着画家心中原有的美感而充实的"。【马敏、周洪宇、方燕主

编:《跨越中西文化的巨人——韦卓民学术思想国际研讨会论文集》,华中师范大学出版社,1995 年,第 94 页。】

武汉人民欢庆抗战胜利

第五编　武昌复校

（1945 年 8 月—1949 年）

1945 年　57 岁

8 月　抗战胜利结束。消息传到喜洲，立刻在华中大学校园引起热烈反响，不少师生准备立刻启程返回武昌。9 月初，华中大学临时执委会经过反复研究，认为重返武昌的准备工作没有做好，不太合适即刻起程，于是决定缩短假期，加快教学进度，拟于次年 4 月的第一周结束学年工作，4 月底启程返回武昌。

9 月　卞彭代校长利用在重庆参加高等教育委员会会议的机会，初步勘察了回程路线。他一返回喜洲，华中大学临时执委会就组建运输委员会，负责制订返回武昌的计划，并组织师生做一些准备工作。

经过认真讨论，临时执委会最终选择了一条最近的路线，即先乘汽车至昆明，再转乘火车至曲靖，然后乘汽车至长沙，最后乘火车或走水路抵武昌。为了便于沿途的膳宿，临时执委会还决定将全校师生分为人数大致相等的两批。

在华中大学重返武昌时，韦卓民正在美国讲学和募捐，但他对学校的搬迁工作高度关注。在美国期间，他到联办教会总部游说，呼吁他们为战时华中大学的西迁和战后华中大学的重建提供资助。经过韦卓民的艰苦努力，华中大学与各联办教会的关系得到了空前的加强，美国雅礼会、复初会和中国基督教大学联合会等团体陆续给华中大学资助了数十万美元，有力地支持了战后华中大学的复校重建工作。

1946年　58岁

2月　发表学术论文《为中国教会培养受到良好教育的领导者》(As a Chinese Christian culture of a good education leader)。

3月初　负责华中大学后勤工作的谭仁义到达昆明，为返程各阶段的运行联系运输公司：从喜洲至昆明这段路包给了云南省公路管理局，昆明至曲靖这段路乘火车，从曲靖至长沙这段路包给了一家汽车运输公司。学校返迁的第一批人马由骆传芳率领，于4月17日出发；第二批人马由黄溥带领，在一周后也离开了喜洲。

在《华中通讯》第1卷第1期发表《本校复员之经过与前途之展望》，《韦卓民学术论著选》收入该篇时，题目改为《华中大学前途之展望与规划》，为华中大学描绘了新的发展蓝图。该文是在1944年制定的《战后华中大学十年发展规划》的基础上，根据新的实际情况修改而成的。它再次重申华中大学的办学目的是："为教会提供受过教育的领导人"；"集合各领域的基督徒学者通盘考虑这个国家和全世界所面临的问题，并从基督徒的立场出发寻求解决这些问题的办法"。关于办学目标，规划强调：华中大学并不想低估通过其毕业生而满足社会直接需要的实际成果，但更重要的目的却是"强有力地、持续地影响我们全民族的生活和思想，为中国的重建作出基督徒的贡献"。从这些目的出发，华中大学要在十年以后"与世界最高学府相较而无愧色"。为了实现这一"光荣的梦想"，韦卓民计划从院系和人员两方面加以扩张。具体院系规划为：

第一，文理教育三院现设之八系计：

文学院：国文系　外语文系　历史社会系　经济商业系

理学院：生物系　化学系　物理系

教育学院：教育系

宜极力充实，求师资数量与质量之双方注重，图书仪器之增加，学生程度之提高，研究精神之发展。

第二，文学院之经济商业系，应于最短时间，扩充为商学院，一以符民国二十年本校立案时呈准教育部之组织计划，一以供应武汉地区工商业各部门急需之专门人才。

第三，现时文学院之历史社会系，偏重历史，其社会学各学程，多未遑及。因吾国社会学有系统之研究，尚在初期，而社会学为富有地方性之学科，借镜于欧美各国社会研究之材料，本无不可，然取他人之课本，以教中国之学生，未尝见其得计。故本校社会学之研究，宜先设社会学研究讲座，从事于社会学各部门之探讨，搜集资料，为将来教学之张本。盖学问之道，未可躐等也。

第四，文学院现设之哲学各学程，仅足以应教育部论理（论理即逻辑。解放前曾将逻辑称为论理学——笔者注）、伦理等课必修之用。心理学亦只设教育学院学生之必修及选修学程。哲学一科，欲成专系，宜与历史政治经济之基本学程配合，以期学生之研究，实际与理论兼顾，明理所以致用也。

第五，本校为基督教大学，不可无基督教文献与典籍、教义与组织之研究，故神学尚焉，宜于教育部私立大学规程范围以内，设新旧约圣经、基督教历史、基督教教义、基督教实践神学各讲座，分配于文学院各系，开设高深之学程，对基督教及其他宗教，作科学之研究，由学生自由选修，所以使宗教之研究科学化，亦所以培养教会富有新智识之人才也。

第六，理学院之数学组，宜扩充成系，以强固自然科学研究之基础。生物研究，宜与国内之医药卫生各组织密切合作，以增进生物学之实用。化学系物理系，宜一方面注重基本原理之训练，一方面谋与各生产机关取得联系，学以致用，专精探讨，利国福民，明体达用，固二而一者也。

第七，吾国旧学，礼乐并重，然时至今日，礼涉空虚，乐经废弃，以言乐理，寥无几人，已言教育，师资缺乏，故音乐人才之培养，实为当务之急。何况基督教之精神表现，基督徒之公共崇拜，有赖于音乐者甚多。教育学院之音乐组，现仅为教育系学生准备教育之功课，宜速扩充成系，以培养音乐人才，并附设专修科，以宏音乐师资。

第八，教育学院现有之教育系，似嫌其偏重中等学校师资之培养，而教育科学之研究，未遑发展，故教育学之研究，宜成一系，师资培养，另成一系。

上列八端，其第一、第五、第七、第八，现正着手推进，其余四项，尚在筹划阶段，其进展之速度，一视学校经费增加多少为转移，此关于本校院系之计划也。

至于全校学生人数，战前总额仅达 240 名，抗战开始，迁桂迁滇，与华中区各有关中学交通隔绝，西南各省，中学程度比较低落，每年招生，虽降格以求，取录新生，乃寥寥无几，其始也，学生人数渐减，民国三十二年以后，乃逐年增加，胜利后一年，仍留云南喜洲，学生名额，达 280 余人。复返武昌，本学年秋季招生，各地投考者 4000 余人，惟以各种限制，全校男生亦仅 307 名，女生 140 名，共 447 名。而本校一向不收走读生，宿舍容量无多，男生惟有连床叠铺，极形拥挤。此后学生名额，逐年增加，至校董会所定之最高额 800 名为止。故男女宿舍之添建，为最迫切之一问题。

且也，大学教育，不止于课室图书馆实验室，还有赖于师生间之观摩，同学间之社交生活，而宿舍云者，不惟饮食起居之所，实学术商榷之地，所以学为士学为人也。于是宿舍合理之建筑尚焉，宿舍之严密组织尚焉。本校之理想目标在此，其实现还以待诸他日。

若夫新校舍之建筑，需款孔多，尚待筹措。教授任教多年者，应给假游历研究。后进教员之宜于深造者，应栽培鼓励，皆在十年计划之中，刻已着手实施矣。

夫学校树人之地也，树人百年，其道远，其任重，是则本校之战后十年计划，仅具什一之初步，广大精微，尚未也。愿与吾校同人，先后同学，共勉之。【《韦卓民学术论著选》，华中师范大学出版社，1997 年，第 420～422 页。】

为了实现战后十年发展规划，韦卓民要求逐步推进，循序渐进，从时间安排上，其工作大致分为三个时期：

第一期工作：主要是复员，时间为 3 年，即 1945 年至 1947 年。这期间计划学生增至 600 余人，图书增至 6 万余册，仪器亦大量增加。拟聘请国内外知名教授，如历史社会系拟聘请哈佛大学华保罗博士，英语系拟聘请席珍珠小姐、安务德先生，经济商业系拟聘请陶吉亚博士，中文系聘请国学大师钱基博、新文学教授毕奂午及语言学家高庆赐。校园建设方面，建成棋盘街宿舍、附中校舍及教职工宿舍。

第二期工作：立足于发展，时间亦为 3 年。这一阶段对一些院系进行调整，即将经济商业系扩充为商学院，将音乐组扩充为音乐学院，再增设哲学心理系与中学师资等系，增设宗教学院，开办文哲经济及理化研究所，教职员将在百人以上，学生则在千名以上。

第三期工作：此为十年规划最后阶段，时间为 4 年。在此期间，将完成图书馆及学校各学科建设计划，以使华中大学能与世界著名学府比肩。

4月 在《时代周刊》发表学术论文《信奉基督教者谈信仰基督》。

5月 华中大学由喜洲迁回武昌原校址。

7月 在《教会国际评论》发表学术论文《四大中心教在中国——中国教会组织的一个建议》。

是年 参加世界基督教协进会筹备会神学组在英国剑桥大学召开的会议。向英国各教会工作人员作专题报告。

是年 在 Andover-Newton 及 Boston 圣公会神学院多次主讲。

是年 获得美国法兰克林马赛里大学名誉文学博士学位，成为法兰克林马赛里大学同学会会员，后每年收到同学会寄来的同学通讯录。

是年 写信给中英文化协会，请求遣派经济教员来华中大学任教，以便提倡中英经济合作。与安德生商量，请求中英文化协会把华中大学作为英语教学师资训练站之一。

秋 支持华中大学的美国圣公会和雅礼会决定加入由司徒雷登发起组织的教会大学联合托事部，其他三个单位都表示同意。经过法律手续，在纽约订立合同签字，华中大学正式加入联合托事部。原有托事部将财产权益转移给联合托事部后宣告解散。

秋末 从美国返回国内，途中应邀赴英，参加伦敦基督教大会促进会第二届年会，担任开幕演讲。又赴西敏寺、圣保罗大教堂等世界著名礼拜堂讲道。随后回到国内。英国刊物介绍说：Dr. Francis Cho-min Wei, the genial President of Huachung University, is a man who might well have been distinguished in almost any walk of life.

11月 邀请美国圣公会远方访问团莅临华中大学参加二十二周年校庆及新生入学典礼。同时，西人华语训练学校分校在华中大学校内成立，韦卓民为学员讲授《中国之哲学及宗教》。

由于在美国的讲学受到普遍赞誉，回国后即被推选为全国圣公会代表主席。

12 月 1 日 乘轮船赴上海出席中华圣公会常委会及神学院校董会。

是年 应邀为中华基督教会全国议会的主要主讲人，讲《基督教基本信仰》；在庐山举行的全国青年协进会干事讲习会上讲《基督教应用的神学》。

12 月底 回广东原籍省亲。

1947 年 59 岁

1 月 3 日 “沈崇事件”[①]的消息传到武汉，“立即引起普遍的愤怒”。【吴松涛：《武汉学生抗暴游行记》，载《新华日报》1947 年 1 月 14 日。】当天，在华中大学召开武汉专科以上学校抗议美军暴行筹备会，一致决定由武汉大学、华中大学、省立医学院、武昌艺专四校名义，召集各校于 1 月 5 日举行游行示威。1 月 5 日上午 8 时，武汉大学、华中大学等校数千学生齐集阅马场，强烈抗议美军暴行。会后举行了声势浩大的游行。游行队伍首先到省政府和武汉行辕请愿，学生们一路高呼“美军从中国滚出去”，“强烈抗议美军在华一切暴行！”并散发《为抗议美军暴行告各界人士书》。游行队伍还从汉阳门渡江，在汉口“绕民权路、中山大道、保华街、华商街、蔡锷路、沿江大道，而至江汉关，沿途高呼口号，情绪热烈。

① 1946 年 12 月 24 日，美国军人在北平东单操场强奸北京大学女学生沈崇，激起中国人民的强烈愤慨。12 月 30 日，北京大学、清华大学等高等学校学生五千余人在北平举行抗议美军暴行的示威游行，沿途高呼“美军滚出去”、“美军退出中国”、“维护主权独立”等口号，要求严惩暴徒，赔偿损失，公开道歉，撤出美国在华驻军。学生们的正义行动得到全国人民的支持。

盛况空前”。【《为抗议美军暴行　学生游行》，载《新华日报》1947年1月14日。】游行队伍受到市民的热烈欢迎。有的市民说：“日本人走了，美国人又来了，这还成什么国家！”【吴松涛：《武汉学生抗暴游行记》，载《新华日报》1947年1月14日。】下午4时，爱国学生经过美国驻汉领事馆时，更是群情激昂。华中大学的学生用英文高呼：“美军滚回去！”“中国不是你们的殖民地！”等口号，并要求会见领事，递交《抗暴宣言》，但却遭到无理拒绝。学生们坚持斗争直到黄昏。【吴松涛：《武汉学生抗暴游行记》，载《新华日报》1947年1月14日。】代理校长黄溥积极支持学生运动，采取各种措施保护学生，并设法与韦卓民联系。韦卓民闻讯后立即返回学校。他充分肯定黄溥代校长的工作，认为他“处理得当”。【韦卓民：《第二次自我检讨》，原件藏于华中师范大学档案馆。】

华中大学代理校长黄溥

2月3日　返回校园。4日出席校教务会议报告旅行观感。19日，为欢迎外语系主任雷美佳女士回华及欢送总务主任柯约翰夫妇休假返美，举行欢送会，在会上发表了热情洋溢的讲话。

4月10日　教育部田培林次长致信韦卓民校长。全文如下：

卓民校长我兄大鉴：

四月三日大札附贵校概况暨《华中通讯》一卷一期均已拜悉，除将上项资料转教育年鉴编审委员会汇编外，关于《华中通讯》续出各期尚希随时检送本部资料研究室一份，以资同仁参考，是以至荷，耑此顺颂。

教祈

弟田培林启

四月十日

【载《华中通讯》第一卷第二期，1947年7月1日。】

5月　由华中大学主持召开了武汉市基督教中学教职员退休会，在会上作《今后基督教中学应取的政策》报告。【发表于《文华月刊》民国卅六年五月卅一日第七号。】

6月1日　武汉大学发生了震惊中国的"六一"惨案。这一天，国民党军警为了阻挠武汉大专院校学生响应"华北学联"提出的"六二反内战日"罢课、游行活动，于凌晨包围武汉大学，向学生宿舍开枪射击，当场打死3名学生，受伤10余人，重伤5人，并逮捕了5名教授和数十名学生。

武汉大学"六一"惨案的消息传到华中大学，整个校园沉浸在一片悲愤之中。声援武汉大学的师生迅速集中起来。华中大学进步同学郭亮在中共武汉地下党组织的支持下，找到韦卓民，向他表达同学们要去珞珈山吊唁死难烈士的心愿，希望校方予以理解和支持。韦卓民当即表示，无辜学生被杀害，悼死慰生是完全应该的，同意同学们去武汉大学。但考虑他们的人身安全，为避免路上出问题，韦卓民向郭亮等同学建议不要排队，分散去，到了武汉大学再集中。为了激发社会各界对"六一"惨案的关注，同学们还是坚持要排队去。鉴于当时的情况，为了保障学生的安全，韦卓民请学校训导长沈来秋先生约两位同学骑自行车跟随在学生队伍后面。韦卓民后来回忆说，我当时的思想是担心学生出去发生问题，请沈先生的目的，是若遇到军警干涉时，“设法调解”。【韦卓民：《第二次自我检讨》，原件藏于华中师范大学档案馆。】上午 9 时，华中大学爱国学生打着“出钱养军队拿枪杀学生”的白色巨幅挽联，前往武汉大学。【刘友蕙：《春风吹绿昙华林——记解放战争时期武昌华中大学学生运动》，载《武汉春秋》1983 年第 1 期。】国民党军警一路上尾随学生队伍。韦卓民对前往武汉大学声援学生的安危高度关注，随时了解有关情况，直到晚上 8 点，所有同学安全返校，他的“一颗悬了一天的心才放下来”。【韦卓民：《第二次自我检讨》，原件藏于华中师范大学档案馆。】

华中大学声援武大“六一”惨案的游行队伍

武汉大学“六一”惨案纪念亭

8 月中旬　中华圣公会全国总议会第十届会议在上海召开，应邀出席大会并被任为此届总议会之正议长。平民信徒被举为议长者，韦卓民尚为第一个。

10 月　在中共地下党组织的领导下，华中大学学生进步社团“野火社”等组织纷纷成立。

10 月 28 日　英国议会访华团自台湾飞抵汉口，第二天赴省政府万耀煌主席的欢迎宴会，韦卓民被请作陪。万耀煌回忆说：“华中大学校长韦卓民，广东人，与地方素不往来，独与我相得。”【《万耀煌回忆录》，见武汉地方志编纂委员会办公室编：《解放战争史料》，武汉出版社，2009 年，第 151 页。】29 日，访华团部分成员由韦卓民陪同到华中大学向师生讲演。

11 月　1 日，为华中大学成立 23 周年暨本年度新生与转学生入学仪式致词，报告一年来学校之经过与将来之计划。5 日，两湖监察使高一涵先生莅校私人拜会韦卓民。高氏鉴于武汉文化水准有提高之必要，征求其意见。韦卓民建议举办学术讲演，聘请武汉大学教授20位，华中大学教授10位，中华大学教授数位，担任讲演人，请各合法团体职员参加。并建议省图书馆及早整理，开放阅览。高氏对此两点意见甚表赞同。12日，美国彭省斯华司姆大学图书馆馆长Dr. Charles Bunsen应基督教大学联合董事会之请，来中国视察各教会大学图书馆。翌日到华中大学图书馆，韦卓民设宴欢迎。13日晚，本校音乐系特请老校友周苍柏先生之女公子，中国之莺周小燕女士在公书林楼上大礼堂举行独唱会，韦卓民亲临会场致谢忱。【参见《华中通讯》，1947年12月24日。】

12月7日 华中大学同人为表示敬爱起见，为韦卓民晋六十大寿。

韦卓民校长六秩大庆文照

韦校长六秩大庆纪盛

——德音孔昭，令闻不已，眉寿罔害，教思无穷——

韦校长于民国纪元前二十四年，即清光绪十四年(西历纪元一八八八年)十二月七日受诞于广东北海，今年为其六十大庆，本校同人与韦校长之弟子，为表示敬爱起见，拟发起盛大庆祝，事为韦校长获悉，再三表示不必，惟各方盛情难却，乃以国是蜩螗，民生困苦，不应过事铺张，如校友欲为称觞，则俟民国三十九年在校服务周四十年时，再作嘉会为请，群众意亦不欲有违校长节约之教，故决定仪节从简，于十一月二十五日在骆院长住宅举行筹备会，由黄秋浦院长，骆传芳院长，卞松年代院长，甘教务长（以上代表学校），林之棠先生（代表教职员康乐会），许宗岳先生（代表同学总会）石声河先生（代表华中通讯）为筹备委员，决定十二月六日由教职员康乐会举行庆祝，七日午后由同学总会茶会并招待来宾，事先由黄秋浦院长分别通知华中区各教会中学，由石声河先生分别通知全国各地校友分会暨武阳汉三地校友。十二月六日午后五时，本校教职员及若干家属先后齐集公书林楼上，讲台上悬挂寿幛一方，两旁悬挂各方所送贺联等，台下陈列教职员合赠之纪念品，计五磅绘松鹤延年之大热水瓶一只，克罗米酿玻璃之圆盘一个、内置香烟壶及烟灰盂与火柴匣等，精致美观，又校友现任汉口市上海银行经理暨本校校董崔思恭先生送来精美生日大蛋糕一个，凡与会者，皆前往瞻仰，赞赏不绝，到会者一一与韦校长握手致贺，韦校长频频回礼，并致谢忱。

六时正，到会者拈座位号码入席，席分八大围桌，设大礼堂内北端，正中一席，铺朱红桌布，寿星坐南朝北，寓寿比南山之意，首先由康乐会主席林之棠先生致词，对韦校长治学为人，平日个人生活之清苦，及服务本校数十年如一日之精神，深致敬意，并全体起立，向寿星敬酒一杯，随即由韦校长起立致词，对全体教职员之盛意深表感谢。是夜酒席丰美，各人情绪热烈，席间谈笑风生，韦校长并向教职员年龄较长之钱基博教授，雷美佳教授，薛世和教授敬酒，而分别向韦校长敬酒者甚多，席间韦校长又向每桌回敬一杯，空气融洽，宛如置身大家庭中。

七时半举行庆祝晚会，由外文系副教授赫懿德女士(Miss Hution)编导之喜剧“Sixty Glorious Years with Dr. Wei”，由若干教职员与学生合作表演，以无线电播音器于每幕前报告，从韦校长之诞生进至在武昌文华书院求学，在Mr. Kempz指导下学铜乐，到大学毕业，受荣誉毕业生学位，以后由美英深造归国，担任文华训育主任，直到六十大庆，逐幕演出，全场笑声洋溢。最后唱“Happy Birthday to Dr. Wei”，续请韦校长致词，校长笑容可掬于笑声中登台，除再致谢意外，并以最亲切之语气阐述其办学宗旨，与今后个人之愿望，九时始尽欢而散。

十二月七日午后二时，同学总会于公书林楼下举行祝寿茶会，是日虽北风甚大，然参加之来宾与校友甚为踊跃，宾主约六十人，会场布置，简单朴素，然甚富祝寿之意，各方贺礼悬挂四周，中悬同学总会所献长幅寿屏与对联，校长坐来宾席正中，各校友分坐下首，鸣爆竹开会，茶点开始，首先由主席许宗岳致词，报告祝寿茶会之意义，与每校数十年来在韦校长领导下之进步，今日门生满天下，回念在母校沐化雨春风，不胜依依，愿校长今日始，重来一个花甲云。遂请来宾致词。文华中学康明德(Mr. Kemp)为韦校长过去之老师，以七十之高龄，为是日来宾中最年老者，对韦校长教育之功业，与在世界文化界之声誉，倍加赞扬，继由武汉大学理学院桂质廷院长致词，桂院长语句诙谐，叙述与韦校长数十年之交情，及九年在“韦老板手下做活计”之过去事实甚详。末后对韦校长办学之精神与宗旨甚表钦佩，并举本校毕业生现任武汉大学教授之梁百先与许宗岳二先生为例，云梁许二先生并未竞选，而当选武汉大学教授会参加学校行政会议之代表，由此可见华中大学在外面声望一斑。继由校友刘尧卿校长，李辉祖会长，黄秋浦院长，与佘当慎校长等先后致词，而后由韦校长致答词。词毕，许宗岳主席以是日到会之来宾及校友签名之手卷一轴呈现校长，韦校长起立接受，并宣布此轴必悬挂书室，作永久纪念。此时二层之生日蛋糕成为此祝寿茶会之 Climax，蛋糕上插红绿小洋烛六支，每支代表十年，烛光荧荧，在全体视线集中之下，韦校长一气吹熄，掌声雷动，乃由寿星切糕，每人分得一块，最后由杨庆生先生领导唱"Happy birthday to Dr. Wei""Many more years to Dr. Wei"。茶会结束，由来宾傅荣顿(Dr. Fulton)为全体合摄一影，盛大之祝寿茶会在欢愉之情绪下完成。

十二月八日学校纪念周时，本校全体学生为庆祝起见，特献寿幛一幅，上缀红底金边"寿"之五个，男女学生以宿舍为单位，全体签名于寿字上，大方雅观，别出心裁，韦校长领谢后，发表一综合性谢词，大意云：数日来承本校同仁举行聚餐庆祝，同学总会举行茶会庆祝，各地校友纷纷拍来贺电，今日又承全体学生赠送寿幛，隆情厚谊，甚不敢当，今后惟更加努力，达到学校应达到之目的，以答诸君此次之盛意。

韦校长自一九〇三年至一九一一年就读文华书院，大学毕业时正为满清末年，执教文华书院，授数学，寻得文华大学硕士学位，并赴美国哈佛大学深造，专攻哲学，获文学硕士学位，返国后在文华大学授政治学，经济学，哲学，逻辑等课程，一九二四年任华中大学代理校长，得美国南方大学名誉法学博士，不久赴英国伦敦大学经济研究院，得哲学博士学位。返国后，任华中大学校长，时一九二九年，长沙雅礼大学与岳州湖滨大学相继加入华中大学，与文华大学，博文书院大学部及博学书院共为五大组合体，当日主张合并管理，乃韦校长之主张，故华中大学之产生乃韦校长之主张，故华中大学之产生，乃韦校长一手栽培者，当日学生不过数十名，教职员仅十余人，而二三十年后之今日，学生人数已超过五百三十名，教职员增至七十八人，韦校长回忆当日筚路蓝缕，眼见今日欣欣向荣，其消逝之年华精力，甚有代价，衷心当可自慰，然韦校长精神至今不懈，为其手订之华中大学十年发展计划努力，过去所经挫折困难，正如校长书云："我所经验的痛苦没有人比我自己更清楚，我惟有咬紧牙关渡过，而绝不愿因我之痛苦使大家一同难受。"这种伟大之精神诚可感天地而泣鬼神，虽遭遇最大困难，从不灰心。战时中央曾请韦校长出掌广东中山大学，抗战胜利后，圣约翰，之江，东吴与沪江大学曾组织华东联合大学，再三敦请韦校长前往担任校长，均被韦校长婉词谢绝，其实献一生精力为华中大学，由此可见，今日虽年届花甲，然精神矍铄，非后生所可及。学校行政，事无巨细，每必亲自到场，而每周授一年级逻辑与伦理学，及二年级哲学，每班学生人数皆在一百五十人以上，从不无故缺席或迟到早退，此外尚经常举行宗教系统讲演，随时且关怀学生生活，无微不至，学生敬之如慈父，教职员尊之如家长。平日生活清苦，自奉菲薄，每日定时阅书，余暇从事著作，已出版者，计"*Political Principles of Confucius*"，"*The Spirit of Chinese Culture*"，"*Higher Education in Four Years of War*"，"*China through Chinese Eyes*"，"*Christ the King*"。此外，尚有手稿若干，尚未整理。前后去英美讲学三次，最近一次即抗战胜利时，在纽约讲学八个月，并接受富兰克林马绍尔大学荣誉文学博士学位，返国前，应邀赴英，参加伦敦基督教大学促进会第二届年会，担任开幕讲演，并赴西敏寺（Westminster Abbey），圣保罗大堂（St. Paul's Cathedral）等世界著名礼拜堂讲道，英国刊物对韦校长之介绍为:“Dr. Francis Cho-min Wei, the genial President of Huachung University, is a man who might well have been distinguished in almost any walk of life.”【原载《华中通讯》1947年12月24日。】

1948年　60岁

4月15日　华中大学学生进步社团主办的“野火”“沧海”“友联”“朝华”“心声”等壁报联合起来,发起组织壁报联合会,开展筹备纪念五四运动29周年活动。中共武汉地下党组织及时指示华中大学进步同学:“纪念五四要注意它的政治意义,不宜搞成纯文娱性质。”

5月4日　华中大学举行隆重纪念五四运动29周年。“这次活动印发的《华大五四二十九周年纪念大会宣言》,尖锐地揭露了国民党当局,大声疾呼‘被剥削的人民要醒来,全中国的人民要醒来’,把华中大学学生运动推进到一个新的高度。纪念活动情绪热烈,内容丰富,包括‘五三’歌咏晚会、‘五四’营火晚会和‘五五’戏剧晚会。华大国文系主任傅懋勣和武大历史系主任吴于廑分别作了《五四在华大》的小册子,在校内外散发。”【刘友蕙:《春风吹绿昙华林——记解放战争时期武昌华中大学学生运动》,载《武汉春秋》1983年第1期。】

5月　华中大学爱国学生的活动引起了湖北省政府的注意。省主席张笃伦任命韦卓民为省政府顾问。国民党特务进入校园,要韦卓民交出华大“异党”学生名单,韦卓民回答说:“华中大学的学生只知道读书,不会进行政治活动。”【韦卓民:《第二次自我检讨》,原件藏于华中师范大学档案馆。】

10月　在“双十节”这一天,湖北省政府主席张笃伦在宴会上对韦卓民说:“华大有‘异党’学生十几个,你知道吗?”韦卓民当即否认有此事:“这不可能!”这时,湖北省教育厅厅长王文俊拿来一本册子,经查,上有一名华大学生,姓陈,叫陈×武,男,17岁,罪名是与香港某机关有联系。韦卓民对华中大学学生情况非常熟悉,心想,华中大学只有一名叫陈馨武的女同学,年龄21岁。因此,大胆保证,断定学校没有此人。王文俊当时也无法深究。事后,他从陈馨武那里了解到,花名册上的那个学生是文华中学的,是陈馨武的弟弟,当时已去解放区了。【马敏、周洪宇、方燕主编:《跨越中西文化的巨人——韦卓民学术思想国际研讨会论文集》,华中师范大学出版社,1995年,第231页。】

11月1日 华中大学改组成立24周年纪念日。韦卓民从苏州讲学归来,亲自主持筹备隆重庆典。在庆典会上,向全校师生报告了校庆意义及学校发展前景,并说明华中大学校庆日原为9月,后为纪念本校艰苦奋斗的光荣历史,改为11月1日(诸圣节)。报告语重心长,师生闻之深受鼓舞。《华大新闻》校庆特刊发表《辛勤的工作者》,高度赞扬韦卓民校长。全文如下:

> 老校长韦卓民氏六十岁了,但身体与精神依然健旺。他和华大已有三十余年的历史,辛劳奔波染白了他的头发,智慧,经验在他的额上镌下了深痕,这位典型的大学校长,与其说他是专家,毋庸说他是位通人,他为学务广博,精深上下古今独往独来与会淋漓使他成了哲学家,神学家和历史学家,他自幼接受了西洋教育的培养,他对希腊哲学,罗马神学,印度名学均有着精深的研究,他在学术上并不舍本逐末,倾向西化,而是在接受了西洋的思想方法后便回头来研究传统的国教——先秦哲学,对于先秦的诸子更给予了新的批判和解释,所以他是在发扬东西哲学的优点。
>
> 在学校中每年他经常地开逻辑和哲学概论这两门课,有

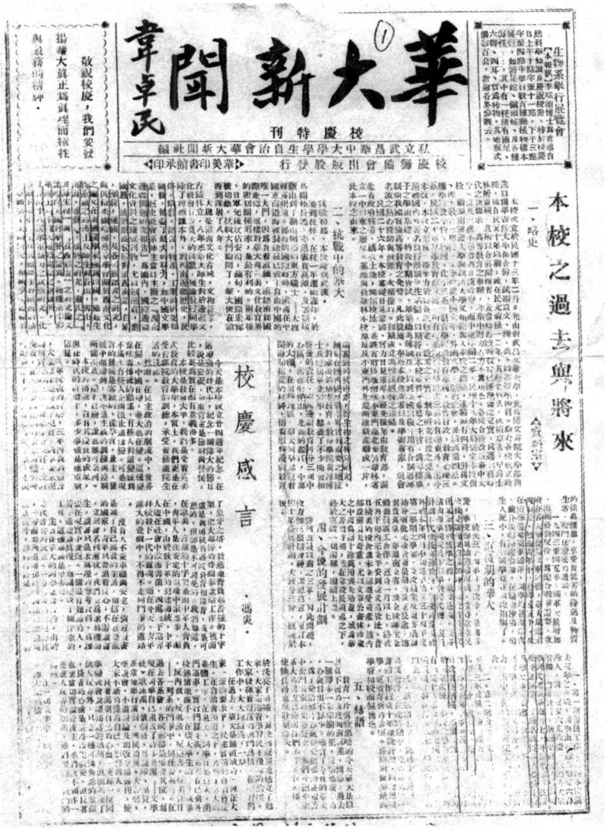

華大新聞

校慶特刊

私立武昌華中大學學生自治會華大新聞社編

校慶籌備會出版股發行

華美印書館承印

敬祝校慶，我們要發揚華大真正為真理而犧牲與服務的精神。

韋卓民

本校之過去與將來

校慶感言

《华大新闻》校庆特刊

时还开西洋经济思想史和哲学史等，上课时谈笑自若风趣横生，他指引你去接受数千年来人类祖先遗留下的丰富的智慧，告诉你去寻觅那些宇宙间万古不变的真理。他讲学，教育学生，像一个年老的父亲，牵着自己的爱子走进一间历史博物院，如数家珍样的，将每件事物详尽地告诉你，希望你接受，珍惜，记取！

> 他的私生活是简单而清苦的，抗战八年在低劣的物质生活中，他抽的是滇西土烟叶，吃的是粗糙饭，他爱好有规律的生活，他希望用自己的心血，将每一个学生培养成美丽的花朵，所以对学生的活泼，与热爱民主运动的精神不十分赞助，在时代的评价下，贯穿着一个圣洁的人格，不能不说是一丝暗阴，希望在校长伟大的计划中，能够渗入学生的希望。

12月19日　武汉区学术演讲会在武昌中华大学举行第二次学术演讲会，韦卓民演讲《自然科学之批判》。

年底　收到教育部颁发的“抗日胜利勋章”。

1949年　61岁

1月4日　韦卓民出席湖北省参议会座谈商定组织和平促进会。5日出版的《大刚报》报道如下：

> 鄂省参议会为促进和平，昨日上午9时在该会举行座谈会，到社会贤达民意机关及各民众团体代表、各大学校长教授等200余人。艾副议长主席报告开会意义及经过情形后，旋即交换意见，先后发言者有李猿公、熊秉坤、李西平[屏]、李书城、陈时、喻育之、孔庚、胡楚藩、段锡三、刘镌等，佥以国内连年战祸，民不堪命，现在是民主时期，我们人民在此生死关头，不能不起来作最后的呼喊，要求和平。李书城先生说：我们老百姓好比是一个病人，害了病，经医生开刀割治，历久未愈，现在命在垂危，他们还要施刀。我们实在再难忍受，只好含泪请求他们停止，以延此奄奄一息，言下至为沉痛。商谈甚久，有主张组织和平请愿团者，有主张网罗军事政治经济家草拟和平方案者，有主张[如何]扩大和平运动者，结果一致决定

先行组织湖北省和平促进会筹备会，并推定李书城、艾毓英、陈时、熊秉坤、李西平[屏]、李春萱、李猿公、李廉方、张春霆、耿伯钊、胡阜贤、蔡孝义、喻育之、周鲠生、王震寰、严士佳、章辑五、韦作[卓]民、周杰、蔡汉卿、夏斗寅、畅若霞、谭[谈]瀛、杨敦兰、邬耀塀、夏家鼎、李毓华、曾小渊、陶尧阶、舒澄宇、王介庵、孟寿彭、胡赞、罗致波等41人为筹备人，由李书城、艾毓英、陈时3人负责召集，迅即筹备正式成立，采取积极行动，并计划组织全国性和平机构，力促和平实现云。【载《大刚报》1949年1月5日。】

1月8日　国民政府前行政院长、现任行政院政务委员张群来汉。湖北省政府主席张笃伦借设宴之便，请耿伯钊、李书城、艾毓英、周鲠生、陈时、韦卓民6人作陪。席间，大家只叙叙旧，寒暄了几句，没有谈到正题。饭后，大家才一本正经谈论和平运动本题。"首先由艾副议长发言，他只简短地致了几句开场白，并建议由耿伯钊先生代表发问。张岳军先生亦为了节省时间，对这个建议，极表赞同，因此耿先生也就不客气地提出了下面3个问题，就交于张氏：(一)总统元旦和平文告，是否诚意？(二)如和平受阻，政府是否检讨今后还有作战能力？(三)如和谈有可能性，蒋总统出处是否已作考虑。先生提出了上述3个问题后，张氏极力避免作正面答复。据耿先生说：'当时张氏运用他那外交辞令，不着边际地谈了个把钟头，可以说对3个问题一点也没有明确的答复。'到此，在座各人均感不耐。"【《张群来汉使命何在？——记耿伯钊先生一席谈》，载《大刚报》1949年1月14日。】

1月17日　《大刚报》刊登《湖北省和平促进会宣言》、《湖北省和平促进会简章》以及《湖北省和平促进会干事名单》。韦卓民为39位干事之一。由于国民党当局根本没有和平诚意，加之人民解放战争节节胜利，湖北省和平运动不久偃旗息鼓。

3月27日 作华中大学基本精神报告。该报告后发表在1949年5月5日出版的《华中通讯》第3卷第6期上。

韦卓民指出："华中大学组织机构，办事系统，皆沉浸于一种基本精神，亦即基督教精神；其发皇于学校教育设施，及日常生活行事者，则具有三大要素：一曰民主精神，二曰守法精神，三曰负责精神。三者互为因果，交织纷陈，贯注于全校生活行事之内，衍为数十年来一贯校风，使一校生机，赖以维持不坠。"

韦卓民进一步解释道，"民主精神，弥漫校园，足使决断事理，公允明当。故本校行政大端，皆决于校务会议(The Senate)，其教务设施，皆决于教务会议(The Faculty Meeting)，事有专责，则设各委员会以司之。凡事之来，不论巨细，必由该管理机构处理，由会中人员各抒所见，自由辩论，务使事理，折中至当，而后有所决断。但一经决断，行之必果。是以决事之前，会中辩论毫无保留，既经决断，则会外无所异议。年来校事处理，能力求允当，而事之推行，无所阻滞者，职是故也"，"华大师生工友有如家人，日常相处，一出于诚，互相爱重，尤特别尊重各人意见与人格。不论何时何事，其相与接触，必视人为'人'，而不为'机械'。诚以一家之人，各有独立人格，其行事与意见，自不免于分歧，有可容忍者必尽量容忍，人苟独行其是，一意孤行，自当独承其责，自食其果。斯亦民主精神之一，行于本校则然也"。

关于守法精神，他指出："守法精神为法治精神所由立，人类群居，有之则治，无之则乱。人人守法，则行事有常，使事循正轨，不相逾越。故本校历年规则与习惯，或为'成文法'，或为'习惯法'，一经树立，人皆竭力遵循，谨守勿失，盖各种法程规律，胥由有关在职人员，审慎制定，无不出于公意。制定之后，即生约束力量，为人所必守，不容遂私循情，而稍有出入，虽校长亦无权更改一字，遑论他人。是以华中大学一家之人，皆以守法为荣，坏法为耻。苟日久法敝，不适于用，可由有关人员，重议修改，苟其法一日未更，即一日有效。故华大有可修改之法，而不容有越法之行。数十年来，形成风气，事循常轨，皆此守法精神所致。其他习惯诸法，虽无明文规定，人亦自然行之，习以为常，蔚为优良校风。驯致校事推行，用力小而收效宏，亦职是故耳。”

在论及负责精神时，韦卓民郑重指出：“本校事事推行，胥有专人分层负责。尽人各有所职掌，不相侵越，亦互不干涉。在职务范围之内，各贵忠于所守，恪尽其职。是以校事万端，无所废弛。而校长有如家长，与事之推行，有监理督促之责，无越俎代庖之理；其于人人尽职之时，且力尊其独立意向，使各发挥个性，展其所长。”在论及华中大学老师时，韦卓民自豪地指出，本校“师长教学，必竭其知虑，展其专长，而以旷废敷衍为可丑；各级职员，多由师长兼任，虽负荷繁重，从无怨言，且常以诿卸责任为耻；各级人员，执行所事恒不避劳怨，而以去重就轻，因应圆滑为耻；即在校工友，司其职责，亦莫不以忠实自勉。故全校用人少，而事无弛懈，皆负责精神所使然”。

韦卓民最后指出，民主精神、负责精神和守法精神是相互配合的，要求广大学生在校严格要求自己，把三种精神自觉应用到学习生活中去。“此为华中大学所以为国尽忠，树立有用人才之一道。盖数十年来，国事不振，人多因循泄沓，积弊已深，多由缺乏此三种精神而然。大学生受教四年，于耳濡目染之时，当深察此种精神之重要，非独珍惜拥护，且当习为常行，俾出校之后，见诸行事，以矫时弊，期于国事万一有补。”他进一步强调：“学生出校，将为国家异日领袖人才。一旦任事，使无民主精神，决事何由允当；使无守法精神，法治何由而致；使无负责精神，事业何由开展！若学生在校，行事不负责任，出校何责可负？在校不知守法，出校何法能守？在校不娴于民主精神,出校治事何从实践民主之则?其势必至与世浮沉,推波助澜:见人不负责,我亦敷衍;人以不守法为荣,我亦舞文弄法,以遂其私;人皆专断,擅作威福,我亦武断专横,唯己独尊!以此辗转流毒,国家生机丧尽,国脉乃斩。本校忧于国家危机,教育流弊,故于作育人才之时,必于民主、守法、负责三种精神特别重视,无所通假。此固华中大学基本精神所在,为在校同学所当深知,亦毕业校友恒以自勉者也。"

淮海战役结束后,华中"剿匪"总司令部军政长官白崇禧见国民党大势已去,决定放弃武汉,退到湖南、广西负隅顽抗。但他不甘心失败,在准备撤退前命令破坏武汉的工厂和城市重要设施,责成军政长官公署交通处处长赖光达制订破坏计划,凡能搬动的,如国家机关档案,工厂企业的机器设备、物资器材、银行、交通运输工具、学校等,一律强行拆迁,不能搬动的,如城市水电设施、交通要道、铁路、港口码头、堤防等,则一律炸毁。

中共武汉市委针锋相对,4 月 19 日提出"反搬迁、反破坏、要生存、要安全"的口号。华中大学中共地下党组织根据市委指示,提出了"聚集力量,迎接解放,反对迁校,尽一切努力保护好校产和师生队伍,迎接新中国诞生"的奋斗目标。

华中大学中共地下党员潘世炯、刘少宁同学找韦卓民谈话,恳请他不要迁校并公开宣布,以安人心。韦卓民也多次找潘、刘长谈,其内容如下:"你们是我的学生,你们的热情我很理解,你们的政治色彩我也能感觉到,但反过来你们并不了解我,不要以为只有你们才忧国忧民。我也曾经是青年,我对当前的形势,对国家的未来,当然会有自己的判断,从青年时代我就把办教育,办中国人的教育,当自己的志向,付出自己的心血,华大的存在就是明证。我对学校的前途与你们一样十分关心和忧虑,对于像你们这样的学生的前途,我也十分珍惜,这些都有我的心血,但我不能像你们一

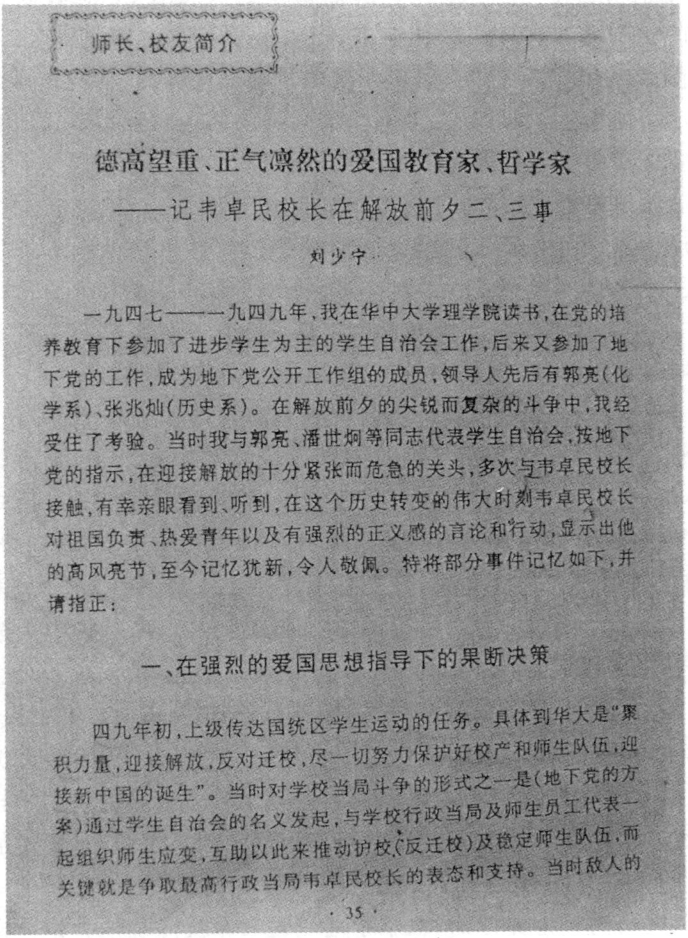

师长、校友简介

德高望重、正气凛然的爱国教育家、哲学家

——记韦卓民校长在解放前夕二、三事

刘少宁

一九四七——一九四九年，我在华中大学理学院读书，在党的培养教育下参加了进步学生为主的学生自治会工作，后来又参加了地下党的工作，成为地下党公开工作组的成员，领导人先后有郭亮（化学系）、张兆灿（历史系）。在解放前夕的尖锐而复杂的斗争中，我经受住了考验。当时我与郭亮、潘世炯等同志代表学生自治会，按地下党的指示，在迎接解放的十分紧张而危急的关头，多次与韦卓民校长接触，有幸亲眼看到、听到，在这个历史转变的伟大时刻韦卓民校长对祖国负责、热爱青年以及有强烈的正义感的言论和行动，显示出他的高风亮节，至今记忆犹新，令人敬佩。特将部分事件记忆如下，并请指正：

一、在强烈的爱国思想指导下的果断决策

四九年初，上级传达国统区学生运动的任务。具体到华大是"聚积力量，迎接解放，反对迁校，尽一切努力保护好校产和师生队伍，迎接新中国的诞生"。当时对学校当局斗争的形式之一是（地下党的方案）通过学生自治会的名义发起，与学校行政当局及师生员工代表一起组织师生应变，互助以此来推动护校（反迁校）及稳定师生队伍，而关键就是争取最高行政当局韦卓民校长的表态和支持。当时敌人的

· 35 ·

刘少宁回忆韦卓民先生文章

样做事，社会上方方面面十分复杂，校内还有外籍教师，还有不同教区，所以我得谨慎从事，不能简单，更不能按学生说什么就做什么，你们多次来，有些话是肺腑之言，但只能答复你们一句话：'我

绝不会作胡适，一走了之。'（按，胡适是北大校长，是韦校长的朋友，1948 年曾来华中大学作演讲，当时韦校长在主持演讲会时，恭维胡是蜡烛照亮年轻人，而胡在演讲时则开玩笑说，韦校长是蜡烛台，把蜡烛抬高了，可见二人有交情），这句话他对我们讲过不止一次，后来我向张兆灿同志汇报，上级同意支持他以校长名义主持应变，信任他主持应变。果然，在国民党将要撤退前，他就在大会上宣布绝不迁校，并号召大家安心温课学习。学生自治会立即发动全校各互助组纷纷贴出大字报，声明予以支持。"【刘少宁：《德高望重正气凛然的爱国教育家、哲学家——记韦卓民校长在解放前夕二、三事》，载《华大校友通讯》2004 年第 6 期。】

根据白崇禧的命令，湖北省政府主席张笃伦和省教育厅正式命令华中大学迁移。张笃伦对韦卓民说："共产党来了，是不让你们办学的，你们不了解共产党，我与共产党周旋了多年，是知道的。"韦卓民当即说迁校有困难。张笃伦说："运输工具，搬迁费用，一切由我负担。"与此同时，张又暗地派一个所谓华中大学"校友"，给韦卓民施加影响，韦卓民仍然不为所动。白崇禧对华中大学的搬迁也表示关注。一天，他派总部一个姓马的人，由汉口圣公会会长安澜介绍，找到韦卓民，问韦卓民有什么疏散计划。韦卓民说："整个学校疏散是不可能的。"姓马的说："命令是凡和战事无关的居民都要离开武汉。"韦卓民说："我们是学校。"姓马的说："学校的教职员、学生都和战事无关，如不疏散，到了战争发生，是要做战事工作的。"韦卓民敷衍他说："到时再讲吧。"韦卓民不给姓马的一点面子，姓马的只得悻悻而去，临走前仍对韦卓民施加压力说："搬迁的事由你负责执行命令，否则后果自负。"【马敏、周洪宇、方燕主编：《跨越中西文化的巨人——韦卓民学术思想国际研讨会论文集》，华中师范大学出版社，1995 年，第 233 页。】

为了使学校教职员有思想准备，韦卓民召集全校所有教职员参加教务会议，向大家说明学校已收到武汉当局疏散的命令，教职员同事若要疏散，是全家走或只送家眷走，由自己决定。他宣布："学校是不搬迁的，也不能搬迁，我自己也不准备走。"【"韦卓民个人档案"，原件藏于华中师范大学档案馆。】

他在会上的坚定态度感染了全体教职工，大家都纷纷表示"爱护学校，风雨同舟，力持镇静"。这次会议的主题立即变为如何采取应变措施。经过大家商议，提出如下措施：(1)贮存全校用三个月的大米，预防发生粮食短缺情况，因怕军队征用，将大米分散存在图书馆楼上、思殷堂、博育室三处。(2)筹存三个月的金子和现洋，防止当时使用的金圆券废除或下跌。(3)为随时扑灭枪弹引起的火灾，预备几十个水桶，并在华中村挖一口井。(4)派人买五桶煤油，预防可能出现的停电情况。4月23日早上，华中大学在公书林大礼堂举行应变动员大会，到会师生员工及文华中学代表约500余人。韦卓民在大会上讲话，再次公开表示华中大学不迁移。并指出，在应变时期，要储备粮食，要镇定，不要相信谣言。韦卓民还在一次周会上说："辛亥革命，武昌围困了九天，平安无事，现在我们不迁移，没关系。"【"韦卓民个人档案"，原件藏于华中师范大学档案馆。】

为了应变，韦卓民还提前给教职工发了两个月的薪水，这些对解除师生顾虑，稳定教师情绪，都起了积极作用。当外国教会来信询问学校是否迁移时，韦卓民回答说："不迁移了，我们和解放军人员有过接触，他们中有些人来参加学生招待会晚会，有些来借我们的礼堂开招待工人、学生以及市内其他人士的招待会。他们良好的纪律及礼貌给我们很好的印象。这是在旧政权下兵士中没有见过的现象。"【"韦卓民个人档案"，原件藏于华中师范大学档案馆。】

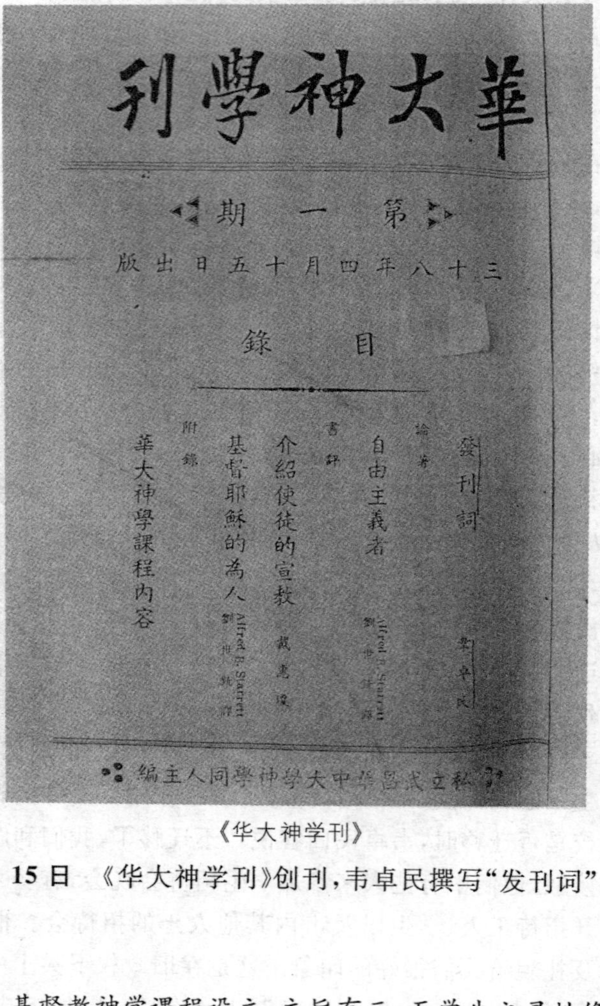

華大神學刊

第一期

三十八年四月十五日出版

目錄

發刊詞

論著 自由主義者 Alfred F. Starratt

書評 介紹使徒的宣教

基督耶穌的為人 Alfred F. Starratt

附錄 華大神學課程內容

私立武昌華中大學神學同人主編

《华大神学刊》

4 月 15 日 《华大神学刊》创刊，韦卓民撰写“发刊词”。内容如下：

基督教神学课程设立，主旨有三；而学生之灵性修养，不属知识，故不兴焉。三者曰培植教会工作人才，曰研究基督教文献与教义，曰融贯基督教与各地文化。此三者互相关联，莫容偏废。而基督教大学为教会最高学府，人才汇集，对于神学之研究，实责无旁贷。

据最近中国各教会之统计，教会工作人员，年龄逾五十者，十之八九，三十岁之下者，寥若晨星。二十年后，继无起人，大道式微，令人危慄。故教会工作人员之培植，尚矣。但教会之进展，不仅赖于传道工作人员，必须有千百学理湛深，知识高尚之学人，以严谨缜密之方法，研究基督教之典籍，利用中国固有之文化，发扬基督教之教理，庶免教会俚俗肤浅之识，而臻神学于高深学科之域。然今日吾国问道，从事于斯者，尚不多见。

以言新旧约圣经之研讨，非断章取义，则囫囵吞枣。两约之原文，何至于希伯来希腊，然多所未通，古昔抄本之文字，不一而足，更难明瞭；于是，说之者乏旁征博引之能，而听之者无举一反三之乐。以言教会历史，汗牛充栋之典籍杂志，类多格于文字，几若禁书，何能旁搜远绍鉴古知今。以言系统神学，尚对欧亚之哲理不能探本求源，则无以张皇幽渺，透视其思想之来龙去脉；无中国文化湛深之素养，更不能运用固有之宗教文学，以为基督教神学之阶梯。无怪乎景教输入千三百年后，国人仍以洋教目之，更无怪乎神学之不能与其他之大学学科并驾齐驱也。至于宗教教育之实施，教会组织之方式，皆与国情枘凿，故教会之工作，事倍功半。凡此数事，执神学之教鞭者，曾不虑及，责有攸归，可为太息。华中大学，嫌旧日神学教育之疏漏，设神学课程，分布于各院系，试用新法，做亡羊补牢之谋，试办四年，规模粗具，惟是师货，极不易也。

新旧两约，以古今语文之隔阂，非国人所能讲授，则楚才晋用，借重西方之专门学者；教会历史，则延聘中外教员，以求体用，如此鹄的，非一蹴而就，当假以时日，逐渐推进。

然神学各科之师资固难，而有更难于此者，则如何以实际经验证明学理，又如何以新颖之学理，指导经验是也。在校员生，穷年度其知识之生涯，果于实际何补，微遑顾及，其蔽也罔；神学生毕业而后，工作繁多，席不暇暖，世界思潮，易于忽略，其蔽也固。罔则涉于迂阔，固则日益鄙陋。若求教会工作人员，来归学校，贡献其经验，接受新知识，于时于地，皆所未能。固有待与文字之传达，使工作者得知神学之新思潮，教学者明教会之真际遇。本刊之印行，良有以也。

本刊为不定期刊物，限于篇幅，每期仅载论文两篇，书评两篇，附以书报之简单介绍，都万余言，不拘于任何神学家法，亦不拘于教会宗派，校外投稿，并以欢迎，文字内容，概有作者个人负责，期于言论之交流，而收切磋之效益。创刊付梓有日矣，同人属以发刊词，谨述本刊之原意，而为之介绍。海内同道，有以教之，幸甚！【《华大神学刊》第一期，1949年4月15日，原件藏于华中师范大学档案馆。】

4月25日 武汉警备司令部公布《关于确保治安防止奸党分子捣乱的十项办法》(即“十杀令”)：

1.阻挠政令、反抗政府者处死刑。

2.破坏社会秩序、扰乱治安者处死刑。

3.造谣惑众者处死刑。

4.聚众暴动者处死刑。

5.煽动罢工、怠工者处死刑。

6.鼓动学潮者处死刑。

7.抢劫掳掠者处死刑。

8.操纵金融者处死刑。

9.未奉我军事高级长官命令而破坏物资及交通、通信者处死刑。

10.泄露军机、刺探军情者处死刑。

【转引自李良明、田子渝、曾成贵主编:《湖北新民主革命史》(解放战争卷),华中师范大学出版社,2008年,第274页。】

5月8日　武汉当局公布“特别戒严令”。9日,汉口市警察局下达破坏中共外围组织的密令,要求对武汉市民临时救济委员会、新民主主义协会、工人协会,以及公教人员、教授、学生、工人等,其活动系以造谣煽惑动摇军民心者,以及反动组织,“亟宜及早破获,以维安全”。5月13日,武汉警备区汉阳区指挥部发布杀气腾腾的《关于颁布戒严规定》的布告:

1.自即日起,戒严时间提早由每晚十时起至翌晨六时止,仍以天主堂及大别山(龟山)钟声为信号。凡我军民人等,届时应一律返归住所,违者以扰乱治安论罪。

2.戒严开始后,除负有警备任务之部队人员外,一切公私活动均应停止,住户应一律熄灭灯火,违者准由治安机关拿办。

3.凡未负有警备及守备任务之部队与散兵游勇,限于(五)月十五日以前,一律迁移出境,违者定于剿办不贷。

4.不论昼夜,遇有变乱发生时,各住户应一律关门闭厂,违者视同党剿办。

5.不遵政令,拒绝使用(金圆券)及镍币者,以扰乱金融论罪。

6.自即日起,宣布大别山(龟山)为军事戒严区,禁止一切人等接近,违者准由守军格杀勿论。

7.凡不必要留住市区居民住户,应及早疏散,以免危险。

8.违犯警备部队紧急维持治安措施办法者,一律处死刑。

【转引自李良明、田子渝、曾成贵主编:《湖北新民主革命史》(解放战争卷),华中师范大学出版社,2008年,第274页。】

“十杀令”下达后,国民党特务大肆追捕中共地下党员和进步学生。华中大学中共地下党组织与韦卓民商定，由他负责保护华大进步学生，韦卓民表示同意。刘少宁回忆说："他的这一义举，使当时年轻的我，十分震惊，因为韦校长在政治上和我们并不完全一致，我与他也并无私人感情和交往，而且在一年级是化学教授犹太人 Weibenhamer，曾向他投说我功课很好，很有希望，但却经常缺课。他曾专门找我去训了一顿。大约是四九年四月份，当时与我联系的郭亮，通知我可去找韦校长，'他已答应掩护你'。我立即去韦校长家，他约我下午二时去 Mr. Gray 家，Mr. Gray 是一位神职人员，当时有夫人及三个小孩，单独住一幢小楼，开门后，韦校长用英文向 Mr. Gray 介绍说：'刘少宁是我的优秀学生（smart boy），军队撤退时，往往会抓兵或抓夫，您设法把他藏起来。'这一不带政治色彩的介绍，非常巧妙。韦校长介绍完即走了。Mr. Gray 带着我从他家后门进去上楼，我躲藏的地方为一个大的壁橱，里面有马桶、一瓶水和一袋面包，并给我钥匙说：任何时间，如有需要，不必经我同意，您即可自行开门上楼躲藏。这一安排利用了敌人对美国佬的迷信（Mr. Gray 是美籍人士），而且说明韦校长是真心掩护共产党人的。后因张轸在咸宁起义，白崇禧匆忙逃走，此地点我并未使用。解放后，我送还钥匙，并向韦校长及 Mr. Gray 道谢。至今我对韦校长在危急关头的这一充满正义感的举动，长期不曾忘记。这完全出于正义的行动，使我对这位前辈，至今怀念不已。"【刘少宁：《德高望重正气凛然的爱国教育家、哲学家——记韦卓民校长在解放前夕二、三事》，载《华大校友通讯》2004 年第 6 期。】

5 月 15 日前后 华中大学学生自治会组织联防小组在校园前后门放哨，田遂同学报告，有一队国民党官兵要求进校园。潘世炯、刘少宁立即报告韦卓民，并一再请求韦校长出面保护校产，保护师生，避免师生受迫害。刘少宁回忆说："韦校长沉思片刻立即表态：'由我负责出面处理，为了避免纠纷，你们可以回避。'后来敌人果然散去，事后听王德生（物理系同学）说，韦校长派校长室秘书给了一些银元，请吃了一餐，敌官兵说‘有了盘缠回家就算了’。据说由于当时会计主任是柯约翰（英国人），无法报销，此款是韦校长私人出的。这一事实证明韦校长勇于负责，对保护学校是挺身而出的，对完整地保护好学校是尽了全力的。”【刘少宁：《德高望重正气凛然的爱国教育家、哲学家——记韦卓民校长在解放前夕二、三事》，载《华大校友通讯》2004 年第 6 期。】

5 月 16 日　清晨，武汉各界代表人士乘车到慑口，迎接人民解放军进城。下午 3 时，人民解放军 40 军 118 师从汉口刘家庙进入中心市区。17 日拂晓，人民解放军江汉军区独立第 1 旅进入汉阳市区。下午 2 时，第 1 旅第 1 团 2 营渡江至武昌维护治安。

1949 年 5 月 16 日，武汉解放。这是解放军入城部队行进在汉口中山大道上

5 月 22 日　武汉市军事管制委员会成立，主任谭政，副主任陶铸、张平化。同日，新建的中共武汉市委成立，张平化任市委书记。至此，华中重镇武汉解放。华中大学完整地交给了人民政府。

7 月 15 日 华中大学各院系主任开会，讨论教育设施急切目的，达成决议案，提交 8 月 23 日的特别教务会议重加研讨，并一致通过。其原文如下：

> 我们重行断定，本校教育目标，是要训练学生，如世界公民那样运用思想，能探知学问的源头，从而搜采证据，加以精择，据此作成断案，而有勇气去坚守其所作的断案；并且获得些技能，足使他们在社会里负起生产的职责。

这一教育目标的意义是双重的，也是统一的。那就是说，要学生以世界公民的风度，一面善于运用思想，学得科学的方法，养成科学的态度，而勇于坚守其所得的真理；一面要获得些实用的技能，足以在人民大众队伍里，成为生产的一员。前者侧重学理，后者顾到实用，这是双重的意义；又要理论与实践一致，而归结到为社会生产，所以两者又是统一的。

关于课程修改，会议决定采取渐进的办法，等接到人民政府的明令，才遵照全面修改，本期课程修改情形如下：

(一)大学一年级国文英文仍为必修课，但这两科成绩较优的新生，在开学时经免读试验及格后可以免修。这种免读考试方法，由中文系外文系自行研究决定。(二)哲学定为二年级必修课。(三)伦理学有经各系定为必修课，为学生所选读者，即行开班讲授，且定为二年级第一学期课程。(四)中国通史为选修课或必修课，依照各系规定为转移。(五)普通社会科学与普通自然科学，规定为选修课。(六)各学系规定课程时，都请该系一些主修同学参加意见。(七)从下年度起，各学系都该为三四年级同学，至少设立一种学科，用“研究班”或“准研究班”的形式去实施教学。此外，毕业学分数目也稍有改变，即，(一)从一九五一年毕业班开始，毕业

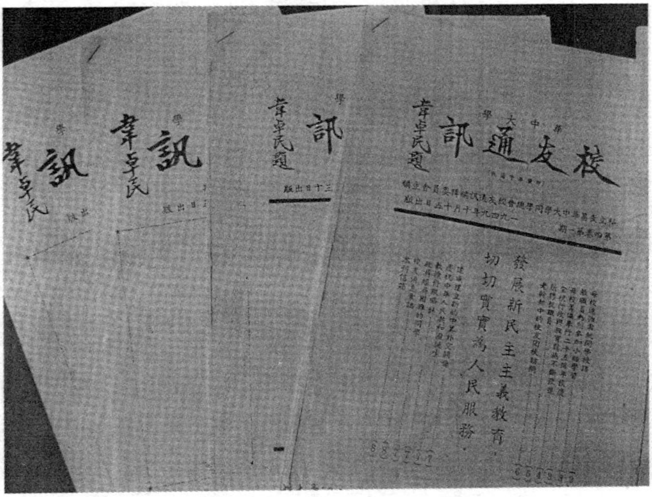

《校友通讯》

学分总数减少到最低一百二十个学分；（二）第一第二年级每学期最高为十八个学分，第三第四年级每学期最高为十六个学分，四年合计，最高为一百三十六个学分。据教务会议所规定，所谓一个学分，就是等于每周一小时听讲加上两小时的课外阅读和研究工作。韦卓民校长指出，减少学分的意义“不是减低学习程度的标准，却是要同学加多自修时间，用更充分的力量，去自动阅读、考查、研究，多多运用思想，去发现问题和解决问题，藉此充实学科的内容，提高学习程度的标准”。本着这一原则，所以学校把必修课的学分减少，选修课学分加多，毕业学分总数也就随着减少了。【《全校行政与教育设施不断改进》，载《校友通讯》第四卷第一期，1949 年 10 月 15 日。】

7 月 25 日—9 月 10 日　华中大学教职员参加暑假学习。据华中大学《校友通讯》刊发的通讯《母校教职员热烈参加小组学习，更加坚定了“为人民服务”的立场，初步认识马列主义和中共政策》

说,武汉市各大专院校教职员,为利用暑假,加紧学习,在本年7月22日成立暑假学习总会。参加学习的单位计有华中大学及武汉大学、中华大学、湖北医学院、湖北农学院、文华图专、江汉纺专等7所院校。学习总会设在华中大学。

总会规定,自7月25日至9月10日止,计共七周,划分三个学习阶段:

(一)前两周为思想学习,确定立场、观点、方法。第一周《毛泽东的人生观》为主要学习资料,第二周以斯大林著《辩证唯物论及历史唯物论》为主要学习资料,并参考社会发展史。

(二)第三、四、五、六等四周为政策学习,以《论人民民主专政》为主要学习文件,以《新民主主义论》、《目前形势和我们的任务》、《中共二中全会决议的新闻报道》为参考资料。第五周,特别规定学习政治与外交,讨论美国所发表的白皮书,太平洋联盟问题及中苏友好同盟条约。

(三)最后一阶段为业务学习,讨论教育制度、课程内容及教学方针。

华中大学教职员,除外籍者外,全体参加学习,共分四个学习小组,由韦卓民、骆传芳院长、卞彭年院长和黄溥院长分别领导。每周一、三、五上午10时,各组同时学习,展开小组讨论,气氛极为热烈。经过七周的学习,华中大学教职员更坚定了"为人民服务的立场",初步认识了马列主义的思想方法和中共的各种政策。今后,华中大学教职员全体团结一致,在中共领导的人民政府之下,更加努力发扬新民主主义的教育精神。【详见《校友通讯》第四卷第一期,1949年10月15日。】

9月10日 华中大学遵循常轨开学授课。《校友通讯》第四卷第一期报道:自5月17日武汉解放后,"华中大学全体师生工友,格外显得兴奋愉快,准备为新民主主义的教育工作切切实实贡献点力量。教职员经过了小组学习(见另条)多次商讨过课程调整,教学改进,校政设施等问题(见另条);韦校长披着满头繁霜,振起愈益矍铄的精神,指挥全校的改进运动,天天忙得不可开交。几个月来,人人的心情,显得轻松愉快,奋勇沉着。直到这一学期开始,母校就在文教部经久领导之下,在新兴的气象里,继续如期开学了。据校长谈称:"华中大学本着新民主主义的教育方针,为新中国建设事业培植新人才,将比从前更要切切实实,做到真正为人民服务的目的。"开学不久,各方瞻望母校的前途,都感到无限欣慰。

本期在九月十日开学后,因各种补考手续较繁,致授课日期延迟了些时候。计九月十二日旧生到校,十三日补考登记截止,十九至二十四日补行上学期期终考试,二十六七两日旧生才开始注册。还有来不及按时到校的旧同学,更于廿八日补办补考登记,从二十九日到十月一日,补考才完毕。新生部分,从九月十九日到校,二十一、二十二两日注册。其中有因种种困难,经请假说明不能按时到校注册的,获得了学校允许,最迟可在十月三日报到。因此,开始授课日期,就不得不延迟到十月三日。

本学期已注册的新旧同学,共有 350 人,其中男生 207 名,女生 143 名;若按年级统计,一年级 101 名,二年级 67 名,三年级 89 名,四年级 93 名。【《华中大学遵循常轨开学授课,更积极地教育新人才,切切实实为人民服务》,见《校友通讯》第四卷第一期,1949 年 10 月 15 日。】

9 月 29 日　中国人民政治协商会议第一次会议通过的《中国人民政治协商会议共同纲领》指出:"中华人民共和国的文化教育政策为新民主主义的,即民族的、科学的、大众的文化教育。人民政府的文化教育方针,应以提高人民文化水平,培养国家建设人才,肃清封建的、买办的、法西斯主义的思想,发展为人民服务的思想为主要任务。”“人民政府应有步骤地改革旧的教育制度、教育内容和教学法。”【《建国以来重要文献选编》第1册，中央文献出版社，1992年，第10～11页。】

10月1日 华中大学师生工友，为庆祝中华人民共和国诞生及参加世界和平斗争示威大会，特组织了筹委会，举行演讲会、座谈会，并以剪报、黑板报、大字报、标语、漫画等形式开展各项宣传。10月2日，由韦校长及三位院长领导全院师生工友约300余人参加庆祝及示威游行。【《校友通讯》第四卷第一期，1949年10月15日。】

10月 《校友通讯》第四卷第一期刊载报道：《老干部中的母校校友回校访问师长及同学》，全文如下：“参加中国人民解放运动的本校校友霍恒德（改名何伟）、黄心学（改名黄海滨）、李壬练（改名李普）为革命工作努力，都已有十年以上的历史。霍校友现任武汉市军事管制委员会秘书长，黄校友现任中共中央华中局组织部组织处副处长，李校友现任新华通讯社湖北分社社长（今又奉调赴北京担任新职务）。均先后返校访问韦校长各学院院长及好友。霍校友在上届校友会及同学晚会席上作演讲，受到教职员校友和同学的热烈欢迎。”【《校友通讯》第四卷第一期，1949年10月15日。】

10月 为中华基督教会全国议会主讲的《基督教基本信仰》由吴耀宗先生校阅后交上海青年协会书局正式出版。韦卓民在序言中说：“客岁十月，中华基督教会在苏州举行第五届全国总会议，约卓民前往讲演两次，并指定以‘基督教的基本信仰’为题。卓民敬谨受命。讲毕，将讲稿交与大会主席，未遑润色。总会议刊行记录册，辱录披露讲词全文，益增卓民草率之憾。今上海青年协会书局，拟将该讲词刊为单行本，并已征得卓民同意。原文2万字，除辞意略有修改，以便读者外，余则悉仍其旧也。如蒙海内外同人，予以教正，尤其幸甚矣。”该文系统阐述了基督教的起源、演变和基本理论，简要说明了20世纪40年代以前作者对佛、儒、道、耶诸教的关系以及宗教学与哲学、神学的关系的看法。

11月1日　华中大学改组成立25周年纪念日，也是解放后第一个校庆，学校放假三天，举行各种庆祝活动。韦卓民在校庆大典上报告由五校改组华大成立之经过，25年来艰苦奋斗的历史，并指出今后华大本着新民主主义文化教育政策进行改造，要竭力发展新教育，培植有用人才，忠诚为人民服务。华中大学《校友通讯》刊发通讯《热烈庆祝母校成立二十五周年》。报道说：“今年11月1日，为母校改组成立二十五周年纪念日，也是解放后第一次校庆，为了这重大意义，学校放假三天，让全体师生工友，举行热烈的庆祝大会，从10月29日开始，就展开了各种庆祝活动，更于11月1日下午3时，假公书林（即图书馆，编者按）大礼堂隆重举行校庆大典暨本年度新生正式入学仪式，参加者共500余人。3时整，庆祝大典正式开始，由韦校长首先报告由五校改组母校成立经过，二十五年来艰苦奋斗的历史，并指出今后母校本着新民主主义文化教育政策，进行改造，要竭力发展新教育，培植有用人才，忠诚为人民服务。”【《校友通讯》第四卷第二期，1949年12月15日。】

中原临时人民政府教育部潘梓年部长，武汉市军管会秘书长何伟，中国共产党武汉市委会罗际荣、张兆灿、马胜隆校友，中华大学校长陈时等向华中大学发出贺函。【《校友通讯》第四卷第二期，1949年12月15日。】

11月30日　华中大学成立中苏友好协会武汉分会华中大学支会。《校友通讯》第四卷第二期报道如下：“中苏友好协会武汉分会华中大学支会，于十一月三十日午后四时在大礼堂正式举行了成立大会。由韦卓民校长亲临主持，到有会员百余人。首由校长致辞，旋通过支会组织章程，选举会长及干事。选举结果：卞彭年院长为正会长，高庆赐先生，宁远谋同学为副会长，韦校长，骆传芳院长，韩琴堂工友，贺德荣同学等为干事，该会分总务，组织，宣传，研究四部，现已正式推进工作，加强学习。”

12月25日 圣诞节。在汉口圣保罗坐堂讲《圣经讲章》，发表于《圣公会报》第39卷第1期。

是年 被推选为湖北省基督教联合会理事长。

第六编　新中国成立初期
（1950 年—1956 年）

1950 年　62 岁

春　加入中苏友好协会。

2 月 1 日　武汉高教联举行寒假讲习会。韦卓民校长和华中大学 20 余名教授、副教授参加学习。《校友通讯》第四卷第三期报道如下：

> 武汉高教联寒假讲习会是从二月一日开始的，一月三十一日凡参加讲习会的来自各校的校长、教授、副教授，及主要讲师们，都冒雨赶到了，全体约三百四十余人，讲习会是以“一、提高现有高等教育工作者的政治思想水平，使能掌握新民主主义的教育政策，遵照中央全国教育会议所定方针，有计划有步骤地改造武汉高等教育，使成为‘完全服务于人民的建设，理论与实际完全结合’的新教育。二、检讨总结半年来的教学及行政工作经验，提出今后初步改革的方案，为下学期各大专院校的改革工作打理一较好的基础”来号召的，现在让我们来看他们两个礼拜中的收获吧！关于学习与生活：学习是以自学和集体讨论为主，同时在集体学习中也发挥着自由的思想，掌握了自我批评和互相批评的武器，学习的内容分思想

与政策的学习和业务的学习两个单元，学习的资料有毛主席的新民主主义的文化，论联合政府的文化，教育，知识分子，共同纲领中之文教政策，中央全国教育会议文件，整顿学风，改造我们的学习等书，又参各大专学校的文法学院各系课程暂行规定，大连大学工学院课程表及其他有关文件，他们采用阅读、笔记、总结、漫谈等各种学习方法把理论配合实际来学习，作出了结论是：

在思想与政策方面确定了应该站在为人民服务的立场，认为过去的教育工作是买办的、封建的、为帝国主义及官僚资产阶级服务的，今后应当在新教育的政策下，使一切教育工作符合人民建设的任务，在业务方面大家认为要精简课程，注重课程的质量。教学方面应当联系实际尤其要加强政治学习。

他们的生活也就在集体的方式下发挥了团结互助的精神，在集体学习配合集体的生活下，使他们感到异常的愉快，从没有什么苦闷和埋怨。他们团结的精神和力量，在他们自己举办的一次晚会中表现得够明显的，在那次晚会里，有年老者的秧歌队表演，有话剧歌咏的表演。在平常他们也就是那样唱着扭着的，这些工作的表现该是我们过去所难听得到吧！两个礼拜中他们还参观了中大文工团、教应巡回文工团、四野特种兵宣传队、武大文工团等单位，富有教育价值的演出更对他们的学习生活和工作发生了莫大的作用，在那里他们的热情融蚀了珞珈山的冰雪，每个人载着满面笑容，感不到丝毫冬寒的侵迫。

讲习会中华大的师长们是住在一块的，他们多半都是班长或组长，这证明他们都是够进步的了，校长在学习中更有“老当益壮”的惊人成绩，每天早晨他起得特别早，的的确确成为了带头的人物，华大的先生们闲暇时，总是谈笑风生，间常也把“下棋”来消闲，可到学校后会举行一次检讨会，对本校教务和事务上都有新的改革方案，对于精简课程也在逐步进行，更确定了把华大办成人民大学为任务，今后要搞好师生关系，立足为工农服务，一切以学生为主，适应学生的需要。从这一段叙述中，使我想到今后武汉的高教工作前途，在群策群力的推进下，必然会长足地进步。他们对新中国的前途，也留下了一个辉煌的保证，看吧！进步的果实，已遍布在华大的园地里。

2月26日　《长江日报》刊登华中大学改革校务的消息。该报载：“华中大学教职员参加寒假讲习会返校后，决心根据讲习心得进行校务改革，已自二十日起，排定日程，进行全校检讨，检讨时，教务方面着重在旧教育的改革和新教育的建立，课程怎样精简，教法怎样配合实际，并适应学生的需要等，学生们也都纷纷提出改革意见，检讨总结将于三月一日举行，以决定一九五〇年上学期的改革计划。”此种改革计划，现已开始实施。【《精简课程改革校务　本年计划已开始实施》，《校友通讯》第四卷第三期，1950年3月25日。】

3月　华中大学寒假留校同学积极参加学习。《校友通讯》第四卷第三期报道如下：

（本刊消息）寒假留校同学，为寻求新的知识，积极地学习了“社会发展史”与“土改问题”。且同学学习情绪很高，学生会为解除同学们的疑难，使同学们有更深刻的认识，会敦请专人作有系统的讲演，计共五次：中大教授陶军同志：“社会发展史总结报告”与“谈学习思想上的问题”。湖北革命家农民大会秘书长魏西同志:“农民问题与农民运动”。湖北省教育厅厅长李实同志:“新民主主义教育方针”。中大教授吴崎经同志:“社会发展史的启发报告”。同学们经过了这一次寒假的学习,在思想与行动上都有了大的进步,且能将理论与实际配合起来。

同月 韦卓民校长号召寒假留校同学参加劳动。《校友通讯》第四卷第三期以《大家参加劳动 清寒同学受报酬》为题,报道如下:

寒假刚开始,校长便号召我们,说过去学校助学金的设置养成了同学的依赖性,是学校教育的失败,今后我们要以工作来养活自己,有劳动才有报酬,以提高同学的劳动观点,养成同学的劳动习惯,在校长的号召下,我们切实地在团结互助着,每个人都参加劳动,努力工作,工友们也高兴地参加我们劳动,帮助挖树根。每次工作,学校当局都给有适当的报酬,家境清寒,经济困难的同学都可以申请分得该项报酬以作寒假伙食费用,首先各组举行了小组评议,审核该小组申请的同学是否确给予帮助,通过后,再召开各院评议会,广泛提供意见作严切的批评,然后得请校方核准照给,虽然报酬的果实是大众的劳力争取得来,但是在各尽所能各取所需的原则下,经济较好的同学都放弃了这种权利,积极地帮助了清寒的同学。

3月15日 华中大学成立教职员学习会,分组学习《社会发展史》。

《校友通讯》第四卷第三期报道说:母校教职员会为了响应武汉市高教联号召全武汉大专学校教职员加强政治学习、提高理论、搞好业务的指示，特于三月十五日下午七时在C教室召开全体教职员会议，到会有韦校长及各院系教职员等数十人。会议是由高庆赐先生主持的，他报告了开会的意义后，当即推选了卞彭、黄溥、曹植福、高庆赐、许祖岷等五人组织"华大教职员学习委员会"，他们五人为委员，领导全体教职员进行学习。更为了学习方便，加强联系，也分成了五个小组，分别就各教职员住宅划分，分别推选了喻存粹、许清波、艾玮生、邵子风、毕奂午等为小组长，领导小组学习。他们第一期的学习材料是《社会发展史》，从三月二十日起开始学习，四个月学习完成，并实行汇报考核制度，并保证每周学习时间不得少于九小时。

同期《校友通讯》报道：华中大学打破小圈子作风，教授参加校外活动。报道说，在国民党反动派统治时期，母校是没有任何政治活动的，同学们和教职员们都是潜心在学术上下工夫，不屑于参加以蒋介石为首的任何政治活动，这也是母校史上光荣的一页。现在可不同了。随着武汉光荣解放及全中国大陆的解放，母校教职员们对外的活动一天天地加多了，很多的活动全由韦校长亲自领导参加，华大人认识到了要发扬我们的学术研究，唯有与新政治配合，才能与实际相结合，才能真正地为人民大众服务。现在，特介绍母校参加校外各种团体活动的名称及代表人如下：参加武汉各界人民代表会的——母校被邀出席代表有韦卓民校长、卞彭院长、李家光、高庆赐、艾玮生等教授。参加湖北省各界代表座谈会的——母校被邀出席代表有韦卓民校长，毕奂午教授。担任中国自然科学者协会武汉分会筹委的有卞彭院长、李家光教授。担任中南及武汉文艺工作者协会委员者有毕奂午教授。担任武汉高教联执行委员者有卞彭院长、曹植福、高庆赐、许祖岷诸教授。

其他各种学会如新法学会、新政治学会、新哲学研究会、新经济学会、湖北省社会科学工作者协会，以及新史学会等，虽均在筹备期间,校内均有人负责联络,且有不少已参加作筹备人员。

3月24日 华中大学第二届学生代表大会召开。韦卓民校长亲临讲话。《校友通讯》第四卷第三期报道如下:

韦卓民校长深入宿舍看望学生

(本刊消息)本校各院系代表业于前(二十三)日分加投票选出,昨(二十四)日下午一时半在大礼堂举行第二届学生会首次代表大会,计到韦校长、各院系教授及同学五十余人,院系代表四十七人(却缺席五人),韦校长、黄院长、骆院长列席指导,大会首由上届主席彭玉谷同学报告开会意义及投票选举经过,并宣读五十二位代表名单。继由校长讲话:略谓今后学生会的任务应当团结老师与同学,领导搞好政治学习,加强文化学习,使生活规律化,实行节约。黄、骆两院长及工友代表张德木相继讲话,随即开始选举,计选出刘家穆、杨印生、方玄初、张庆镒等十五人为执委,袁淡如等四人为候补执委,刘传琳、王家为女同学部代表，随后选举刘家穆、杨印生为本届学生会正副主席，选举后，韦校长训词并予勉励，大会在爆竹声及“团结就是力量”歌声中圆满闭幕。

同月　华中大学师生认购公债5000分。《校友通讯》第四卷第三期报道如下：

关于购买人民胜利折实公债，在武汉文教界方面，母校是起了积极的带头作用，全校师生通过了对公债的学习，韦校长的号召，确定了全校师生工友完成任务的目标，大家积极地掀起热爱祖国、拥护政府的热潮，中西籍教职员认购数字已达四千分。工友全部完成了七十四分的任务，男女同学，完成了二百三十一分。连同本期转学新同学及复学同学的认购，可能达到五千分的目标。从这一次认购公债看来，华大人充分表现了爱国的精神。

同月　《校友通讯》第四卷第三期刊发通讯《改造思想要求进步　母校增开政治大课　请教授及机关首长主讲》，全文如下：

学校为适应时代，配合新民主主义教育方针，本期增开政治大课，以期师生之政治认识提高，思想改造，上课时间为星期三上午十时至十二时，邀请校内外教授及机关首长作专题报告，本期业已上大课二次，第一次由中大教授高原先生讲“民主与民主集中制”，第二次由中大教育学院院长王自申先生讲“学生会的任务”，极得同学欢迎，讲后由各学习小组展开热烈讨论。

4月 政务院总理周恩来在全国统战工作会议上说："我们主张宗教要同帝国主义割断联系。如中国天主教还受梵蒂冈的指挥就不行。中国的宗教应该由中国人来办。"他进一步指出："基督教最大的问题，是它同帝国主义的关系问题。中国的基督教会要成为中国自己的基督教会，必须肃清其内部的帝国主义的影响与力量，依照三自（自治、自养、自传）的精神，提高民族自觉，恢复宗教团体的本来面目，使自己健全起来"，"宗教团体本身要独立自立，自力更生，要建立自治、自养、自传的教会。这样基督教会就变成中国的基督教会了"。【《建国以来重要文献选编》第1册，中央文献出版社，1992年，第186、222页。】

全国基督教第一次三自爱国会议在北京召开，韦卓民出席这次会议，并与全体代表一起受到毛泽东主席、周恩来总理的亲切接见。

6月初 为了贯彻落实《共同纲领》，教育部在北京召开了第一次全国高等教育会议。韦卓民参加了会议。这次会议讨论通过了《高等学校暂行规程》、《专科学校暂行规程》、《私立高等学校管理暂行办法》、《关于实施高等学校课程改革的决定》、《关于高等学校领导问题的决定》五项草案。

6月6日 中国共产党七届三中全会在北京举行。毛泽东在会上作了《为争取国家财政经济状况的基本好转而斗争》的报告。毛泽东要求全国要"有步骤谨慎地进行旧有学校教育事业和旧有社会文化事业的改造工作，争取一切爱国的知识分子为人民服务。在这个问题上，拖延时间不愿改革的思想是不对的，过于性急，企图用粗暴方法进行改革的思想也是不对的"。【《建国以来重要文献选编》第1册，中央文献出版社，1992年，第254～255页。】

同月 中央人民政府委员会通过和颁布了《中华人民共和国土地改革法》。这部土改法，总结了中国共产党过去领导土地改革的经验和教训,又根据建国后的新形势确定了新的政策,是指导土地改革的基本法律依据。毛泽东更是强调,中国的主要人口是农民,革命靠了农民的援助才取得了胜利,国家的工业化也要靠农民的援助才能成功,所以,“工人阶级应当积极地帮助农民进行土地改革,城市小资产阶级和民族资产阶级也应当赞助这种改革,各民主党派、各人民团体更应当采取这种态度”。毛泽东还讲道:“战争和土改是在新民主主义的历史时期内考验全中国一切人们、一切党派的两个‘关’”,“战争一关,已经基本上过去了,这一关我们大家都过得很好,全国人民是满意的。现在是要过土改一关,我希望我们大家都和过战争关一样也过得很好。大家多研究,多商量,打通思想,整齐步伐,组成一条伟大的反封建统一战线,就可以领导人民和帮助人民顺利地通过这一关。”【毛泽东:《在全国政协一届二次会议上的讲话》,《毛泽东文集》第6卷,人民出版社,1990年,第80页。】

同月　朝鲜内战爆发,美国政府宣布武装援助“南朝鲜”,干涉朝鲜内政,同时命令其海军第七舰队开入台湾海峡,“阻止对台湾的任何进攻”,【胡绳:《中国共产党七十年》,中共党史出版社,1991年,第301页。】插足中国的领土台湾。中国政府对美国干涉朝鲜和中国事务的行为表示强烈抗议。6月28日,毛泽东发表讲话指出:“全世界各国的事务应由各国人民自己来管,亚洲的事务应由亚洲人民自己来管,而不应由美国来管。美国对亚洲侵略,只能引起亚洲人民广泛的和坚决的反抗。”【《建国以来重要文献选编》第1册,中央文献出版社,1992年,第423页。】

7月28日　第一次全国高等教育会议通过的《私立高等学校管理暂行办法》等五个重要文件经政务院召开的第四十三次政务会议通过并公布实施。《私立高等学校管理暂行办法》规定:“私立高等学校的行政权、财政权及财产权均应由中国人掌握。”另外,对宗教问题也有专条规定,指出“私立高等学校不得以宗教课程为必修课或强迫学生参加宗教仪式与活动”。《关于高等学校领导问题的决定》规定：“全国高等学校应根据共同纲领的第41条和第47条的规定，废除政治上的反动课程，开设新民主主义革命的政治课程，借以肃清封建的、买办的、法西斯主义的思想，发展为人民服务的思想。”【转引自马敏、汪文汉：《百年校史》(1903年—2003年)，华中师范大学出版社，2003年，第220～221页。】

同日 中华基督教会三自革新委员会主席吴耀宗联合包括韦卓民在内的全国各地基督教会40名负责人共同发出《国内基督教人士联名告全国同道书》(以下简称《告全国同道书》)，号召全国爱国的基督教徒在《中国基督教在新中国建设中努力的途径》的对外宣言(以下简称《对外宣言》)上签字。

《告全国同道书》指出：“自解放后，国内有不少的同道觉得现在还有许多人对基督教不了解，所以我们应当发表一篇对外的宣言，表示基督教在新时代中的立场。”《中国基督教在新中国建设中努力的途径》这篇宣言“是中国基督教一个有历史意义的文件，它对于中国基督教的前途和它的发展，也有异常重要的关系。如果你赞成这篇宣言，就请你签名……等到各地的签名都收齐时，我们便要将宣言和签名人的名字，在全国的报纸上发表”。【华中大学基督教徒服务社主编：《信与行》第4期，1950年10月18日，第19页。】

据《告全国同道书》介绍，《对外宣言》经过40名发起人及京、津、沪、宁、杭等重要地区基督教领袖往返协商，经八次修改才定稿。

《宣言》在正式发表前，得到毛泽东、周恩来的充分肯定。

毛泽东批示说：“吴耀宗文件是很有用的，请考虑用内部文件方式电告各中央局及省市委，并要他们注意赞助。”【《建国以来毛泽东文稿》第1册，中央文献出版社，1987年，第438页。】周恩来致电上海市副市长潘汉年转告吴耀宗：“先生为发表宣言，推动各方，备极勤劳，至可感佩。此项文件，拟于全部发表，并由《人民日

报》为文赞助，以广影响。”【《周恩来年谱》(1919—1976)上卷，中央文献出版社，1997年，第79页。】

8月2日—9月1日　列席聆听了湖北省委书记、湖北省人民政府主席李先念关于土改的报告。【“韦卓民个人档案”，原件藏于华中师范大学档案馆。】

1950年5月6日，湖北省人民政府委员会全体委员合影

为贯彻落实中共中央和毛泽东的指示，中共湖北省委于1950年8月2日至9月1日在武昌召开第二次代表会议。省委书记李先念在大会上作了重要讲话。鉴于湖北全省三分之一以上地区贫雇

农优势业已形成，迫切要求土改，会议决定，“今冬明春”首先在23个县、700多万人口的地区开始土改，并争取在两年内基本完成全省土改工作。会议还对全省的土改工作作了具体的部署。

8月 蒋介石集团被赶到台湾后，美国基督教宣道会在中国几个主要教区的差会主席和资深的传教士转移到香港，在九龙设立总部，赖在中国的领土上不走。在美国政府的策划下，宣道会总部在香港九龙召开全中国宣道会各教区联会。这次会议决定：“差会暂时撤出中国大陆，各教区工作，统一受全国总会领导，但要定期向差会报告”，“差会将长期全力资助华人教会，国内各教会工作所需一切费用，差会完全负担”。这说明，新中国成立之初，中国的基督教等教会，仍掌握在美国人手中。

为了使中国的宗教事业由本国宗教徒自办，中国共产党极力推动和倡导宗教革新运动，制定了一系列正确的保护宗教的政策，强调中国的宗教应由中国人自己来办，并制定了相应的宗教革新的政策。

同月 韦卓民加入保卫世界和平协会武汉分会。

9月15日 美军在仁川登陆，截断朝鲜民主主义人民共和国南进部队的后路。侵略军直逼北方，战火有烧到中国东北边境之趋势。10月25日，中国人民志愿军赴朝作战，抗美援朝战争开始。12月16日，美国国务院发表公报，宣布冻结中国在美资金，并禁止美国船只开往中国港口。28日，中华人民共和国政务院宣布，管制、清查美国政府和美国企业在华一切财产，冻结美国在华一切公私存款。

由于中美互相冻结财产，接受美国津贴的学校经费来源中断，这样，华中大学“改制前四万美金在美冻结”。

9月23日 《人民日报》全文刊登《中国基督教在新中国建设中努力的途径》这篇对外宣言，并发表了题为《基督教人士的爱国运动》的社论。社论说，“对外宣言”是“中国基督教一个有历史意义的文件……我们欢迎基督教人士所发起的自治、自养、自传运动。这是基督教人士应有的使中国基督教脱离帝国主义影响而走上宗教正轨的爱国运动……这个运动的成功，将使中国的基督教获得新的生命，改变中国人民对于基督教的观感”。

这篇宣言全文如下：

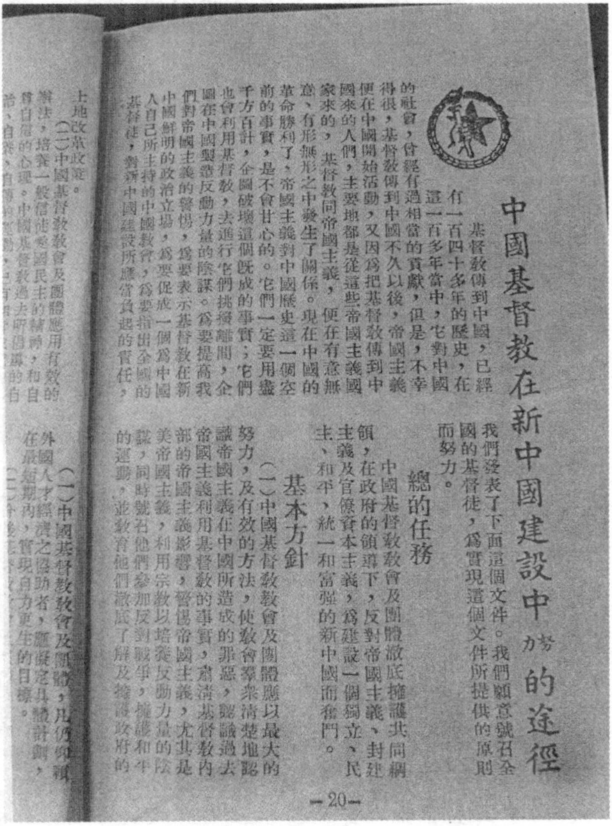

中國基督教在新中國建設中努力的途徑

基督教傳到中國，已經有一百四十多年的歷史，在這一百多年當中，它對中國的社會，曾經有過相當的貢獻，但是，不幸得很，基督教傳到中國不久以後，帝國主義便在中國開始活動，又因爲把基督教傳到中國來的人們，主要地都是從這些帝國主義國家來的，基督教同帝國主義，便在有意無意、有形無形之中發生了關係。現在中國的革命勝利了，帝國主義對中國歷史這一個空前的事實，是不會甘心的。它們一定要用盡千方百計，企圖破壞這個既成的事實；它們也會利用基督教，去進行它們挑撥離間，企圖在中國製造反動力量的陰謀。爲要提高我們對帝國主義的警惕，爲要表示基督教在新中國鮮明的政治立場，爲要促成一個爲中國人自己所主持的中國教會，爲要指出全國的基督徒，對新中國建設所應當負起的責任，我們發表了下面這個文件。我們願意號召全國的基督徒，爲實現這個文件所提供的原則而努力。

總的任務

中國基督教教會及團體徹底擁護共同綱領，在政府的領導下，反對帝國主義、封建主義及官僚資本主義，爲建設一個獨立、民主、和平、統一和富強的新中國而奮鬥。

基本方針

（一）中國基督教教會及團體應以最大的努力，及有效的方法，使教會羣衆清楚地認識帝國主義在中國所造成的罪惡，認識過去帝國主義利用基督教的事實，肅清基督教內部的帝國主義影響，警惕帝國主義，尤其是美帝國主義，利用宗教以培養反動力量的陰謀，同時號召他們參加反對戰爭，擁護和平的運動，並教育他們徹底了解及擁護政府的

—20—

《中国基督教在新中国建设中努力的途径》

基督教传到中国，已经有一百四十多年的历史，在这一百多年当中，它对中国的社会，曾经有过相当的贡献，但是，不幸得很，基督教传到中国不久以后，帝国主义便在中国开始活动，又因为把基督教传到中国来的人们，主要地都是从这些帝国主义国家来的，基督教同帝国主义，便在有意无意、有形无形之中发生了关系。现在中国的革命胜利了，帝国主义对中国历史这一个空前的事实，是不会甘心的。它们一定要用尽千方百计，企图破坏这个既成的事实；它们也会利用基督教，去进行它们挑拨离间，企图在中国制造反动力量的阴谋。为要提高我们对帝国主义的警惕，为要表示基督教在新中国鲜明的政治立场，为了促成一个中国人自己所主持的中国教会，为要指出全国的基督教对新中国建设所应当贡献的责任，我们发表下面这个文件，我们愿意号召全国的基督徒，为实现这个文件所提供的原则而努力。

总的任务

中国基督教教会及团体彻底拥护共同纲领，在政府的领导下，反对帝国主义、封建主义及官僚资本主义，为建设一个独立、民主、和平、统一和富强的新中国而奋斗。

基本方针

（一）中国基督教教会及团体应以最大的努力，及有效的方法，使教会群众清楚地认识帝国主义利用基督教的事实，肃清基督教内部的帝国主义影响，警惕帝国主义，尤其是美帝国主义，利用宗教以培养反对力量的阴谋，同时号召他们参加反对战争，拥护和平的运动，并教育他们彻底了解及拥护政府的土地改革政策。

（二）中国基督教教会及团体应用有效的办法，培养一般信徒爱国民主的精神和自尊自信的心理。中国基督教过去所倡导的自治、自养、自传的运动，已有相当成就，今后应在最短期内，完成此项任务，同时提倡自我批评，在各种工作上，实行检讨和整理，精简节约，以达到基督教革新的目标。

具体办法

（一）中国基督教教会及团体，凡仍仰赖外国人才经济之协助者，应拟定具体计划，在最短期内，实现自力更生的目标。

（二）今后基督教教会及团体，在宗教工作方面，应注重基督教本质的深刻认识，宗教间的团结，领导人才的培养和教会制度的改进；在一般工作方面，应注意反帝、反封建、反官僚资本主义的教育及劳动生产、认识时代、文娱活动、识字教育、医药卫生、儿童保育等为人民服务的工作。

信與行

目錄　4

在主愛中向前邁進……本社
擁護我國基督教人士對外的宣言……本社
青年與教會
勝利的人生
漫談服務
國內基督教人士致同道書……十九
中國基督教在新中國建設中努力的途徑……二十
武漢基督徒領袖發表意見
武漢大學基督教路光團宣佈成立經過……廿五
文華基督徒團契通訊……廿六
書刊介紹……編者

一九五〇年十月十八日出版
華中大學基督徒服務社主編

《信与行》

10 月 18 日 为了使“对外宣言”在武汉和华中地区贯彻落实，在韦卓民主持下，华中大学基督教徒服务社主编的《信与行》第4期发表社论：《拥护我国基督教人士对外的宣言》。社论指出，这篇“对外宣言”“充分表现了全国信徒在新中国鲜明的政治立场，早日完成自力更生的中华教会的决心和对于新中国建设所当负起的责任。这是全国信徒在新中国的一篇重要宣言，是我中华教会具有划时代意义的历史性文件，正启示着中华教会的新生。因此，我们应以至诚的心意与无比的欢欣来迎接和拥护这一宣言”。

社论说，中国基督教在“新中国建设中”努力的途径可分两个方面：“第一，对国家政府而言，中华教会是一个人民的团体，全体信徒更是全国爱国人民的一部分，为了尽人民团体的负责和表示我们信徒的爱国心，我们愿彻底拥护共同纲领。第二，对教会本身而言，我们为要促使信徒把教会当做大家的教会，每个信仰都负起他的责任来，使教会更有生命力和力量，我们愿早日建立起自立、自养、自传的中华教会。”

与此同时，本期杂志还全文转载了《告全国同道书》和《对外宣言》，并在《武汉基督徒领袖发表意见》的通栏标题下，刊载了韦卓民、张海松、黄溥、林树华、李祖辉、艾玮生等人的讲话。

韦卓民指出：“我们是中国的基督徒。基督徒有其宗教的信仰，并在共同纲领下，有其宗教信仰的自由，但是我们也是中华人民共和国的人民，应该在人民立场下拥护共同纲领根本政策，就是反帝、反封、反官资。中国基督徒并应该努力去有计划、有步骤地实现教会自主、自传、自治、自养的目标，使基督教教会彻底地成为人民的、合于科学的、富有民族性的教会。因此，基督教人士对于基督徒在新中国建设中努力的途径宣言，是应该拥护的。”

吴耀宗、韦卓民等 40 位全国基督教教会领袖发表的《对外宣言》，在国内产生了深远的影响。从该文定稿征集签名，到《人民日报》发表，短短一个多月时间，全国各地便有1527位爱国教徒签名。他们中就包括有受韦卓民直接影响的湖北基督教联合会副理事长张海松，华中大学副校长兼教育学院院长黄溥，武昌基督教联合会主席林树华，武昌圣公会会长、武昌文华中学（华中大学附中）校长李耀祖，华中大学教授艾玮生等知名宗教人士。

11月29日 中央人民政府政务院作出了《关于处理接受美国津贴的文化教育救济机关及宗教团体的方针的决定》。《决定》强调指出，对接受美国津贴的文化教育救济机关，分别由政府接办或由中国人自办。对接受美国津贴的宗教团体，完全由中国教徒自办。

12月29日 根据中央人民政府上述决定，政务院副总理郭沫若在《关于处理接受美国津贴的文化教育救济机关及宗教团体的方针的报告》中指出："在中国的20所教会高等学校中间，受美国津贴的即占17所之多。""最近适美国政府更宣布冻结中国在美国的财产，企图以此种方法来增加人民政府的困难，威胁所有在美国接受津贴的文化教育救济机关及宗教团体中全部中国工作人员的生活。""各地教会学校教会医院的教员学生、医务人员和职员工友，普遍举行了爱国反美的示威，和对美帝国主义分子的反动破坏进行控诉，并迫切要求将这些机关由政府接办或变为完全由中国人民自办。"【《建国以来重要文献选编》第1册，中央文献出版社，1992年，第513～514页。】

是年 韦卓民应邀到南京金陵神学院，出席该校成立40周年庆典，并在该校《金陵神学志》杂志特刊发表了《四十年来我国基督教的高等教育》一文。该文回顾了中国基督教的高等教育艰难发展的历史过程，总结了历史经验，特别是传达了第一次全国高等教育会议的精神。在文章的最后，他强调说："我国大陆解放之后的今日，已进入一个新的时代。今年6月人民政府中央教育部在北京召开了第一次全国高等教育会议，经过中央文教委员会和政务院的仔细审查，已将会议结果颁布为高等教育五大文件。我们的基督教高等教育，应如何展开五大文件的学习，根据新的高等教育精神，响应人民政府的召开，本着新民主主义的文化教育政策，培养具有高等文化水准、能掌握最高的科学文化的成果、全心全意为人民服务的建设人才，是我们当前的任务。”【《韦卓民学术论著选》，华中师范大学出版社，1997 年，第 417～418 页。】

1951 年　63 岁

1 月　教育部通过《关于处理美国津贴的教会学校及其他教育机关的指示》。《指示》指出：“正确执行中央人民政府政务院关于处理美国津贴的文化教育救济机关及宗教团体的方针决定，将这一接受国家教育主权的重大工作做好，使原有接受美国津贴的各级学校不仅能维持下去，而且能办得更好。”同时规定处理原则是：“1951 年将所有接受美国津贴的各级学校处理完毕。”“原来学校经费之全部或绝大部分由美国津贴，在其断绝后，又无改由中国私人出资办理的条件者，接受为公立学校。”该《指示》还明确规定“高等学校由中央教育部直接领导处理”，“由政府接受改为公立”。当时的私立华中大学，中央教育部委托中南军政委员会代管。

2 月　韦卓民拥护中央人民政府的决定，坚决割断与帝国主义的联系，他不仅拒绝参加原拟于 1951 年 2 月在香港召开的教会大学校长会议，而且在收到美国基督教宣道会香港总部何明华寄来的一万元办学经费后，立即向中南教育部部长潘梓年报告，并根据潘部长的指示，坚决拒收，原款退还何明华。

5 月 1 日　湖北省武汉市各界人民召开五一国际劳动节庆祝大会。韦卓民作为特约代表出席，被请到主席台上就座，受到省市领导的热情接待。

7月2日　根据广大师生的强烈要求，为保证学校的完整性，韦卓民在征得校董事会同意后，向中南军政委员会教育部发出了（华大）校字455号函，请求将学校改为公立，并阐明学校今后的发展方向。中南军政委员会教育部在请示中央教育部后，部长潘梓年7月7日亲笔致函韦卓民，对私立华中大学师生的心愿和要求表示欢迎。潘梓年在致函中说："一、我部认为华大所陈各节均属实情，同意改为公立。二、为配合生产建设，迎接文化建设高潮，兼以华大过去毕业生多为中等学校教师，改公立后，成为中南区培养高级中等学校师资的高等学校，从1951年起，开始招收师范生，校名暂称'华中大学'。三、学校中有将中原大学教育学院合并入华中大学，增加华中大学的力量的要求，以上三项，中央人民政府教育部均表同意，特先复函，以便及早从事准备工作，并请转告华大校董事会。"【《中南军政委员会教育部潘梓年部长致韦卓民的信》，1951年7月7日，见"韦卓民个人档案"，原件藏于华中师范大学档案馆。】

1951年7月7日中南军政委员会教育部长潘梓年给韦卓民的复函

8月16日　中南军政委员会正式决定，私立华中大学与中原大学教育学院合并，改名为公立华中大学，并成立"华中大学改制委员会”，任命中南军政委员会教育部长潘梓年为主任委员、韦卓民和中原大学教育学院院长王自申为副主任委员，主持华中大学的全部改制工作。

1951 年 8 月 16 日华中大学改为公立，
这是改制后的第一届学生会(前排中间为韦卓民校长)

9 月 7 日 马寅初向周恩来总理递交了书面报告，报告了北京大学利用暑假，组织全校教职工结合改造旧北大，进行为期 40 天政治学习，取得良好效果，使广大教职工认识到改革的必要，自觉自愿地进行思想改造的情况。毛泽东和党中央对这一报告极为重视，于是决定首先在北京、天津两市的 20 所大专院校开展政治学习运动，学习内容是马列主义、毛泽东思想，消除帝国主义、封建主义、官僚资本主义的影响，划清革命与反革命的界限，批判资产阶级思想，树立为人民服务的思想，确立工人阶级思想在政治思想上的领导地位。学习的方法是听报告，阅读文件，联系本人思想与学校状况开展批评和自我批评。这次知识分子思想改造运动要达到的目的概括为用马列主义、毛泽东思想武装起来，确立“五大观点”，打垮思想上的“三大敌人”，做一个光荣的劳动知识分子。“五大观点”是辩证唯物的观点、劳动的观点、阶级的观点、群众的观点、组织的观点；“三大敌人”则是自由主义、个人主义、主观主义。【李达：《社会发展史》，湖南大学，1951 年，第 44 页。】

9 月 26 日　中南军政委员会教育部向华中大学发出指示：“我部为了今后训练和培养本区中等学校师资，已呈准中央，决定将你校改为公立，学校性质定为师范学院，校名暂仍称华中大学。在改制期间，所有一切学校行政及对外事宜，均由华中大学改制委员会领导和督促该校工作人员负责进行。”【见“韦卓民个人档案”，原件藏于华中师范大学档案馆。】

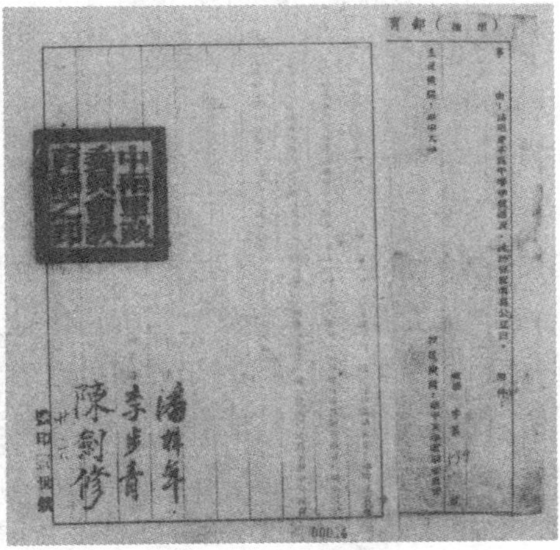
潘梓年
李步青
陳劍修

1951 年 9 月 26 日中南军政委员会教育部决定华中大学改为公立的函

华中大学改制委员会随即研究决定：第一，取消院的建制。私立华中大学有文学院、理学院和教育学院。中原大学教育学院并入后，带来俄语、教育、政治和历史四系。在向师范过渡期间，改制委员会研究决定取消学院建制，设立大学部和师范部两块，把教育学院“打乱平分”，其他非师范专业在大学部。公立华中大学设中国语文、政治、历史、教育、物理、化学、生物、数学等10余系，以及俄文、历史、政治、教育等专修科。以上专业从1951年暑假起开始招师范生，非师范专业从此停止招生。第二，经济系并入武汉大学。第三，经济系不再招收新生，原有学生按入学时计划在华中大学完成学业，学制改为三年。第四，与华中大学有密切关系的私立文华中学、私立恩旭小学，均改为公立华中大学附属中学和附属小学。改制后的公立华中大学共有教师103人，其中教授20人，副教授26人，讲师15人，助教29人，实习教员13人。1951年第二学期，公立华中大学首届招收学生876人，其中本科学生注册人数321人，专科学生注册人数555人。学校规模的扩大和招生人数的增多，在华中大学的历史上是空前的。

同月 去北京出席了第一次全国师范教育会议。

同月 根据中共湖北省委的部署，中南军政委员会教育部部长潘梓年到新改制的华中大学，动员师生参加土改。

当时，韦卓民心里“便起了一种下乡看看的要求，但终因学校校务放不下未能下决心下乡去”。不过这时虽然他自认为对共产党土改政策“是拥护的”，也“从未怀疑过”，但由于他是华中大学改制委员会的副主任，负责教学工作，对于如何处理教学和土改的关系，还是心存许多疑虑。他说：“九月中从中南教育部潘部长在本校改制委员会席上得知我校师生参加土改工作的消息，我心里第一个反应乃是考虑工作时间的问题。”他心想，下乡参加土改工作的时间是一个月的话，则当年教学计划的完成影响不大；如果时间是两个月的话，将教学计划调整调整，问题也不大；如果时间是三个月，那就要重新考虑教学计划。（他在武汉市政协委员会召开的武汉市郊区土改委员会代表会议上听到有关领导人讲，完成武汉市郊区土改工作大约需要三个月的时间。）因此，他心中做好了按三个月完成土改工作的打算，在此前提下重新制订了新的教学计划，试图将土改和教学的矛盾统一起来。【韦卓民：《土改学习小结》，见“韦卓民个人档案”，原件藏于华中师范大学档案馆。】

韦卓民分析自己当时产生这一思想的原因说：

分析我当时的思想，主要是土改工作和学校业务起了严重的矛盾，假使土改和业务思想能够统一起来，我的愿望便可达到，下乡只三个月的话，这“矛盾”是可以统一的，校中的同事，大多数也是这样的要求，纷纷向我反映过，于是我三个月下乡的主张愈发坚定，初期酝酿参加土改的工作是从这点出发的。这是由于我负责学校行政多年形成了一种“稳健”性和保守性，总想两头都将就一点。

除此以外，韦卓民思想深处还有另外一个心结：

我过去数十年的教育工作是从改良主义出发的，解放后虽然经过学习认识到这点的基本错误，但在下乡土改工作之先思想还是模糊，觉得土改固然重要，而贫雇农的穷，土地制度不是单纯的原因，还是因为农民知识太低，单靠土改，农民的穷、病、愚不能消灭，仍需教育，提高科学普及。说明我在下乡之前，改良主义的思想残余依然存在。

其实，完成郊区土改工作的时间不是三个月，而是半年。这使韦卓民感到问题严重：

当时我觉得问题是多的，尤其是今年改制后开学迟，十月开学，十月五日尚未正式上课，下乡的六个月，又摆在一整个学年的中间，两个学期都受着严重的影响，不说一年的教学计划无法精减完成，甚至一个学期的学业还要很吃力地去精减，尤其理科各系的实验无法补足，土改与业务中起了严重的矛盾。

另外还有一个问题严重地压在我心理存在，就是我校改制原华大和原中大教院才开始合并，我们要搞好团结合作的工作，下乡六个月，到明年四月底返校从头再搞起，岂不是工作要更迟将近一年？【韦卓民：《参加土改前后思想转变过程》，1952年1月8日，见“韦卓民个人档案”，原件藏于华中师范大学档案馆。】

10月13日 韦卓民在《华大生活》上发表《同学中对于下乡参加土改工作一点顾虑的解答》，做学生的思想工作。全文如下：

我们在学校学习过土改十几天之后，大概都认识到土地改革是广大农民的要求，是建设新中国必须经过的一个阶段，是革命必须有的过程，是根据共同纲领第三条要“有步骤地将封建半封建的土地所有制改变为农民的土地所有制”，是“发展生产力和国家工业化的必要条件”，是我国人民的一件伟大的事业，我们应该以热爱祖国的情绪，服务人民的决心来参加，并应抱着通过参加土改的工作来提高自己、改造自己的希望来参加土改的工作。

一般而论，时到今日，我们全校的同学已经了解土地改革的重要性，压倒目前任何其他的任务。我们全校同学已经深深地体会到，就是放下六个月在课室中和实验室的学习去参加土改工作，实际地来认识农村的情形，和广大农民接触和劳动的农民过六个月共同甘苦的生活，在工作和斗争中去体验土地改革的意义，总的收获一定有利于我们土改完成返校后的业务学习。却是有少数的同学，尤其是少数的物理系、化学系、生物系、音乐组的同学，以为放下了六个月的业务学习，土改后返校只上三个半月的课，一定不能完成一整个学年的课程，更不问一整个年头的实验，三个半月的教与学不是敷衍了事，功课“减而不精”便是把许多功课堆在一起，“食而不化”。

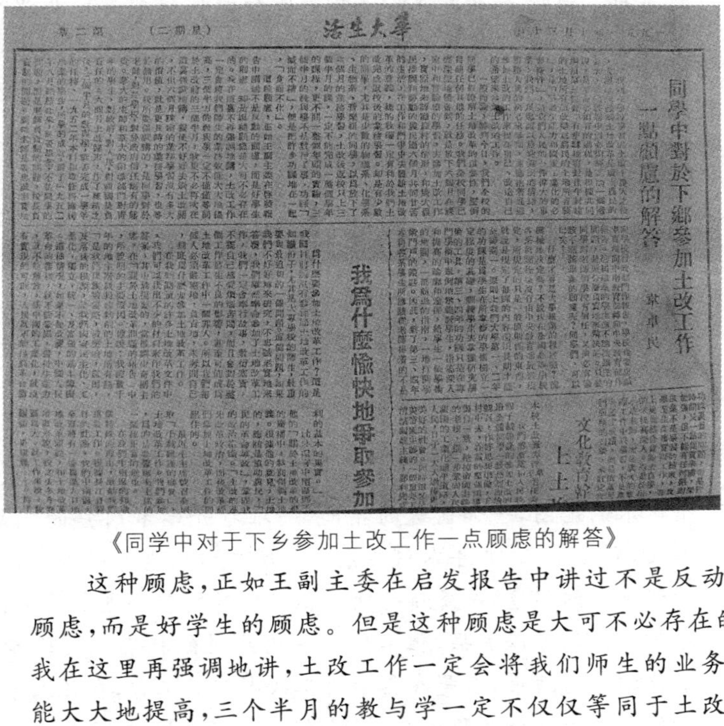
華大生活

同學中對於下鄉參加土改工作一點顧慮的解答

我爲什麼愉快地爭取參加

《同学中对于下乡参加土改工作一点顾虑的解答》

这种顾虑，正如王副主委在启发报告中讲过不是反动的顾虑，而是好学生的顾虑。但是这种顾虑是大可不必存在的。我在这里再强调地讲，土改工作一定会将我们师生的业务效能大大地提高，三个半月的教与学一定不仅仅等同于土改前的三个半月，我更不必再次在这里强调地讲，假使不好好去过土改关，不但六个月课时的业务学习没有多大的价值，就是更长时的业务学习，也等于无用。我所要强调讲的，是同学对于老师，对于学校，对于政府信任应有的态度。华大的老师和华大的领导部门对青年的学生，对政府，对人民，对祖国是负责任的。六个月土改归来，作了总结之后，三个半月的教与学，能否完成了一学年的任务，一九五二年本科和专修科应届毕业的学生，所学的成就，到了一九五二年八月总结起来，应否毕业，不是同学的问题，而是老师负责制的问题，校长负责制的问题。到时老师是要忠诚老实地向学校行政部门作报告，学校也要忠诚老实地向中南教育部转向中央教育部作报告。应届毕业的学生应不应该毕业的问题，是要分层负责地来解决的。只要同学对老师和学校有信任，又何必有应该不应该毕业的顾虑呢？同学们，可以已矣！

什么才算是大学毕业的程度呢？能机械地决定吗？不说现在全国高等学校各系科课程还没有由中央教育部最后规定，所规定的只是一般原则性的东西，就说是规定了每课的内容还须长期才能全国划一。原则上我们大学第一、二年的功课是为学生在所专修的学术树立一定程度的基础，训练学生去掌握研究学术的工具，第三、四年的功课只是在专门学术中举例地示范教学生，指导深入和提高的轮廓和途径，给学生一个学术的地图，一部前进的指南，一堆打开学术门户的钥匙。因此，到了第三、四年本科各系学生所应该从老师得着的不是功课里量的问题，而是质的问题。当然时间长一点从质来讲，深入和提高可以加强，但不能有任何绝对的标准。大学毕业不是学习的结束，而是在各毕业生从事实际工作，在各人不同岗位上更加结合实际去自学，去将学校的来提高深入。毕业后指导我们学习的不是老师，而是广大的群众。我们在实际工作中来学习，不是靠学校举行考试来鉴定成绩，而是依靠周围的群众，我们服务的对象，来评定我们的工作。这种学习是继续不断死而后已的，和三个月六个月在学校的学习比起来，真是不可同日语。

至于第一、二、三年级的同学，更不须顾虑了！假使土改后三个半月功课不能学完，下学年的教学计划必须照顾到，绝不会叫学生躐等以进。学习是有计划，有步骤，循序渐进的，只要同学信任老师，信任学校，学业的问题是可以解决的，又何必顾虑？让我们轻松愉快地去参加土改工作吧！

经过深入学习，韦卓民转变了思想，很快接受了现实。他说：

思想转变是不知不觉中很快的。十月十日，王副校长（即王自申同志，编者按）带回来中南教育部决定了我校下乡六个月的决定，我很愉快而轻松地接受。现在我回忆起来，主要是我对于潘部长指示的信任。同时，这决定是中南教育部在中央指示下的决定，学校行政责任问题便解决了。

我回头来拿出《高等学校暂行规程》一看，看到第一条"宗旨为……以理论与实际一致的教育方法，培养具有高级文化水平，掌握现代化科学和技术的成果，全心全意为人民服务的高级建设人才"；第二条又有"进行革命的政治及思想教育，肃清封建的、买办的、法西斯主义的思想，树立正确的观念和方法，发扬为人民服务的思想"。【韦卓民：《土改学习小结》，见"韦卓民个人档案"，原件藏于华中师范大学档案馆。】

就这样，经过十多天的学习，韦卓民的思想通了，并有比较深刻的学习体会。他后来在《土改学习小结》中写道，经过一年多的学习，体会到：

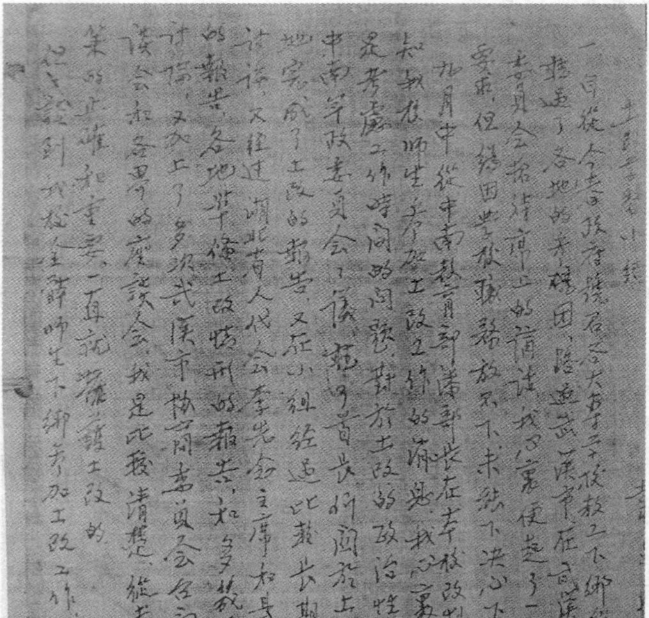

《土改学习小结》手稿

（一）土改主要固然是消灭数千年根深蒂固的土地封建制度，建立土地为农民所有的制度，帮助农民翻身，解放和发展农村生产力，实现城乡经济交流，为祖国工业化开辟道路，但是土改还要认为是建立人民民主专政的政治建设重要的一个环节，同时是消灭反革命分子和帝国主义走狗的防空洞。换一句话说，当前的抗美援朝、土地改革、镇压反革命三大任务是相互关联不可分割的。没有人民志愿军在朝鲜的辉煌胜利，我们就不能在后方安心进行土改的工作；完成土改，发展农村生产，城乡交流，繁荣经济，正是有力地打击帝国主义，保卫世界和平。

（二）我过去一年多学习土改文件，从过去和平土改的错误思想转变过来，认识到土改是一场剧烈的革命斗争，但是因为书本的文件学习，甚至于开会讨论，总不免教条主义，不与实际相结合。这次决心下乡六个月参加工作学习的时候和听报告的时候就细心去在个人思想上结合到要做的实际工作和个人自己的问题，结果学习好像更有深刻的体会。

（三）过去尽管学习土改政策，拥护土改政策，但同时听到各方片面的传说和谣言，难免有动于中，多多少少觉得有的地方，因为干部的不能正确地掌握政策弄到“糟得很”。这次刘政委（即刘介愚同志）报告帮助我来认识“糟得很、好得很”，是不同立场的看法，由于看的角度不同——农民立场和地主立场，封建秩序的看法和建立新秩序的看法，所以看到的就不同。我们要从农民翻身的立场来看，从建立新的秩序观点来看。

（四）“分别对待”是对我很大的启发。这不是一种“花样”，乃是集中力量打击敌人，分化敌人的方法。我到了农村实际工作中要好好学习这一点。

（五）依靠贫雇农，团结中农，中立富农，消灭地主，不是平铺的是有步骤地依靠而团结，团结而中立，中立才好好地大力地消灭地主。

韦卓民最后表示：“我保证我尽量争取学习的机会，虚心地向农民、青年、群众学习，和农民、青年、群众一起来搞土改的工作，一方面站稳贫雇农的立场，执行土改政策，一方面提高个人的警惕，防止我的小资产阶级思想从中捣乱，服从组织领导，依靠群众，重新做一个小学生，在实际工作中去体会马克思列宁主义和毛泽东思想，真正投身到革命大队伍里面去。”

10月20日 《华中生活》刊登华中大学文化教育干部训练班全体同学致华大土改筹委会王自申主任委员、韦卓民副主任委员的决心书，提出如下保证：

一、保证全部参加土改，下乡前保证学好土改文件。

二、坚决服从组织分配，保证遵守纪律。

三、坚决站稳立场，正确掌握政策，严格执行请示报告制度。

四、工作艰苦深入，与农民同吃同住同劳动，注意民情风俗。

五、虚心向农民学习，决不包办代替，不摆架子，参加过土改的同志，也决不摆老资格，更虚心学习，在原有基础上提高一步。

六、在工作中保证团结同志，经常进行批评与自我批评，决不犯自由主义。

七、在工作中对上级指示，保证深入细致地钻研，决不粗枝大叶，以感情代替政策，并随时细心研究农民工作中的具体问题，积累经验，提高水平，回校后保证做好总结。

10月下旬 以“社会贤达”人士身份，随华中大学土改工作队，赴武昌王家店区参加土改工作。

10月23日 毛泽东在全国政协一届三次会议上发表讲话，

明确指出："在我国的文化教育战线和各种知识分子中，根据中央人民政府的方针，广泛地开展了一个自我教育和自我改造的运动，这同样是我国值得庆贺的新气象。"毛泽东说："我曾提出了以批评和自我批评方法进行自我改造的建议。现在，这个建议已经逐步地变为现实。思想改造，首先是各种知识分子的思想改造，是我国在各方面彻底实现民主改革和逐步实行工业化的重要条件之一。因此，我们预祝这个自我教育和自我改造运动能够在稳步前进中获得更大的成就。"【《毛泽东文集》，第6卷，人民出版社，1999年，第183～184页。】毛泽东讲话后，知识分子思想改造运动席卷全国各类知识阶层。

11月25日　教育部发出通报，向全国教育系统介绍京津高等学校教师的学习情况和初步经验，要求所有高校、中等学校参照京津高校的做法，在教师中开展思想改造学习运动。

11月30日　中共中央发出《关于在学校中进行思想改造和组织清理工作的指示》。

12月　湖北省人民政府主席李先念在《关于湖北省人民政府1952年工作方针和任务的建议》中，要求知识分子认真学习马列主义、毛泽东思想，热心参加土地改革，使用批评和自我批评方法进行思想改造，并强调知识分子思想改造是伟大的思想建设工作。

1952年　64岁

春　湖北武汉地区高等院校思想改造运动全面展开。

由于教会大学被定性为"帝国主义文化侵略的工具"，包括韦卓民在内的旧华大的教职工理所当然成为首当其冲的对象。

1月8日　在《华中大学王家店区土改干部鉴定表》"参加土改前后思想转变过程一栏"中写道：

下乡后接近农民，听农民诉苦，追穷根，逐渐了解地主如何剥削发家，认识[到]农村实际情况和旧社会型[形]成的原因，我的错误思想（指前述改良主义思想，笔者按）才扭转过来，体验到土改的确是农民翻身（不仅经济而且政治的翻身）所迫切的要求，进而体验到旧社会要变成新社会，土改是一主要关键。土改不彻底完成，的确我国一切建设工作都无从推动，更认识到参加土改工作，不但是为占全国人口百分之八十的农民服务，而且是为全国人民服务，因之我对于土改就增加了无限兴趣与热情，要求和贫雇农站在一起，仇恨地主阶级，痛恶型[形]成旧社会的一切封建的、反动的势力……土改工作不但消灭了我的教育工作中的改良主义，并彻底地把我解放前的超政治思想转变过来。

在"工作表现"一栏中，韦卓民总结出自己有六条优点：(一)阶级友爱，如关心有病的工作同志；(二)放下架子，服从组织领导；(三)联系群众，态度好，大家愿和我接近，又不闹小圈子；(四)工作主动，不必要我去开的会(因照顾)，我还是去参加；(五)能吃苦，如年老齿落，饭硬不易吃，我每饭都吃下去；(六)虚心，凡不知道怎样工作的就问同志。

对于韦卓民的这个自我鉴定，他所在的小组意见是："同意以上各点。"【韦卓民：《华中大学王家店区土改干部鉴定表》，见"韦卓民个人档案"，原件藏于华中师范大学档案馆。】

1 月中下旬—2 月　参加知识分子思想改造运动学习。韦卓民努力学习。当时指定的学习文件主要有：列宁的《论纪律》、《青年团的任务》，斯大林的《十月革命的国际性质》、《与美国作家威尔斯的谈话》、《论自我批评》，毛泽东的《新民主主义论》、《改造我们的学习》、《反对自由主义》、《在延安文艺座谈会上的讲话》，刘少奇的《论共产党员的修养》等。通过学习，韦卓民的思想有所进步，他根据批评和自我批评的原则，检讨自己的旧思想，向组织汇报了自己过去与美国友人和国民党政要的一些关系。

3月 中共中央发出《关于在高等学校中进行"三反"运动的指示》，指出高等学校的"三反"（反对贪污、反对浪费、反对官僚主义）运动是极其具体、深刻和有效的思想改造运动，要求在运动中特别要依靠学生群众推动教授，批评和打击现在在学校中仍普遍和严重存在的各种资产阶级思想。同时，这个指示还明确要求"每个教师必须在群众面前进行检讨，实行'洗澡'和'过关'"。3月底至4月初，又开始所谓"忠诚老实运动"，进行组织清理。

如此一来，"左"倾过火的做法自不可免，华中大学火药味甚浓，出现了号召公开检举揭发、甚至开"批斗会"的现象，并控诉帝国主义的文化侵略。

韦卓民从此成为华大知识分子改造的重点对象。反复写检讨，总也过不了关。他在一份检讨中写道：

> 我自问对土地改革、三反五反和镇反还没感到切身的关系。我既无大量土地（只有山田一亩，一向不靠它生活），没有商业联系，亲戚朋友最接近的又没有在镇反时被镇压的，所以从自己的利益出发并未感到不满于党……但是在一九五二年的思想改造运动，全校我是最重要的对象……我也尽力在写检讨，何以就通不过。

更让韦卓民难受和想不通的是，学校竟然组织了对他的"控诉会"，让解放前比较了解他的人起来检举揭发，还邀请武汉市各教会的领袖人物来旁听。他说：

我尤其不满意的是某些在解放前和我最近的基督徒学生，他们起来控诉我，叫我格外难受。【韦卓民:《我在鸣放前后所犯的错误和现在的自我检讨》，1957 年 10 月 24 日，见“韦卓民个人档案”，原件藏于华中师范大学档案馆。】

在揭发检举“控诉会”上，有 3 篇文章特别伤害了韦卓民。这就是《韦卓民是一贯的反共反苏反人民》、《旧华大与蒋匪帮的关系》和《揭发韦卓民先生在土改中反人民的言行》。这三篇“奇文”有三个共同“特点”：

第一，戴大帽子。这三篇“奇文”诬陷韦卓民“在解放后的各个运动中执行联合托事部的反苏反共反人民的政策”，“是一贯与进步同学为敌，破坏革命活动”，是“披着宗教和学者的外衣为美帝执行文化侵略任务”。至于具体的“罪证”，则十分抽象和空洞，无非是把韦卓民“检讨”过的一些内容，断章取义，斩头去尾，无限上纲而已。

第二，不尊重历史，歪曲历史。如在抗日战争时期，韦卓民曾在美国进行三次“国民外交”工作，宣传抗日。这本来是有功的。而“奇文”竟说韦卓民宣传抗日，“是站在美帝国主义立场谈的”，“又是和代表蒋帮政府的胡适等直接勾结的”。这说明“奇文”的作者根本不知(或者故意如此)抗日战争时期，中国和美国同是国际反法西斯战线的盟友，国共两党建立了抗日民族统一战线这些实际情况。

第三，威逼利诱。三篇“奇文”的结尾无不说：“韦先生不要自欺欺人，自作聪明，群众的眼睛是雪亮的，希望韦先生悬崖勒马”，“今天谁要目无群众，愚弄群众，谁就要彻底地失败！韦先生，悬崖勒马，回头是岸，党和群众并没有放弃对你的挽救，但是，要求你对祖国对人民不能继续犯罪，要和帝国主义反动派斩断一切联系”，

"韦先生在这次思想改造运动中一直没有老老实实地自己揭发出来(指旧华大与蒋匪帮的关系,笔者按)。他还存在着混关思想。现在群众都站起来了,群众的眼睛是雪亮的,你想混关是不可能的。韦先生莫做梦吧,欺骗不住我们了"。【详见"韦卓民个人档案",原件藏于华中师范大学档案馆。】

5月　中南局宣传部在给党中央的报告中承认,在知识分子思想改造运动中,"一般仍未能很好掌握学校特点,在'三反'中采取和机关大体相同的步骤和做法"。

5月　中共中央向各地发出《关于在高等学校中进行批判资产阶级思想运动和进行清理工作的指示》,总结和肯定了"三反"运动以来批判资产阶级思想的经验,要求各地转入清理中层的工作,并提出在清理工作中必须坚持"不追不逼,启发自觉"的原则。组织清理工作全国统一部署在暑假期间进行。

9月　知识分子思想改造运动结束。

10月　中央人民政府政务院发布指令:"撤销华中大学改制委员会,组建华中高等师范学校建校委员会",校名暂定为"华中高等师范学校"。

韦卓民因年事已高,不再担任学校行政职务,改任政治教育系教授,潜心著述,培养青年教师。他的心态极为平静。他说:"摆脱行政工作是我多年来求之不得的愿望,现在总算如愿以偿,可以一门心思读书做学问了,真是得其所哉!"他在一份材料中也写道,在华大行政任职上,经常被两件事所困扰,一是担心好的教授留不住;二是担心募不到款,脑子里总在想这两个问题,哪还有时间和心思做学问,现在总算可以静下来读书做学问了。【详见"韦卓民个人档案",原件藏于华中师范大学档案馆。】"从那时起一直到他去世的20多年中,不论他身处何种逆境,他基本上是悠然自得地在学术的海洋里游来游去,'不管风吹浪打,胜似闲庭信步',而且始终兴致勃勃，充满了乐趣与自信。道路虽然十分坎坷，但仍然实现了他前半生的宿愿，在文化学术领域里对国家乃至对人类作出了很大贡献。”【曹方久：《一代人师　治学表率——韦卓民先生的做人与治学》，见马敏、周洪宇、方燕主编：《跨越中西文化的巨人——韦卓民学术思想国际研讨会论文集》，华中师范大学出版社，1995年，第188页。】

1953年　65岁

是年　专心致力于教学和培养青年教师以及研究工作。学校安排他准备开逻辑学课程。他的逻辑学、哲学造诣很深。由于当时提倡学习苏联“老大哥”，于是他抱着向苏联学习的目的，放下架子，耐心而认真地去听曾在中国人民大学跟苏联专家进修过逻辑和哲学的青年教师曹方久的课。曹方久教授回忆说：“韦先生宽容大度的诚恳态度，我至今忆及此事仍感十分惭愧。”他还说：“当时，为了学习苏联，他在已精通数国语言的基础上，不顾年逾花甲之迈，又开始学习一门新的外语——俄语。不数月就达到了能翻译专业文献资料的水平，使他在科研的大道上，又多了一根手杖。当时一些正在学习俄语、但有畏难情绪的年轻人，从他这种老而弥坚的精神中大受鼓舞。”【曹方久：《一代人师　治学表率——韦卓民先生的做人与治学》，见马敏、周洪宇、方燕主编：《跨越中西文化的巨人——韦卓民学术思想国际研讨会论文集》，华中师范大学出版社，1995年，第193页。】

暑假　回广东老家省亲。

是年　武汉市委组织马克思主义哲学讲师团，向全市广大干部宣讲马克思主义哲学。著名哲学家陶军是讲师团的重要成员。韦卓民十分佩服陶军，为了丰富自己的学识，跟上时代发展的步伐，韦卓民不耻下问，虚心向陶军学习马克思主义哲学。他经常与陶军交流学习马克思主义哲学的体会，还把自己研究的学术成果送陶军请教，并虚心听取陶军的意见。

韦卓民撰写的《形式逻辑纲要》书稿手迹

1954年　66岁

是年　担任政教系、生物系等本科生形式逻辑课程的教学任务，并给政教系青年教师辅导形式逻辑。

武汉大学著名教授张巨青等当时校外青年教师都慕名而来听他讲课，足见韦卓民在武汉地区乃至全国教育界、学术界的影响之大。

秋　在华中师范学院政教系工会小组会上给院领导提意见，认为“学院的政治报告不能动人，应该请院外的高级领导和市委书记李尔重等人物来院作报告，因为这样才能听到生动的斗争经验和水平高的马克思列宁主义理论”。【韦卓民：《我在鸣放前后所犯的错误和现在的自我检讨》，1957年10月24日，见“韦卓民个人档案”，原件藏于华中师范大学档案馆。】

1955年　67岁

2月　在《华中师范学院学报》创刊号上发表学术论文《形式

逻辑教学图解的商榷》。他在论文导语中写道:“图解是形式逻辑教学的一种直观方法,形式逻辑沿用瑞士欧拉的图解百余年,形式逻辑家与教师常常感到这一套图解的缺点,虽多方加以修改,但是还不能免除其根本上的局限性,曾提出过各种其他图解的方式,本文不能一一详加论列,只说明作者在多年教学中所采用的一套图解,以就正于形式逻辑教师同志。这一套图解也不是作者所创作,乃是根据别人原来提出的一种图解,而在教学上应用到比较广泛的范围,可能有不合科学的地方,希望大家批评,藉以改正。”【《韦卓民学术论著选》,华中师范大学出版社,1997 年,第 195～196 页。】

4 月 认真学习恩格斯的《自然辩证法》和毛泽东的《矛盾论》、《实践论》,写出重要学术论文《恩格斯论归纳法》,发表在《华中师范学院学报》1955 年第 2 期上。这篇论文的选题来自教学实践,切入问题的角度新颖。韦卓民在论文开篇便写道:归纳推理是形式逻辑的一个重要组成部分,但是我们在学校教学中讲到归纳推理的时候,常常对于归纳推理的结论是盖然性的抑或是必然性的这一问题不能弄得很明确,因而引起学生怀疑归纳推理的正确性。

他认为,归纳推理一方面为演绎推理的依据,另一方面,归纳推理又是科学研究所用的方法。对于归纳推理结论不能决定其是正确性、必然性,则必然对于演绎推理亦发生问题,对于科学研究及科学研究的成果,都会引起怀疑,“所以归纳推理的结论是盖然性的抑或是必然性的这一问题不可不加以讨论”。他指出,认为归纳推理的结论是盖然性的人们,常常引用恩格斯在《自然辩证法》中关于归纳推理的论述,但并不注意它所指的是哪一种归纳推理,“因此有必要进一步理解恩格斯的思想,掌握其论证的精神实质”。

该文首先论述了归纳法的本质。

在引用了毛泽东关于认识有两个过程,即“一个是由特殊到一般，一个是由一般到特殊”的理论观点后，韦卓民指出：“这是毛主席对逻辑的归纳法和演绎法所下的正确而简洁的定义……归纳法的本质就是在个别特殊的事物中发现其存在的一般，发现个别特殊事物的本质以求其类别，发现事物的相互联系，特别是它们的因果联系，以知其如何由内在的特殊矛盾而变化而发展，以知其变化发展的规律。不深入体会毛泽东这一指示，就无从理解逻辑所讲的归纳法。”

其次，韦卓民在论文中论述了归纳推理与演绎推理的辩证关系。因为人类的认识过程首先是从对个别特殊事物的认识开始，通过归纳的方法，分析、比较、抽象、概括、类化等而认识一类事物的共同本质。有了这种对共同本质的认识，进而可将这认识作为一定范围内的原理，以之来应用于尚未深入理解的、却属于同一范围的即同一类别的事物。所以，“演绎法是以归纳法所获得的成果为其依据和出发点的……归纳为演绎之依据，而演绎又为归纳所必需，两者相互依存不容分割……而且归纳之成果，应用于尚未研究或尚未深入研究的同类事物，以继续检查这归纳的成果，从而补充它，丰富和发展它”。

再次，韦卓民在论文中指出，在马克思主义辩证唯物主义产生以前，唯心主义的逻辑家，对归纳推理的问题始终无法予以彻底解决，“这个问题的解决，必有待于马克思主义的辩证唯物论”。

在他看来，那些认为归纳推理的结论是盖然性的学人，他们对恩格斯在《自然辩证法》中批评归纳法的论述未能准确、全面地理解。因此，“我们不得不审慎地研究恩格斯对于归纳法的批评了”。

韦卓民指出：“恩格斯在《自然辩证法》中批评归纳法，主要有三个不同的对象：一、归纳法草率的概括；二、亚里斯多德的归纳三段论式；三、归纳万能论。”并对这三个问题进行了详细的分析研究。

最后，韦卓民对恩格斯在《自然辩证法》中论悟性与理性一段容易产生歧义的话进行了深刻的分析。这段文字原是札记性质，初读是很难理解的："整个悟性活动，即归纳、演绎以及抽象……对未知对象的分析……综合……以及作为二者的综合的实验……是我们和动物所共有的。就其种类讲来，这一切方法——从而普通逻辑所承认的一切科学研究手段——对人和高等动物都是完全一样的。它们只是在程度上（即每一有关的方法的发展上）不同而已。"理解这段文字必须弄懂"悟性"一词的本意。"悟性"是一翻译名词，究作何解？他从《说文》、《辞海》的释文分析起，又考证出"悟性"是恩格斯所用德文的 Vestand 之译，"理性"是其德文 Vernunft 之译。Vestand 译为悟性，毋宁译为认识或分辨。他指出，理性（德文 Vernunft）才是我们所讲的思维。据此，恩格斯这段文字才可理解。他特别强调："从文字的表面以理解恩格斯，尤其是以此法读恩格斯的《自然辩证法》难免望文生义之弊，不见其可。明乎此，方可读恩格斯，方可言恩格斯之论归纳法。"由此，我们可见韦卓民治学态度是何等科学与严谨。

7 月 21 日 中共湖北省委作出《关于贯彻中央关于展开斗争肃清暗藏的反革命分子的指示的决议》，决定在全省各级机关、团体、工厂、企业、部队、学校中，分期分批开展肃清暗藏的反革命分子的运动，以提高全党和全体人民的政治觉悟，纯洁革命队伍。

8 月 肃反运动在华中师范学院全面展开。韦卓民成为重要对象。

9 月 韦卓民及其长子韦宝锷的家被搜查。韦卓民回忆说：

> 一九五五年八月我院肃反运动期间，我十六天不能离开宿舍，每日有干部守住宿舍门，甚至家属工友上街买菜还受检查，而事后又没有结论……同年九月初旬我同宿舍的一个教工受到公安局的搜查，连同我和我的儿子韦宝锷一家都被搜

查过三天四夜，夜里睡觉还不能熄灯，虽然没有搜出什么东西，而且公安局小组长对我并很勉[严]厉地说，这不是搜查我，乃是附带看看，是对我有好处的。【韦卓民:《我在鸣放前后所犯的错误和现在的自我检讨》，1957 年 10 月 24 日，见“韦卓民个人档案”，原件藏于华中师范大学档案馆。】

1956 年　68 岁

是年　完成讲稿《康德哲学介绍》，约 2 万字。

是年　完成学术著作《培根与其新工具》(13 万多字)及培根著《*Atlantis*》的译文，已交商务印书馆审稿，在排版后因故未出版。《韦卓民学术论著选》选录了该书的第一章《论培根在西方哲学史上的地位》和第六章《培根论“模”》(原标题为《培根之所谓“模”是什么》)。

在《论培根在西方哲学史上的地位》与《培根论“模”》中，韦卓民首先比较全面地概述了欧洲学界包括马克思在内的著名学者对这个问题研究的学术史，然后对培根进行了客观评价。

完全可以肯定的就是，培根在当时大声疾呼“知识就是力量”，提倡科学研究的一种新方法，强调科学研究必须遵循有系统的步骤，提出他认为适合于研究自然、发现自然奥秘的科学归纳方法，将其称为《新工具》，以别于从亚里斯多德传下来他认为不合时宜、毫无实效的《工具论》，这些都有合理性，且有积极的历史作用。他认为传统逻辑所谈的归纳法只是简单枚举、只要一个相反的事例就推翻其结论的一种方法，这是不能揭发自然的秘密使人类能控制自然、改造自然以增进人类的利益的。当然他不免因噎废食，把归纳法和演绎的思维对立起来，因而有矫枉过正的片面性。他提倡实验科学，认为自然科学是科学的最重要部分，而以物理学为自然科学的典范，因为它完全以感性认识为基础，依靠实验的观察而得出结论以窥破自然。

……

虽然是这样，虽然以当时的科学发展而论，培根可说还没有赶上世界的科学先进水平，但是他在欧洲思想史上是肯定有其重要地位的。尽管他的科学视野比较狭隘，他的科学知识比较落后，保守着某些过时的成分，可是他的哲学立场是新颖的，不只是不满意于束缚人们思想的腐朽经院哲学，而且对它是公开反抗，大力斗争的。他在其思想的探讨上，从方法来讲，不只毅然决然地冲破了当时教会的权威，冲破了数百年在学术上占统治地位的权威，并且刚毅果敢而坚决地提出对于历史、对于社会、对于自然的新看法，提出人本主义的新看法。他在其新哲学上不只正确地反映了当时的时代精神，而且他纵然不全面认识却能体会到先进科学的方法，运用他所很好地掌握着的文学笔调，把这新的精神和新的方法在他的著作中提供出来，博得思想界的赞成和拥护。《新工具》一书就是这种著作之最突出的。尽管我们认为《新工具》所提供的科学归纳法不是完全科学的，不是我们今日所知道的科学归纳法，可是培根这本杰出的著作已经是在言人之不敢言，从逻辑发展史来讲，是一本划时代的著作，肯定地有其历史的伟大意义的。在这本名著中，培根大力抨击了从经验直接得出的草率结论。他告诫人们：不细致分析事实、深入了解事实，轻率地作出结论，是科学进展的大敌人。对学术界盛行的不良风气，他给予了无情的揭露和批判。他虽然反对猜测自然(anticipation of nature)而主张解释自然(interpretation of nature)，但是他所反对的是无事实根据的猜测，纯粹主观的猜测，不是以事实为根据合情合理的科学推测。纯粹的主观猜测和科学的推测是毫无共同之处的。培根在《新工具》一书里就是要强调以科学的正确方法来规范、指导科学探讨中的推测。这一点确是培根的贡献，在逻辑史中，在西洋哲学史中不可磨灭。《新工具》之为新工具就是这一点。这工具完全是新的吗？它是否真正能取亚里斯多德的“旧”工具而代之呢？还有待于我们的研究。这些问题的答复也就是培根在哲学史中的评价。

……

培根是把事物的性质和事物的模明白地区分开来了。所谓性质，就是简单的属性，如热、红色、白色、浓度、稀度等，而其模，则一物之为此物的理。法国哲学史家禅尼在其《哲学史》一书中(法文原版第 1014 页)亦得出与此同样的结论。可是一物之为此物之理，就是亚里斯多德与中世纪经院哲学家的形式原因，即培根在前引文中所谓“人们拼命要发现的”东西。他之所谓原因是潜在于事物的(Causa immanaus)，其结果不过是潜在原因的表现，所以事物与其潜因之不同只是事物是可见的而潜因是尚未发现的，事物是表，潜因是里，事物是现象，潜因是本质，原非两物，实是一体。他在《新工具》第 2 卷箴言 13 里写道：“一件事物的形式(模)即是事物本身，而且事物同模相异的程度只不过如外表的和真实的之互相差异，外部的和内部的之互相差异，从人的角度来看和从宇宙的角度来看之差异。”据此，则所谓模者，只是事物的本质，一事物之为此事物之理，事物发生与存在的一定法则。而这法则从整个宇宙的性质看来，不能不是这样的。这是从上面所曾引用过的《新工具》第 2 卷箴言 2、13、17 各条所必然得出的结论。培根的科学研究是侧重于事物的形式原因的。“可见，培根认为，科学的真正任务，就是要找出几条基本的、高度抽象而最一般的物质属性，由于这些属性的配合就会得出我们周围各种单纯的性质和各种复杂的现象。所以他对于宇宙的总的观念可以说是机械的、静止的；他认为每一个现象的原因是本来存在于这现象之本身，通过充分的正确过程，就可把这原因搜寻出来，使之变为明显。原因既得，人类便恢复其控制自然的权力，因为凡能掌握事物的模的人，都知道如何尽其可能使一定的性质附加在各种各样的物质之上，而不必在工作上为某种物质的基础与其原有种种动力之所限制。所以据培根的看法，理论分析的最后一步就是实践的行动的开始”。【《韦卓民学术论著选》，华中师范大学出版社，1997年，第15、17～18、25～26页。】

第七编　蒙难岁月

（1957年—1976年3月）

1957年　69岁

2月　在《华中师范学院学报》第1期发表学术论文《对法郎士·培根关于科学研究问题的贡献和他的逻辑归纳法的估价与批判》。

3月12日　在中共中央召开的全国宣传工作会议上，毛泽东谈到整风问题，再次指出："中国共产党是一个伟大的党，光荣的党，正确的党。这是必须肯定的。但是我们还有缺点，这个事实也要肯定……在我们的工作中间成绩是主要的，但缺点错误也不少。因此我们要进行整风。"【《毛泽东文集》第7卷，人民出版社，1999年，第274页。】

4月27日　中共中央政治局会议讨论通过了《中共中央关于整风运动的指示》。

4月30日　毛泽东和中央其他领导人在天安门城楼约集各民主党派负责人和无党派民主人士举行座谈会，请他们帮助共产党整风。

5月1日　《人民日报》发表《中国共产党中央委员会关于整风运动的指示》，以此为标志，整风运动正式开始。

5月4日　《华中师院》周刊第172期在第一版发表社论：《学

会正确处理人民内部矛盾，赶上新形势》，认为这次学习的好坏，“将决定着我们整个国家的社会主义建设事业进展的快慢，将决定着我们学院能否成长得更快些，也将决定着我们每个人在这一壮丽的事业中能否贡献出更大的力量来”。社论说，这次学习的特点，“就是谁也不是整谁，既不是领导要把群众整服，也不是群众要把领导整垮，而是同志式的大家来解决共同的问题”，“我们希望：各级领导要放手，要相信群众……我们‘放’得越彻底，领导就会对问题了解得更全面、深刻，从而才会更加强其克服缺点、改进工作的决心；我们广大群众也才会根据所揭露出来的大量的问题，掌握丰富的材料，使问题在讨论解决中更具有充分的根据，从而使问题解决得更合理，妥善。”

该刊第二版以《放手贯彻“百家争鸣”的方针》通栏标题，刊登了韦卓民、卞彭、黄溥、张舜徽、苏宏汉、曾纪绥、邵子风、杨善基等8位先生在4月28日晚召开的贯彻“百花齐放，百家争鸣”座谈会上的发言。韦卓民的发言如下：

> 百家争鸣是遵循毛主席讲话精神解决人民内部矛盾最好的形式之一。真正批评并不容易。不仅因为人们不愿意，而且批评必须针对着批评的对象，尤其是老年知识分子，“人之不同，各有其面”，总括起来看人，是不通的。不愿意认识对方，批评就是教条主义。所以，没有调查，就没有批评的权利。当然，就各人自己来说，不鸣，无言无行，人家也无从认识你；必定要鸣，然后知道你是什么鸟。
>
> 争鸣有两种：一种是学术上的鸣，什么都可以争，甚至对马列主义都可以争，这个精神很正确。马列主义总是人说出来的，白纸黑字，各人根据本人的经验来体会，难道句句都是绝对真理，我就不相信，总有一些是相对

真理，受历史条件的限制。毛主席指示说要在中国的条件下发展马列主义，这很令人兴奋。我主张是花即放，否则别人何以知道你是花。说话不要半吞半吐，使人不知道你是说笑话，说真话；是骂人，是恭维。要开门见山，这是新的阶段的新态度。

一种是行政上的鸣，过去是不敢鸣，也不知对谁鸣。听比鸣还要难。听，要认识自己、对方和周围。当领导，要学公冶长善辨鸟音，学伯乐善识良马。旧知识分子是不好惹的“动物”，好像乌龟，一打它，就缩进硬壳去再也不出来了。过了长久，又探头望望风声；如果再打，就又缩回去。知识分子最敏感，冷也冷不得，热也热不得。所以对知识分子的安排和使用，总要使他伸出头来。如果鸣了一两次，听着不懂，时间久了，就有不平之鸣，就不好搞了。同时，要让一般人知道行政措施。如果布票对折使用，为什么早不协商。又如五月一日起上午提早半小时改为七点半上课，我们这些住家的人，就得四点半起床，然后才赶得上搭车去南湖。对这样的问题，不知道鸣了以后有无公冶长；而且说改就改，也无机会鸣。（编者按：秘书室对夏季作息时间的更改，已通知暂不执行，再作研究。）这就是教条主义、命令主义。有人说，这是来个下马枪的做法。依我看，各级都要有统战机构、协商制度。现在只有了“官”参加，没有群众，官僚主义和片面性自然出来了。“鸣以后，有没有政治后果，譬如再来个肃反，如何得了。”依我看，为了一个目标，革命者流血牺牲都在所不惜。只问我对不对，不必问他对不对。思想改造、肃反都没有坐牢，这次怕什么。

5 月 10 日 《华中师院》周刊第 173 期在第一版发表通讯：《院党委常委会接见本刊记者 重申“放”是不可动摇的方针》。

華中师院

周刊 第173期 本期共四版

1957 年 5 月 10 日（星期五）出版

院党委常委会接見本刊記者

重申「放」是不可动搖的方針

学院領導深入实际

親自下系了解情况，听取意見

生物系教师討論修訂教学計划

参加体力劳动

《华中师院》第 173 期照

5 月 13 日 中共湖北省委制定《执行中央〈关于整风运动的指示〉的初步方案》。《方案》规定，湖北省整风运动大致分省级和专区级机关、县和区级机关、乡级机关三批进行，1958 年底以前结束。

5 月 15 日 毛泽东写了《事情正在起变化》一文，发给党内高级干部阅读。文中指出：“最近这个时期，在民主党派中和高等学校中，右派表现得最坚决最猖狂。”“现在右派的进攻还没有达到顶点，他们正在兴高采烈……我们还要让他们猖狂一个时期，让他们走到顶点。他们越猖狂，对我们越有利益。人们说：怕钓鱼，或者说：诱敌深入，聚而歼之。现在大批的鱼自己浮到水面上来了，并不要钓。”“右派有两条路。一条，夹紧尾巴，改邪归正。一条，继续胡闹，自取灭亡。右派先生们，何去何从，主动权（一个短时期）在你们手里。"【《毛泽东选集》第5卷，人民出版社，1977年，第424、427页。】

6月3日—4日　韦卓民应邀出席武汉市党委召开的座谈会。这次会议的主题是"怎样更好开展各单位的鸣放"。他在第一天的会议上发言，"内容主要是报道我院鸣放还有顾虑"。【韦卓民：《我在鸣放前后所犯错误和现在的自我检讨》，见"韦卓民档案"，原件藏于华中师范大学档案馆。】

6月8日　中共中央发出《关于组织力量准备反击右派分子进攻的指示》。同日，《人民日报》发表了题为《这是为什么？》的社论。以此为标志，反右派斗争正式开始。

6月14日　华中师院教工会编《学习快报》第10期刊登记者文《访韦卓民教授》，全文如下：

访韦卓民教授

一、教授的心

自由的风把我们从南湖送到了院部。

在一间简朴而清静的房子里，窗台上的花瓶中正在喷香……。政治教育系韦卓民教授自1929年以来就一直居住在这里。为了人民，他曾在这里流出了多少血汗。

教授正在翻译一本《逻辑》，并准备在武大开西汉[洋]逻辑史。师生之间的话谈开了。

"您的教学不会影响您的科学研究吗？"

"教书是我的乐趣，……不教书就会脱离群众……不教学就没有生活。"

按照韦老的十二年规划，准备再教书三年半。那时，将是韦老从事教育事业的五十周年了！

他的每一句话都充满着对青年的爱，当谈到对青年的期望时，热泪从眼腔流出来了！……崇高的教授的心啊！

让全社会都知道吧！教授是怎样为人类造福的。

二、肃反问题

"韦教授对肃反的看法是怎样呢？"

"肃反开始时还搞了我一下，十六天不能出门，儿子（物理系副主任）出外也要'请假'，我不在乎，看了十六天的俄文逻辑。我相信两件事。我相信党的领导；我相信自己没问题，是非自然能清……。"

韦老谈到许多次运动的缺点和错误时，提出十二个字："叫人作伪，不负责任，好大喜功。"韦老说，不应该伪造证件，逼供，不负责任。10%的事实不应该说成100%。检举不负责任就会是非不明。肃反的偏差在于好大喜功。以为"5%"成绩才大，没有看到假使都不是反革命分子也是有功。扩大了肃反面，重犯了斯大林的错误。这是马克思主义水平不高。中央并不是要多出反革命分子。

韦老再三指出："肃反是有成绩的。我不承认肃反没有成绩。成绩主要在于搞清楚了大多数是好人。搞出几个反革命分子是消极的成绩；搞清了好人是积极的成绩。

"搞清了大多数是好人就应该使用。但是，莫名其妙！……党知道我不是反革命，我知道我不是反革命，同学却不知道我不是反革命，形成任何人的关系割断……，使各个人孤立起来。马克思主义是主张普遍联系的，而我们造成的是孤立，师生不相往来，六亲灭绝，学院一盘散沙……怎么成个社会呢？是无政府状态，是反马克思主义！作为老教授，对此很感忧郁痛心！马克思主义是要我们团结。

"希望同学们把现象摆出来，追根，找原因，边找边罗列，边深入。追根不应该报复，而是为了解决人民内部的矛盾。应该对事不对人。对人不对事是偏差。但人和事是联系的；事总是表现在某个人身上。因此，要治病救人。”

三、执行知识分子政策中的问题

“您对党委执行知识分子政策的情况有何感想?”记者——教授的学生问。

“搞得很坏。”韦老就这一问题谈开了。

“学校中对我是很客气的。二级教授，工资改革前不收房租……”

但是还存在很多问题。

不尊重教授。抗战前，宅旁是韦老亲手培植的果树，“后来被砍掉了，我不知道，真气愤。”一种惋惜的声音，促使记者试探的用眼光溜出窗外——一片被太阳晒得发白的空地上，孤零零的几株野草在战栗着……。韦老说得好：“在共产主义社会还应该有个人财产。”我们认为：这不仅是对教授的不尊重；也是对一个公民的不尊重。

充分发挥和利用教授的积极性、科学知识及组织才能潜力是很不够的。

思想改造前，韦老当过几十年的校长，该具有丰富的教育行政领导经验吧！可是，院领导从未向他老人家问一问，请一下教。更严重的问题还在于没有积极的支持韦老的科研工作，甚至埋没了珍贵的科研成果。韦老说：“没有谁问过我一句：‘你究竟学什么的?’教形式逻辑是我的副业。翻译无人问，院外倒知道……。1955年7月10日，《亚里士多德逻辑》一书交到学院，拖到去年3月才送到科学院，不然已出版多久了……。”是因为这本书没有价值吗？不！科学院作了很高的评价。

记者们提请领导上客观地估价老教授的进步性、积极性和科学潜力。正如韦老所说:“老年知识分子并不可怕,不会造反。”“相信党的领导。”“愿意拿出自己的东西传给后代……收徒弟。”“要活 100 岁……作 12 年科研规划”……。

写到这里,我们不禁要为老教授们发出强烈的呼吁:

学习快报

坚决支持正确的反批评

两院各民主党派组成联席会议

访韦卓民教授

《访韦卓民教授》文照

①恢复韦老亲手培植的果树。

②检查执行知识分子政策中的缺点和错误。

从发展上估价老教授的进步性，不要教条式地以为他们是从旧社会来的。充分发挥和利用教授的积极性和科学研究潜力。

四、党的领导

"党应该领导学校——我在任何场合都这样说。问题在于加强领导，如何领导。我教逻辑的内容，党不能领导……。科研会，党应该领导，但应该和教师们商量有关办法等问题。"

五、韦老谈鸣放

韦老高兴地说："'鸣''放'的方针很好……，同学们'鸣''放'得很好。"

并且逻辑地指出"鸣""放"的"三部曲"：第一，收集罗列材料。第二，分析材料，分析与鉴别是否大公无私的材料。寻找根源，追根不应该报复，而是为了解决人民内部的矛盾。第三，解决问题，改正错误。当然整风有两年，不能几周就解决问题，但领导上听了以后要有行动。

"要帮助党整风，我们是前奏曲，这是救党救国的运动。没有共产党就不能建设社会主义。……解放后，我曾经当过长期的空想社会主义者。我们迫切要求党领导。根除三害，人人有责。否则，后生可畏。马克思主义者要治病救人。犯'三大主义'的人不是敌人，他中了毒，要把他挽救出来，成为一个好党员！培养一个党员比培养一个大学生还要困难，不要轻易弄掉！"

"什么是'大民主'，'小民主'？……旧社会两个人有分歧，在茶馆里坐下来谈是'小民主'，打官司是'大民主'。我认为拍桌子是'小民主',你拍,我也可以拍。写大字报是'小民主',你写,我也可以写。游行示威是'大民主'。……宪法规定可以游行示威,……但只要还有一点希望时,都是用'小民主'好。以理服人……。"

六、给青年的话

"您还有什么话要向我们讲吗?"

韦老甚有风趣的答道:"我在上课时常说:只能你们提问,我来答疑!"

"运动的目标是帮助党整风,办好学校,建设社会主义。要平心静气,不要动意气,对事不对人(韦老激动的流泪了),当然要尖锐。不要从个人主义出发,个人主义必须制止。"

注:①本文不涉及韦老个人的事情。

②本文经韦老看过。韦老很客气地说:记者们在第三部分提出的第一个要求不必要。

太阳报:欧日怀　黄友伟　何葵华　岑伟志

团结报:杨善祟　岳靖川

6月29日　《学习快报》第5版发表署名文章《不同意韦老对"肃反问题"的估计》,韦卓民开始受到批判。摘要如下:

报载:"韦老谈到许多运动的缺点和错误时,提出十二个大字:'叫人作伪,不负责任,好大喜功。'"此"叫人作伪……"等句的前面,虽然未有主语,但叫人一看就知道是指的共产党在"叫人作伪,不负责任……。"我认为这是对共产党的恶毒污蔑。"许多次运动"当然包括"镇反"、"三反五反"、"肃反"等等运动。难道共产党是和国民党反动派的“宁愿误杀一千不放走一个”一样的在“叫人作伪”吗？您说共产党“不应该伪造证件”，试问，共产党“伪造”了多少证件呢？请明确地告诉我们，我认为共产党是实事求是的，我认为共产党对社会主义，对人民是负责任的，正因为如此，党才领导了中国人民进行了一系列的一次比一次更加深入的社会改革运动，正因为党是负责任的，才提出“有反必肃，有错必纠”的方针。韦老说我国的肃反工作“重犯了斯大林的错误”，我认为这是一种挑拨，难道我国肃反工作的“偏”，就和“斯大林的错误”一样杀死了一些好人吗？韦老认为肃反的结果造成“师生不相往来，六亲灭绝。学院一盘散沙……怎么成个社会？是无政府状态，是反马克思主义！”这与葛佩琦认为“肃反”工作搞糟了的反社会主义言论有何区别呢？韦老在估计我国“肃反”工作的成绩时说：“成绩主要在于搞清楚了大多数是好人。搞出几个反革命是消极的成绩，搞清好人是积极的成绩。”我认为这完全是对我国“肃反”成绩的歪曲。全国肃出了好几万个反革命分子，难道只是所谓“消极”的成绩吗？韦老的言外之意，就是认为“肃反”工作搞糟了，斗错了，怀疑错了不少的好人，连他也被搞了一下，“十六天不能出门”，冤枉了他。请问，难道在对暗藏的敌人进行斗争时不应当大胆的怀疑吗？依韦老的逻辑推起来，苏联影片“306 号案件”中的公安人员就不应该怀疑，审问老医生的女儿——留德米拉了吗？

试问“肃反”肃出了好几万反革命分子，怎么只是“消极”的成绩呢？在肃反工作中所清查出来的反革命分子一个也未杀掉，怎么是“重犯了斯大林的错误？”怎能搞成“六亲灭绝”呢？韦老说出此种话，用心何在？值得我们思索。看来，韦老是相信党的，是拥护马克思主义的，正因为如此，才更值得我们深思。

7月13日 《学习快报》第5版刊登《韦卓民在党委召集的座谈会上的发言》。该文“编辑前记”说：“对韦卓民先生这篇谈话，我们认为有不能已于言者的地方很多。但因为限于篇幅，我们只就陋见所及，就其荦荦大者，加以按语，全文发表。希望读者提出意见，共同研究。”按语带有指导性，号召全院师生，进一步深入批判韦卓民，使批判韦卓民突然升级。

《学习快报》第6版整版刊登署名文章《驳韦卓民先生对许多次运动的估价》。第7版用将近一个版面的篇幅刊登署名文章《从“访韦卓民教授”这篇谬论谈起》。

学习快报

1957年7月13日（星期六） 5

韦卓民在党委召集的座谈会上的发言

《韦卓民在党委召集的座谈会上的发言》

学习快報

1957年7月13日（星期六）

驳韦卓民先生对許多次运动的估价

学习快報

1957年7月15日

韦卓民的反党实質是掩盖不住的

——評韋卓民先生的發言

学习快報

1957年7月13日（星期六）

从「訪韋卓民教授」这篇謬論談起

初战韋卓民

（上接第一版）

批判韦卓民教授的部分文章

7月15日　《学习快报》第4版刊发署名文章《韦卓民的反党实质是掩盖不住的——评韦卓民先生的发言》。

7月16日　《学习快报》第11版刊登《初战韦卓民——政教系教工辩论会纪要》。

7月17日　《学习快报》第2、3版以通栏标题《揭露和批判韦卓民反党反社会主义的右派言论》。批判韦卓民的火药味越来越浓，称韦卓民接受记者采访和在党委座谈会上的发言是右派言论。

7月18日　《学习快报》第1版刊登长篇报道《全院教工集会批判韦卓民反动言论　韦卓民狡猾抵赖继续作伪》。

7月19日　《学习快报》第1版刊登长篇报道《警告韦卓民不

要自绝于人民！全院教工继续集会批判右派分子韦卓民　对韦卓民态度仍不老实表示极大愤慨》。

7月22日　《学习快报》第33期为《揭露和批判反党反社会主义的韦、戴、黄集团专刊》，共8个版面。第1版刊发短评：《起来，彻底粉碎韦、戴、黄集团向党的反扑》。专刊刊发的文章有《复辟者的勾当——记反党反社会主义的韦戴黄集团》(1—4版)、《揭穿黄溥的反党阴谋》、《黄溥外出参观到处点火》(5版)、《韦卓民是国际知名学者么?》(5版)、《韦卓民如何歪曲诬蔑党的知识分子政策》(6版)、《韦卓民教授是怎样欺骗我们的》、《老教师谈有所作为的韦卓民》(7版)、《不许韦卓民污蔑思想改造》、《请大家看看：这是什么话》(8版)。

8月12日　《学习快报》第6版刊登记者集体采访的报道《让事实说话——驳韦卓民之流污蔑我院"糟得很"的胡说》。

是年　专著《亚里斯多德逻辑》由科学出版社出版。该书出版不久就被那个嗅觉特别敏感的所谓"党内理论家"康生诬蔑为"反动逻辑"而打入冷宫，"这倒从反面说明了它的价值"。【曹方久：《韦卓民——沟通中西文化的巨人》，载《武汉春秋》1996年第5期。】

1958年　70岁

3月3日　华中师范学院党委负责人作《关于处理右派分子的动员报告》，全院共有353人被戴上右派分子帽子，其中教工91人，学生262人。韦卓民被错误打成极右分子。【马敏、汪文汉主编：《百年校史》(1903年—2003年)，华中师范大学出版社，2003年，第284页。】

3月13日　韦卓民在所谓右派"罪行材料"和处理结论上签字，并写道："我同意党对我的罪行所作出的结论并接受党对我的宽大处理，结论中有十点，我主观上认为和我能回忆到的事实是有出入的，谨提供出来供党参考。”【“韦卓民个人档案”，原件藏于华中师范大学档案馆。】

这个“罪行材料”给韦卓民罗列了四大罪状：其一，韦卓民是我院韦戴黄反党集团的元帅；其二，反对中国共产党的领导；其三，攻击诬蔑历次政治运动；其四，到处点火放毒。具体罪证十条：

一、关于“韦、戴、黄反党集团”问题。

二、关于反对党的领导问题。

1.他从根本上否认整个党的先进性和党的领导作用。他说：“党群之间的鸿沟是由革命先进和革命落后之间划出来的，有些旧知识分子是反动的，但也有共产党员是反动的。因此，不能把党与非党作为划分先进和落后的界限。”

2.他对我院党委进行恶毒的攻击与诬蔑，主张取消党委制。他说：“几个党委高级干部对学院领导是外行”，“几年来把学校当军队办”，“用打游击的办法办学校”，“只讲口号，不讲实质”，“把学校办得一团糟”，“外行不能领导内行”，“如果不熟习业务就不能领导”等。

3.认为“我们学院错误是主要的”。

4.韦卓民说“系里用支部领导，领导什么？这是一堵墙，把系和院挡住了”，还假借别人的话骂党支部书记“是特务”，攻击积极分子是靠墙生活。

三、攻击诬蔑历次政治运动问题。

1.韦卓民在思想改造运动中说：“叫人作伪，好大喜功，不负责任”，说思想改造“是培养某些人搞某些人”，是“搞人的宗派斗争”，“逼人说假话”，“忠诚老实运动实在是说谎运动”等。

2.对于肃反，他说是“借故整人”，肃反的“主要成绩”和“积极成绩”是“全国肯定了98%以上是好人”，“搞出几个反革命是消极成绩”,“肃反的后果是使各个人孤立起来……六亲灭绝”,并得出结论是“扩大了肃反面,重犯了斯大林的错误,是反马克思主义的”。

3.关于诽谤我国民主制度问题。他说:“社会主义民主不是真正的民主,是过渡性的民主”,宣扬“资本主义民主比社会主义民主好一些”,“瑞士的民主是最好的民主”等。

四、关于“到处点火放毒”问题。

1.他诬蔑党的知识分子政策“搞得很糟”、“党不了解知识分子”,“不信任知识分子”,党脱离知识分子,说他“在思想改造后被一脚踢开了”。

2.关于“煽动学生起来搞大民主”问题。

他说整风是“救党救国运动。根除三害人人有责,否则后生可畏”,“宪法规定,可以搞大民主”。他在1958年3月对右派结论保留意见中说:“我没有意思叫学生搞大民主,我是怕大民主的,我是说小民主能解决问题,何以要大民主。”

3.关于“在宗教界进行点火放毒”问题。

他说“现在共产党员和青年团员的威信低落了,这正是我们教会抓紧工作的好时机,再过两年就迟了。”

3月21日 湖北省文化教育部签发0075号文,批准了华中师范学院党委的报告。韦卓民被错误定为极右分子,予以保留教授职务,降级、降薪(由教学2级降至6级),被撤销武汉市政协委员和湖北省对外文化协会副会长职务。

从此,韦卓民被停止一切工作,留在家里写检讨,深刻反省。他“在家闭门思过好几个月”,陷入极大的痛苦之中。为了帮助他改造思想,这期间,学校曾派王国琛(南下干部,总务处长)带领他与另外两名老年右派黄溥、杜景堂“前往(武昌)纸坊附近大桥乡参观农业高级合作社。”【韦卓民:《第二次自我检讨》,见“韦卓民个

人档案”，原件藏于华中师范大学档案馆。】

11月　教务长陶军去韦卓民家拜访，并给他安排工作。韦卓民在《第二次自我检讨》中说：“反右斗争后，好几个月我没有工作……1958年11月，陶教务长叫我在外语系搭一个勾，进行哲学翻译工作，我立刻接受任务。”陶军还表示，愿意为韦卓民的译著出版提供帮助。

自从接受了陶军交给的任务后，他就制定了严格的翻译计划，除备课、讲课外，没有星期天，没有节假日，坚持每天译出5000字。韦卓民翻译康德哲学时，始终遵循一条重要的原则，这就是一定要忠实于原著。他自己说，为了在翻译中不失康德原书的本意，“所以，以‘信’为主而尽量求‘达’，至于言‘雅’，则所未逮”。【韦卓民：《〈纯粹理性批判〉中译本前言》，《纯粹理性批判》，华中师范大学出版社，2000年，第6页。】他之所以有这样的认识，是因为他在华中师范学院为中青年教师讲康德哲学时，痛感旧译本有不少不妥和漏译、误译之处，译文又很陈旧，增加了学习和掌握这部必读之书的难度，实有重译的必要。

从反右派斗争到“文革”前夕，在这短短数年内，韦卓民在极其艰难的逆境中，以惊人的速度译出了有关康德的专著达10部之多，共300余万字，与此同时，还撰写和翻译了4本关于黑格尔哲学和逻辑学等方面的著作达100多万字。这一时期，成了他个人学术成果最多、学术水平最高的时期，是他的“学术顶峰期”。【《访问高新民教授记录》，2006年12月29日。】

此外，这一时期，他除在外语系担任青年英语教师顾问，帮助他们学习英语，提高英语水平外，还给政治教育系的青年教师讲授西方哲学史。

是年　完成译著《逻辑导论》(Joseph著)，约55万字，由商务印书馆审阅，因故未出版。完成论文“A study of Mijorons

Samson A Gomistes”。

1959年 71岁

9月15日 中共中央主席毛泽东邀请各民主党派、各人民团体的负责人以及著名无党派民主人士、著名文化教育界人士举行座谈会，讨论对确实表现好的右派分子摘掉右派帽子的问题。9月17日，中共中央发出了《关于摘掉确实悔改的右派分子的帽子的指示》。这个文件将右派分子分为三类：(1)已经低头认罪、确实悔改，并且在工作、学习和劳动中表现较好、愿意向党和人民靠近的，约占右派分子总数的20%到30%，其中有一部分已经有显著的悔改表现；(2)表示愿意悔改，但内心不完全服，表现时好时坏的，约占右派分子总数的50%到60%；(3)基本不服或完全不服、表现不好的，约占右派分子总数的20%左右，其中有一小部分人坚持反动立场、抗拒改造甚至继续有反动言行。

根据这一基本分析和判断，《指示》指出，在1959年国庆节前，决定摘掉一批确实改好了的右派分子的帽子。摘掉帽子的右派分子的数目，以控制在全国右派分子的10%左右为宜。以后还将根据右派分子的表现，分批分期摘掉他们的帽子，使少数“死不悔改的、花岗石头脑的反动分子”完全陷于孤立。

《指示》规定摘掉帽子的人必须具备如下条件：(1)真正认识错误，口服心服，确实悔改；(2)在工作和劳动中表现好，或者在工作中和劳动中有一定的贡献。

根据中共中央的指示精神，9月18日又公布了《中共中央国务院关于确实改好了的右派分子的处理问题的决定》。从此，全国开始了为右派分子摘帽子的工作。经过一个多月的工作，当年全国大约有4.5万人被摘掉了右派分子的帽子。这使韦卓民看到一线光明。

是年　继续翻译康德著作，辅导青年教师。

1960 年　72 岁

3 月 30 日—4 月 10 日　第二届全国人民代表大会第二次会议在北京召开。英国圣公会港澳教区主教何明华夫妇应邀出席旁听。何明华到北京后，提出了会后请允许他到武汉会见韦卓民的要求。这个信息迅速反映到国务院。周恩来总理获悉后，通过中央有关部门向湖北有关领导人查询韦卓民的情况。

这件事使中共湖北省委主要负责人非常震惊。韦卓民戴罪在身，让他会见外宾显然不宜，但周恩来总理过问了此事，又不能拒绝何明华来汉。

经过反复思考，终于想出了一个两全良策，即何明华来汉时，让韦卓民暂离武汉，就说他出差了。这既满足了何明华来汉的要求，又礼貌地避免了会见韦卓民。中共湖北省委相关部门将这一方案当即通知了华中师范学院党委。

5 月　何明华来汉的前一天，华中师范学院相关部门派小车将韦卓民送到武昌纸坊一家旅社休息了几天，待何明华离汉后，才又派车去将韦卓民接回学校。继何明华之后，又有一些国家的专家学者来中国访问，要求与韦卓民进行学术交流。

5 月 2 日　译毕黑格尔名著《精神哲学》。【《韦卓民学术论著选》选刊了其中的第 377—386 节，略去小标题，改题目为《精神哲学、灵魂学与精神的本质及其发展》。】

1961 年　73 岁

10 月　译著《康德〈纯粹理性批判〉释义》，59 万字，经陶军与时任中共北京市文教书记邓拓（陶军的入党介绍人）联系，由邓拓推荐介绍给商务印书馆，得以公开出版。由于韦卓民当时还未摘掉“右派”分子帽子，所以不能用真实姓名出版著作（包括译著）。经过协商，韦卓民为自己的第一部译作《康德〈纯粹理性批判〉释义》取了个笔名“绰然”。从此以后，他在商务印书馆出版的译著，全部署名“绰然”。

是年 其“右派”分子帽子被摘除，级别由6级恢复到3级。

是年 韦卓民赴上海探亲访问，与华东师范大学教授王元化约定通信讨论黑格尔。王元化回忆说：

> 60年代初期，卓民先生利用暑假来沪探亲访友，重新见面时我已进入中年。那时我对黑格尔兴趣正浓，提出要向他请教，他慨然应允，并约定通信讨论。他回武汉不久就按约定开始实行了。我们大约十天左右就通一次信，书札来往颇为频繁，十年浩劫曾一度中断，并将那些信件全部销毁，直到1973年才又继续通信……我和卓民先生通信时，常提出一些疑难问题向他请教，有时也提出一些不同看法请他指正。他的复信往往对所涉及的著作从体系、用语、体例直到读法和参考资料提出有益的指导，而且也间或评论其中利弊，耐人寻思。从这些信中，可以看到老一辈学者那种一丝不苟的治学态度。卓民先生在复信时，往往为了一段话，甚或一个术语，查阅各种版本。倘手边无书，没有查到，即在信中言明，而不肯含糊过去。他对黑格尔的用语，大多几经推敲，决不望文生解，真可说是“一名之立，旬日踌躇”。这种功夫在今天有些人不屑一顾，甚至轻蔑地加以“繁琐”的恶谥。因此，在一些理论文章中遂造成不求甚解、以讹传讹、概念混乱的种种弊端。我们的通信是私人信札，卓民先生对国内某些哲学家的评语，未遑斟酌用字的轻重，也许未免有欠妥之词。他在一封信中，曾谈到我国思想史方面的贫乏，勉励我说：“世兄其与我共勉之”

的话，至今仍时时促我勤奋，使我对自己的怠惰荒疏感到内心的疚责。后来，我的兴趣转向思想史方面，应该说卓民先生的那句话是起了很大影响的。他的来信使我留下深刻印象的是他提出的亚里斯多德的三段论式的产生背景，以及中世纪将其普遍化，以致黑格尔对它进行批判时，由于没有究时原委，终未切中肯綮，这些意见颇值得注意与进一步探讨。卓民先生不是孤立去评价某一观点，而是追源溯流，以明其脉络，殚其统系。这种方法，尤足珍视。例如，他对黑格尔《小逻辑》中的推理理论，就是上溯亚里斯多德以来的传统形式逻辑，下及以后发展起来的关系逻辑，从推理理论的流变及其史的发展，把黑格尔的一些观点放在这样的背景上进行剖析与评价。这也是值得注意并可资借鉴的。

……

卓民先生指导后学是不辞劳苦、不怕厌烦的。他回答我问题的复信往往多至十纸以上，且正反两面书写，笔画清晰、端正，几乎从无圈改涂抹之处。当时他已年近九十高龄，除了学校交托的任务，始终在从事写、读、译、著工作，从不中辍。他把工作安排得井井有条，可以说没有虚掷寸阴。有一次，接到他的复信较迟，读了之后，才知道他有好几天发高烧，已卧床多日，这封信是他起床不久，就连忙作复的。我一边读信，一边感动不已。

1962 年　74 岁

3 月 27 日—4 月 16 日　第二届全国人民代表大会第三次会议在北京召开。何明华夫妇又应邀出席会议旁听。这次他又提出了同样的要求。会议结束后，他和夫人留在北京访问，并预订了

6月2日至武汉的飞机票。

6月2日上午11时左右　何明华夫妇从北京飞抵武汉。韦卓民到机场迎接。

何明华夫妇一下飞机，就看见了他指名要见的韦卓民和顾钟琳，感到非常的惊奇。

何明华一开始就问韦卓民的工作怎样，在学校里讲授什么课程。韦卓民答：我是华中师范学院的教授，主讲《逻辑学》和《西方哲学史》，还给英语系的青年教师辅导英语。何明华接着就问他对集团政治（指集体领导）的看法如何。韦卓民答：这是人民各得其所的一种很好的政治。何明华又问：什么是自由？韦卓民则回答：旧中国只有少数人的自由，而现在是大多数人民享有充分自由。此外，何明华又向韦卓民问到武汉有无神学院的问题，并向韦暗示，他仍是中华港澳圣公会的主教之一。韦卓民支吾未作回答。

在汉逗留期间，韦卓民一直陪同何氏夫妇，彼此谈话甚多，其中谈到顾钟琳的爱人问题。何明华曾问：现在没有旁人在座，你知道顾钟琳的爱人会不会被政府暗地逮捕了？韦卓民答：我肯定保证政府不会暗地逮捕他，而且政府花了很多精力到处找他。随后韦卓民问何明华：这次你来中国解决了什么问题，还有什么问题没有解决呢？何明华答：我并没有带问题来。何明华接着问韦卓民：基督教和共产主义有什么区别？韦卓民答：二者之间没有矛盾。有人以为中国基督教的领袖们向共产党投降了。这完全不对。基督徒是追求真理的，中国人一向讲它合理合法，只要合乎真理的事，我们都应当做。何明华又问：我对中国教会有一个忧虑，不知教会能不能适应今日的环境？韦卓民答：这个问题需要长期观察。当韦表示苏共二十次代表大会是伟大的的时候，何说，许多人把斯大林、希特勒、墨索里尼相提并论，我不同意。此外，韦卓民曾向何明华问道：你在北京访问有何感想？何答：出席全国人民代表大会旁听，人民代表大会很伟大，你们的总理和我谈话三小时之久。我们的艾登要算最蠢笨，最没有用的人。北京的天坛是世界人类的圣殿，宗教气候很浓厚。【《湖北省武汉市外宾情况简报——英国圣公会港澳教区主教何明华夫妇》，见“韦卓民个人档案”，原件藏于华中师范大学档案馆。】

6月　译完《康德哲学原著选读》。

12月14日　中共华中师范学院委员会在《关于对韦卓民的鉴定材料》中写道：“考虑到韦在解放前在国外国内宗教界有较大的影响，且确有真才实学，团结他对我们还有作用，在摘掉右派分子帽子之后，一般还有好的表现，57年以前也曾担任过市政协委员等职务。因此，我们的意见，可安排为下届省政协委员。”

是年　韦卓民还接待过英国一家报纸的记者。有一次，英国记者问他：“你对香港问题有何看法？”韦卓民回答说：“这是我们祖辈的错误。”英国记者似乎没有听懂，又接着问：“你讲的是‘我们’吗？”韦卓民肯定地回答说：“是的，我讲的是‘我们’。”【《访问戴世琛记录》，2007年1月9日。】

是年　完成译著《纯粹理性批判》，为商务印书馆约译，因故未正式出版。1991年经“韦卓民遗著整理小组”编校，由华中师范大学出版社出版。

韦卓民为什么如此重视康德哲学研究呢？因为在他看来，“德国古典哲学是马克思主义的理论来源之一，而康德乃是德国古典哲学的创始人……因此，学习马克思主义的人，凡是读西方哲学史的人，都力争对于康德的哲学有所认识”。正因如此，康德是他在西洋哲学史中着重研究的四个哲学家之一，“而断断续续研究花时间最多的也是康德”。

韦卓民研究西方哲学史有其独特之处。这就是将研究、翻译和讲授三者紧密结合。讲授中含有研究，翻译中也含有研究，通过研究，又不断提高讲授和翻译水平。而要做到这一点，他认为一定要读原著。

韦卓民指出，康德著作大大小小共有五六十种(杂录、书简和遗书还不在内)，但是其中重要的也不过十种左右。特别是一般人公认的康德哲学思想最重要的著作，即他的三部"批判"，是必须要读的。他强调说："我们读书，每每偷懒，求终南捷径。当知研究是一点也不能马虎的，研究康德尤其如此，必须耐心细致。抓住一两本别人谈康德哲学的书来想理解康德总是隔靴搔痒，因之以讹传讹的说法是在所难免的。"

韦卓民还说道："读康德哲学原著的人大都从《纯粹理性批判》入手，但是这本书比较难读，能愉快地读本书原德文版的人，国内不甚多。中译本原有商务印书馆出版的胡仁源本(见《万有文库》)和三联书店 1957 年出版的蓝公武本。本译者近年为武昌华中师范学院的讲师和助教讲授西方哲学史……学员大都对于哲学有相当的基础，但一般认为胡、蓝两中译本不易阅读，因此增加我讲授的困难，在解释原著时常常和流行的中译本有所出入。"胡氏中译本，读来确甚晦涩，其原因大概是胡先生从德文原本译出，而对于康德的哲学术语似乎没有深加留意，且对于康德哲学的整个体系又好像未深入研究，况且译文较旧，不合现代汉语的习惯。蓝公武先生的中译本，据该译本的《译者后记》所说，也是根据康蒲·斯密的英译本译出的，但是我们与原译本详细对照，许多地方像是不忠于英文原文，甚至误解英译的词句。原英译本的脚注不少是精辟之处，而蓝译本不予译出，也似乎是不应该的。因此《纯粹理性批判》这部书就有重新中译的必要。"

韦卓民在译《纯粹理性批判》时，对于译词方面，颇费一番推敲。正如他自己所言：

为方便读者起见，原想尽量沿用旧译，但是旧译中每每有和康德原意不大符合之处，于是不得不另拟新译，以求正确。例如康德常用的一个很重要的拉丁文短语 a priori，旧译为“先天”，颇嫌不妥。按照拉丁文的原意，a priori 本没有“先天”的意思，而以康德的哲学思想来说，“先天”这词更为不妥。所以我改译为“验前”，即在经验之前的意思。而 a posteriori 自然就译为“验后”了。又如康德原文的 die vorotellung，英译固然有的用 representation，又有的用 idea。如果据英译的 idea 而中译为“观念”，那就太泛了。由于德文的这个词，源出于“放在前面”，即“表而出之”的意思，所以本译者在翻译康蒲·斯密的《康德〈纯粹理性批判〉解义》一书中，曾用“表现”，但是“表现”又须作为动词用，所以今改译为“表象”。又如康德所用的德文 die erscheinung，有英译为 appearance 的，有英译为 phenomenon 的，而竟据以中译为“现象”，同是不妥的。因为据康德的哲学思想 das phänomen 即 phenomenon 和 die erscheinung 是有重要的区别的。但由于用“现象”来译英文的 phenomenon，即德文的 das phänomen，已经成为习惯，那么 die erscheinung 显然就不能又译为“现象”，以致混淆康德原来严格区分的两个哲学术语，所以我译 die erscheinung 为“出现”。又如康德所用的 die anschauung 旧译为“直觉”。这大概因为康蒲·斯密和英国其他康德哲学的研究者译为 intuition 这个词的原故。但是也有译为 perception 这个词的，如 Edward Cairel 和 John Watson 便是两例。我偿不能竟据英语的 preception 而中译 die anschauung 为“知觉”，因为康德的用词中还有 die wahrnchmung，这才应译为“知觉”。可是“直觉”和英译的 intuition 在这里的意思不符，而又和康德的原意不合,所以我们认为译“直观”较为妥当,因为 die wahrnchmung 通行译为“世界观”。

还有,康德所用的 die seele 和 das gemüt 这两个词应该分别译为“灵魂”和“心”。二者在康德的哲学中绝对不可混淆。这两个词同译为“心灵”是错误的。

至于康德所用的 transzendental 这个形容词,原是当时常用的一个拉丁语词,并没有涉及经验而只作为“越过了”的意思。这要看它用在什么地方,根据其上下文才能确定它所越过的是什么东西。中译这个词为“先验的”,以本译者看来,是不十分妥当的。其“验”字,指经验而言,是对的,但“先”字则欠妥。可是苦思很久,还是想不出一个更确切的译词,而且这个译词,正如“批判”这词一样,沿用已久,不便改译。请读者随时揣摩康德的上下文,体会其意义,总之,不要把“先验”的“先”作为时序的“先”来看就对头了。因为康德之所谓“先验”,并非说是在经验之先,而是说在经验发生的时候才起其作用,而这“先验”的东西又不是从经验来的,所谓“先”者就是这个意思。康德精通拉丁文,兼习古典希腊文,他所用的哲学语词每每源出拉丁文而按照比拉丁文更古的原本意义。例如 die Ästhetik, die physiogogie 等就是其明显的例子。【韦卓民:《〈纯粹理性批判〉中译本前言》,《纯粹理性批判》,华中师范大学出版社,2000 年,第 8~9 页。】

1963 年　75 岁

7 月　韦卓民的译著《康德哲学讲解》、《康德哲学原著选读》,由商务印书馆出版。

《康德哲学讲解》是加拿大哲学教授约翰·华特生(1847—

1939)多年来讲授康德哲学“一种试验的结果”,“主要目的是要提供一种方法,用以防止学生盲目信赖教师权威这一偏向”,“就是介绍他们通过我为此选择的原著直接研究批判哲学”。

韦卓民之所以要翻译这两本著作,正如他所言:华特生从康德的四种著名的哲学原著摘录了若干段落编成他的《康德哲学原著选读》一书,并且自己从德文翻译成英文,作为大学学生的康德哲学的参考资料,其后,他根据自己在大学课堂上的讲稿写成了《康德哲学讲解》。这书原是为了他和他的《选读》一书并用的,但是也可以单独用作大学学生和一般研究康德哲学的一种入门的书,因为这本书不但是很概括地把康德的三大《批判》的主要部分予以阐述,并且在阐述中尽量地不加入个人的主观意见,所以很可以说,他是在比较简短的篇幅里如实把康德的主要哲学思想呈现出来的。以这本书为研究康德哲学的初阶,既可以不致像教科书那样觉得隔靴搔痒,不能看到康德哲学的真相,又不致感觉到康德原文的词句晦涩,难予竟读。

可是,华特生的翻译,有些名词是和康德的《纯粹理性批判》(英译本)以及斯密著的《康德〈纯粹理性批判〉解义》等所用的名词不一致的。为了使英译名转译为中译名后得到统一,韦卓民在翻译上述几本书时曾将这些有关名词采用统一译名。韦卓民在《康德哲学原著选读·译后记》中进一步说道:

恩格斯在他的《大陆上社会改革运动的进展》一文中教导我们说:“在法国发生政治革命的同时,德国发生了哲学革命,而这个革命是由康德开始的。”因之,研究西洋近代哲学史的人,不管是谈到什么哲学问题,都得要追及康德,因为他是在马克思以前西洋哲学思想中承前启后的一个最关键的人物。并且马克思列宁主义经典作家不止在一处深刻地揭露了康德的妥协哲学思想，所以我们在予帝国主义与修正主义以无情打击的时候，也不可不挖到他们的思想根源——康德哲学的思想路线——而给以彻底的揭露。

可是，康德的哲学著作浩繁，而且晦涩难读，截至目前，我国的译本并未多见，本译者在解放前已曾在西洋哲学史的讲授中感觉到有大量译出康德哲学著作的必要，而为一般西洋哲学史的学人，首先要进行康德原著摘要的编辑与翻译，以供参考和批判。但是由于种种原因，未得如愿以偿。解放后，在党的领导和鼓励下，本译者重操康德哲学研究和讲授的旧业，试图在党的领导下从马克思列宁主义观点加以理解和批判。但是这是一种艰巨的工作，本译者的政治理论和专业水平很低，对于这种工作，有着许多踌躇，而同时又认识到工作的必要性，所以就先将从前曾多年在讲授康德哲学时用过加拿大华特生所编这本书译出，并将他历年在大学课堂上根据本书所用的《康德哲学讲解》一并译出，以供开始研究康德哲学而时间不多的人的参考。

这两本书是从英文翻译过来的。翻译康德的哲学书籍，在名词上每每碰见一些困难，而翻译华特生这两本书时，困难更是突出，因为华特生的《选读》不是从康德著作的英译本摘录，而是亲自从康德的原文摘译的。他所用的译词和其他一些英译者例如斯密（Kemp Smith）、亚伯特（Thomas Kingsmill Abott）和莫拉的（James Creed Meredith）的译词不尽相同。例如，康德所用的 Amschauung，他英译为 perception，Vorstelluug 英译为 idea，Eascheinuug 英译为 phenomenon，而本译者为了和所译的其他有关康德哲学各书一致起见，一律把这三个词中译为“直观”、“表象”、“出现”，至于本书的词，则完全依照华特生的编改，并没有按照康德的原文加以更正，因为华氏的编改，对于初读康德哲学著作的人来说，是较为容易的，而且又没有改易康德的原意。当然，像华氏在序言所说那样，“指望掌握了这些摘录的学生不满足于此，进而去读康德所说的全部东西”，及康德的完整原句。

1964年　76岁

9月　在湖北省政协三届一次会议上，补选为湖北省政协委员。

译著《判断力批判》上、下卷，由商务印书馆出版。本来，《判断力批判》上卷，原来是宗白华先生所译。宗白华先生是我国著名的翻译家，其文采是很少有人能匹敌的。“但康德的书，这方面便不大显得出来，而逻辑的严谨、思辨的连贯流畅，在宗先生笔下就显得不是那么得心应手，许多地方不对照德文原版，简直就无法理解。”显然，商务印书馆找韦卓民重译该书上下卷，就是认为他更胜任翻译该书工作。

曾参加过韦卓民遗著整理工作的王宏维教授说，在整理韦先生遗著的工作中，“渐渐对韦先生研究康德哲学的情况有所了解，不仅从中加深了自己对康德哲学的理解，也为韦先生的治学精神和态度引发许多感慨。每至夜阑人静之时，面对案头上那些因年长日久而发黄发脆的稿纸——字迹清晰、端正，很少圈划涂改之处，且阐述论证精辟、深刻、广征博引，而又娓娓道来，深入浅出，一位饱经沧桑、历经世态炎凉的哲学老人的形象似乎不再是那么遥远、那么陌生了。经他的介绍，那些常常被哲学系的学生视做‘畏途’的康德‘三大批判’（即《纯粹理性批判》、《实践理性批判》、《判断力批判》三部著作），也似乎生出些许亲切感……在闭关锁国、政治风云迭起的环境下,一位哲学老人曾是那样艰难而执著地钻研着康德哲学,难道不使后人感慨万千么?"【马敏、周洪宇、方燕主编:《跨越中西文化的巨人——韦卓民学术思想国际学术研讨会论文集》,华中师范大学出版社,1995 年,第 10～11 页。】

同年 与王方名教授讨论逻辑史方面的学术问题。王方名是中国人民大学哲学系逻辑教研室的著名逻辑学专家,当时为几个逻辑史方面的问题所困扰,在北京找不到答案和资料,于是向他"素来仰慕"的韦卓民先生请教。韦卓民与王方名从未谋面,但他接到来信后,立即撇开自己手头的工作,花了大量的时间和精力,认真地写了长达几千字的复信,对王方名提出的问题作了详尽的回答,并列举了各答案的出处,涉及的参考书达一二十本,包括英、法、德诸语种,还对每本参考书都一一作出了评价,指出其优缺点与可信程度,甚至指出该书哪部分较好,哪部分较差,哪部分"仅供参考"等等。"复信中他回答的问题有许多在 30 年后的今天仍是罕见的,有的甚至是空白。"他俩讨论的具体问题如下:

(一)王方名教授来信,请韦卓民先生尽量多介绍英、俄文的文献资料。

韦卓民回信说:

> 十年来,我主要从事于西洋哲学史和英国文学的教学工作,以及翻译康德的原著与撰写有关康德哲学的著作,未遑兼顾形式逻辑史,不过,以前曾有所涉猎。我往日所用的这方面的文献资料,大都是德、法文的,而且据我所知,英、俄文的比较少,间或有之,也是语焉不详。1962 年,美国纽约出版 Bochenski 的一本书,lvi Thomas 英译为 *A History of Formal Logic*,可以参考。

我往年所用的关于逻辑史方面的书主要有如下几本：

1. Carl Proutl：*Ceschichte der Logic im Abendland*，1885 年 Leipzig 版，共两册，这是内容最丰富的一本书，惜迄今仍未有中译本，即使英译本也一直还未看见。

2. Poul J. F. Louet：*Hisoire de La Philosophie*，1928 年巴黎版。此书逻辑史部分尚好，但远不如上述 Poutl 的书详尽而确切。

3. Harald Hoffding：*History of Modern Philosophy*，1900 年伦敦版英译本。此书虽然是哲学史的书，但其中关于逻辑史的资料可用。

4. *Encyclopaedia Britannica*（《不列颠百科全书》），从第 9—15 版的 Logic 篇中有资料可用，列举文献也较详细。此书中还有欧洲古代和中世纪的哲学家与逻辑学家有关资料。

5. *Encyclopaedia America*（《美国百科全书》）中的 Logic 篇亦可参用。

6. Friedrich Ueberweg：*Grunlrib der Geschichte der Philosophie*，1862 年—1866 年柏林版。我个人认为，此书在西洋哲学史中，就其提出的文献及其略述资料来说，是最好的一本书。可参考其中关于形式逻辑史，尤其是古代与中世纪部分。该书有英译本（1903 年纽约版），我国过去有复印本可用，各大学图书馆大都备置。

7. Friedrich Ueberweg：*System der Logik und Geschichte der Lehren*，1883 年波恩版。其中颇有些好的资料可用。

8. R. Aamson：*A Short History of Logic*，1911 年伦敦版。原是《不列颠百科全书》中的一篇，语焉不详，尤其是中世纪部分太略。

9. J. M. Boldwin：*Dictionary of Philosophy and Psychology*，共三大册，1905 年纽约版。此书虽嫌陈旧，但尚可参考。

(二)概念、判断、推理三大形式系统，据说是由五六世纪间波亚提奥斯根据三世纪薄斐略(Porphyry)的《范畴篇导论》提出来的，王方名教授问：三大形式系统以前逻辑知识的存在和传授以及文献资料方面的情况是怎样的？

韦卓民回答：

关于这个问题，前面提到的 Carl Proutl 的那本书中讲得最详细，Ueberweg 的书也有所论述。兹据我的浅见，谨提出以下几点意见以供参考并希指正：

1. 亚里斯多德的《逻辑六篇》后称 *Organon*(《工具论》)，并非亚氏亲自订正的著作，而且是他尝试的研究，未成定论，当然没有系统可言。他的继承人虽然对它有所增加，但无关大体。斯多噶派对之却有所发展，中世纪采用的也多，但大都沿袭亚氏的意见，在逻辑上把 Dialectic (《辩论术》) 与 Rhetoric(《修辞学》)一并列入，而对本来属于认识论范围的“真理”问题，也谈得很多。伊壁鸠鲁(Epicureous)认为 Dialectic 不是指导行为的正确学说，所以他偏重认识论而以知觉为认识的来源。

2. 薄斐略主要在注释亚里斯多德的《范畴篇》里详细地讲了“五事”或“五言”。波亚提奥斯(Boethius)继承之，后世发展为“薄斐略之树”(中世纪教科书，对薄斐略关于物质的逻辑分类作了说明)。关于本质性等问题应联系这一理论来看，否则，没有概念系统的依据是难以确定本质属性是什么的。

愚意认为，亚氏原来所注意的乃是辩论的技巧，兼及推论形式的分析，所以是将推理分析为判断，分析判断为名词（称为"端 Terminus"者以此），而不是如后来那样，把这顺序颠倒过来，从概念开始。

亚氏的研究是以语言为根据的，因此，概念与名词、判断与命题、三段论式与推理不予以区别开来。后来欧西（旧时泛指欧洲、西洋，整理者按）承古代的传统，直至 19 世纪初黑格尔仍是如此。近代数理逻辑偏重形式与公式，也不注意这一方面。

3. 公元 9 世纪左右及其以后，逻辑分为语法、修辞学与辩论术（方法）。到了 10—11 世纪，教会垄断了欧西的学术思想，贬低逻辑为神学的附属学科，那就谈不上发展了。当时的口号是"Voluntoria Certitudo Absentium"（不求确定之意，实即盲目信仰）。

可是，由于在中世纪欧西神学思想中存在着有形教会与无形教会之争，从而在逻辑思想上乃着重于唯名论与唯实论之争，即"一般"与"个别"孰实孰虚的问题。9 世纪末 Alfarobi（阿尔法拉比）不主张"Singulare Sentitur, Universale Intelligitur"（个别是感性的，一般是理性的），而提出：个别在其形式上存在于理性中，而普遍就其和个别结合着存在而言，也是感性的。这不过是重复亚里斯多德的学说而已。10 世纪的 Avicenna 则认为"五言"本身不是普遍的，也不是个别的。

4. 可见，所谓概念、判断、推理三大形式系统恐怕并不是早在 3 世纪的薄斐略甚至不是 5 世纪的波亚提奥斯确定下来的体系，而据我所知，至少要等到大约 12 世纪的阿拉尔

(Peter Abelard，1078—1142)学派在亚里斯多德的 De Interpretation 的一种注释里才有所谓“Doctrina Incomplexiorium”(未结合成分的学说)、“propositionunl”(命题学说)和“et Syllogismorun”(三段论式学说)，亦即概念、判断、推理三形式初步明确的指出。阿尔伯特(Albert Magnus)在12世纪中叶分逻辑为“Incomplesio”(未结合的成分)与“Complexio”(这些成分的结合)，进而作出推理。乃至公元1250年，在 Auxerre 的 Lambert(兰伯特)的 *Summa Lamerti* 一书中，还是像 Perus Hispanus 的 *Compendium* 那样，把语法与逻辑的一些材料参入经院的教义里，他的 *Summales Logicales* 分逻辑为如下七部分：

(1)De Enunciationes(声明)

(2)De Universalibus(普遍)

(3)De Praedicomentis(范畴)

(4)De Syllogismo(三段论式)

(5)De Locis Dialectices(辩论常论)

(6)De Fallacees(谬误)

(7)De Terminorum Proprietatibus(名词的性质)

前六部分包括1140年以前所知的逻辑，即当时所谓的“旧逻辑”，也就是波亚提奥斯派的亚氏逻辑学说，而最后一部分是新增的材料，讨论所谓“Suppositions”(即名词的扩张，例如，“凡人皆有死”可扩张为“张三、李四等皆有死”等命题)，以及“relative”、“appellation”、“amplication”与“restriction”、“distribution”与“expansibility”等。所以到13世纪时，概念、判断、推理这三大形式系统似乎还没有十分明确地形成。关于这一点可以参看前面提到的 Proutl 与 Ueberweg 的著作。

依我未成熟的意见，逻辑的概念、判断和推理的三大形式系统之确定下来并流传至今，恐怕还是归功于 17 世纪的 *Porl Roryel Logic*（《波尔·罗亚尔逻辑》[①]）。这本书中创见甚少，但文字浅显通俗，所以风靡一时，流传甚广。由于此书在本质上仍是沿袭中世纪的逻辑观念，重演绎而轻归纳，甚至不能反映当时自然科学的成果，所以只把逻辑局限于概念、判断与三段论式的一种推理的研究，以至影响今日的欧西各国仍然因袭这种格局。尤其在法国，我们可以随便翻阅现在天主教会所用的拉丁逻辑教本，乃至极为流行的哲学概论如 Poul Jonet 的 *Traite Elementarede de Philosophic*（1927 年巴黎版）一书便知。后者的逻辑部分中，概念、判断与三段论式一共有 390 页，除应用逻辑外，归纳只有 12 页，而所谓“应用逻辑”部分，虽然有 100 页，但其中不应属于逻辑的材料却占了大部分篇幅。

（三）王方名教授来信问：有人认为，对亚氏三段论，格伦补充第四格，兰伯特补充四格公里，汉米尔顿加进了宾词量化，汤姆生规定了八种判断公式，是否这样呢？有无新的看法和文献呢？

韦卓民答：

关于这个问题，我只简单地指出，与此问题有关的文献大都已见拙著《亚里斯多德逻辑》[②]（1957 年科学出版社出版）一

① 此书又名《逻辑或思维术》，之所以称为《波尔·罗亚尔逻辑》，乃由于其著者是波尔·罗亚尔运动的两位领导者 Antoine Arnauld 和 Pierre Nicole——整理者注。

② 原书名如此。为保护原貌，这里不作改动，以下照此办理，不再另注。——编者注。

书的第6章，该书是我仓猝之作，有不少未妥之处；原来只是为了高等学校形式逻辑教学提供初步的材料，并非对亚氏哲学研究之作，但对于亚氏的三段论式一直发展到现代的情况，已约略谈到，请参阅并指正。

汤姆生的 *Law of Thought*（《思维规律》）是一本有参考价值的书。遗憾的是，虽然我读过此书，但目前手边也没有。我现推荐另一本书，即 Lukasiewiez Jan① 在1951年出版的 *Aristotle's Syllogistic* 一书。这本书见解新颖，但愚意以为从逻辑史来看，作者的立论不免武断，他完全以假言推理来解释亚氏的三段论式，似乎是缺乏史料根据的。

（四）王方名教授来信要求韦卓民先生提供关于罗吉尔·培根、皮特拉、波卡西等人对三段论进行的尖锐而猛烈的批判和16世纪后自然科学家对亚氏逻辑做过的批评等方面的资料。

韦卓民写道：

关于这方面的情况及文献材料亦可参见拙著《亚里斯多德逻辑》一书。但关于罗吉尔·培根等人抨击三段论式的文献还可参考前面提到的 Proutl 的著作和《不列颠百科全书》各专论。罗吉尔·培根的先驱 Petrus Ramus②（彼得·拉姆斯，即 Pierre de La Ramoe，皮培尔·德·拉·拉姆，1515—1572）反对当时经院派的逻辑，认为它不适用。据说，他在

① Lukasiewiez，Jan（鲁卡谢维奇，1878—1956），波兰哲学家，以研究传统的亚里斯多德逻辑而著名。

② Petrus Ramus，是16世纪法国著名哲学家、逻辑家，他的逻辑学在16—17世纪的欧洲极为流行，因反对正统的亚氏逻辑而遭迫害致死。

1536年的硕士论文中曾攻击亚里斯多德的学说是荒谬的。1555年他在用法文写的逻辑著作 *Dialectic* 中，认为逻辑有两部分，一为发现论证的形式，二为用判断力应用于这些形式。故后来就有人把判断力称为“彼得的第二部分”，如某人缺乏判断力时，就被说成为“缺乏彼得的第二部分”。其实，认真说来，拉姆斯并未完全脱离亚里斯多德的逻辑体系。

我几年前曾撰有《培根与其新工具》一书稿，未刊出，尚待整理①，其中也有一些这方面的材料。

【详见韦卓民:《关于逻辑史研究中的及格问题》，曹方久整理，载《华中师范大学学报》1993年第2期。】

1965年　77岁

是年　应商务印书馆约稿，完成译著《自然科学的形而上学初步》(康德著)，因故未出版。1991年由华中师范大学出版社出版。

应商务印书馆约稿，完成译著《一切未来的形而上学导论》，因故未出版(手稿存华中师范大学档案馆)。

完成著述《基督教的基本信仰》，由香港基督教辅侨出版社出版。

在《华中师范学院学报》1965年第2期发表《恩格斯论归纳法》。

1966年　78岁

6月　6月1日，中央人民广播电台播报了聂元梓等人写的一张大字报。同一天，《人民日报》发表社论《横扫一切牛鬼蛇神》。

---

① 此书稿已写出40多年，可惜由于种种原因迄今未出版。

全国顿时沸腾起来。第二天,《人民日报》又全文刊登这张大字报并发表评论员文章《欢呼北大的一张大字报》,指名道姓地攻击北京大学党委说:"你们的'党'不是真共产党,而是假共产党,是修正主义的'党'。你们的'组织',就是反党集团。你们的纪律就是对无产阶级革命派实行残酷无情的打击。"

自此以后全国局势大变。北京和全国各地大专院校反响十分强烈,青年学生纷纷起来"造修正主义的反"。作为湖北武汉地区最有影响的国家重点大学武汉大学,于6月13日也揪出了一个所谓"三家村"反党黑帮。据第二天的《湖北日报》第一版报道,当发表了武大师生揪出反党反社会主义黑帮、捣毁珞珈山"三家村"黑店的消息后,"全省广大群众满怀革命激情,欢欣鼓舞,欢呼毛泽东思想的新胜利,欢呼无产阶级文化大革命的新胜利","载着声援队伍的卡车一辆跟着一辆。闪耀着红绿彩旗的脚踏车队在大街上鱼贯而行。截至13日晚12时,投送到本报声援武大革命师生的信件达一千余件,从全省各地发来的声援电报一百多份,有一百一十八个单位的职工队伍到报社门前表示支援武大师生员工的革命斗争。武大也收到了全省人民送来的数千封信件和一百多份电报"。【《湖北日报》,1966年6月14日。】

珞珈山毗邻的桂子山上,华中师范学院激进的青年学生再也按捺不住了。在武大揪出"三家村"黑帮的当天上午,他们群情激愤,举起"铁扫帚",将院党委的主要负责人和韦卓民在内的"黑五类"分子,统统揪出来,戴上高帽子、挂上黑牌子进行批斗,并游行示众。

同日,中共湖北省委向华中师范学院派驻工作组。

9月19日 院党委常委、教务长陶军受到冲击和批判。25日,《湖北日报》以《揭穿刘、邓、陶、王在湖北的黑爪牙陶军的真面目》为题,点名批判陶军,并公布了陶军的所谓“右派分子”材料。曾经受到陶军保护的韦卓民、张舜徽等知名教授,都一一受到诬陷和打击。

从这时起,整个桂子山极度混乱,极“左”思潮任意泛滥,校园里到处设有批斗现场,搜查、审讯时有发生,大字报铺天盖地。党委成员、系主任、教授、副教授乃至讲师中许多人被扣上“叛徒”、“特务”、“汉奸”、“反动学术权威”、“漏网右派”、“白专道路典型”等帽子,统统被揪出来。韦卓民在“文革”期间究竟挨了多少次批斗,现在已无法统计。

对于韦卓民这样的一位老教授,除了批斗,还要被罚跪和“坐飞机”。儿子韦宝锷回忆说,文革初期,“他同其他老教授一起罚跪,并且在跪时多次挨鞭打。还有他的右手,就是在‘坐飞机’时扭坏了肩关节,后来一直右手拿不了筷子吃饭。在他的最后几年里,他一直只能用左手拿汤匙吃饭”。【韦宝锷:《关于韦卓民生平的一点材料》,见“韦卓民个人档案”,原件藏于华中师范大学档案馆。】

1967 年　79 岁

春夏之间　武汉地区武斗最甚之时,韦卓民也遇到过保护他的好人。韦宝锷回忆,父亲曾对他说,在 1967 年春夏间打人最凶狠的一段时间里,“有一次一位同学忽然到家里来,叫他收拾必要的洗漱用具及换洗衣服,就把他载在自行车后面,送到学生宿舍里‘隔离’起来了,在那里除了学习与写材料外,别无他事,大约一个月后,又把他送回家了,正好那个月是华师打人最厉害的一个月。他就这样免此一劫了”。【韦宝锷:《关于韦卓民生平的一点材料》,见“韦卓民个人档案”,原件藏于华中师范大学档案馆。】

“文革”劫难，使韦卓民感到留给他的时间不多了，因此他决心把康德哲学及相关著作翻译完成的意志也就更加坚定了。他白天在校上班挨批斗，晚上回家，丢掉一切烦恼坚持看书翻译，自由地徜徉在康德哲学世界里。日复一日，年复一年，笔耕不辍。即使在蹲“牛棚”的日子里亦是如此。曹方久教授说：“据同窗的难友回忆，那时他悄悄地从家里带进‘牛棚’两部外文字典藏在枕头下，一有机会就偷偷地翻看，时而口中念念有词，时而闭目静思，细心琢磨、推敲，显然是在为正式翻译作准备或打腹稿。他除了被训斥或批斗时以外，一般仍然是那副泰然自若的神态。”【马敏、周洪宇、方燕主编：《跨越中西文化的巨人——韦卓民学术思想国际研讨会论文集》，华中师范大学出版社，1995 年，第 195 页。】

1968 年　80 岁

5 月　华中师范学院进入“清理阶级队伍”阶段。在“清队”过程中，“左”倾错误更加恶性发展，除像韦卓民这样的高级知识分子继续受到批斗外，全院中层以上的干部共 68 人中，初步定为敌我矛盾或尚未定性的有 21 人，占了 31%，在全院 43 名副教授中，有 19 人被定性为敌我矛盾，占 44.2%。【马敏、汪文汉主编：《百年校史》(1903 年—2003 年)，华中师范大学出版社，2003 年，第 307、317 页。】

8 月 25 日　中共中央发出《关于派工人宣传队进驻学校的通知》。

9 月 18 日　“工人毛泽东思想宣传队”和“中国人民解放军毛泽东思想宣传队”进驻华中师范学院，成立了驻华师工宣队指挥部和军宣队指挥部。学院的混乱局面得到控制。

1969 年　81 岁

10 月 18 日　林彪发出"紧急指示"(即第一个号令)。

11 月　11 月 11 日,湖北省革命委员会发出《关于大专院校到农村进行斗批改的通知》,决定武汉各大专院校师生从 11 月 20 日以后,陆续到农村进行斗、批、改。到年底,包括华中师范学院在内的 21 所大专院校师生开赴工矿和农村。81 岁高龄的韦卓民,与全校师生员工一起,到大冶县三山湖华中师范学院分院搞斗批改。

这时正值冬天,天寒地冻。"有次他到水塘边洗衣,不慎滑到冰冷刺骨的塘里,被捞起时,全身棉衣湿透。大家都为他捏了把汗,可他只睡了半天,就顽强地恢复了正常,继续考虑他的康德和黑格尔。"【马敏、周洪宇、方燕主编:《跨越中西文化的巨人——韦卓民学术思想国际研讨会论文集》,华中师范大学出版社,1995 年,第 195 页。】

1971 年　83 岁

春　华中师范学院招收首届工农兵学员。政史连(即政治教育系和历史系合并)被安置在华中师范学院老二附中(武昌卓刀泉路荣军疗养院处)。韦卓民随教职工一起返回武汉,他抓紧时间继续从事翻译工作。

9 月 13 日　林彪和夫人叶群及儿子林立果摔死在蒙古的温都尔汗。"九一三事件"后,全党展开了学习马列著作、批判林彪一类政治骗子的热潮。不久,韦卓民被安排和政教系四位青年教师一起住在老二附中北楼二楼的一间教室里。

从"九一三事件"到"批林批孔"之前这段时间,全国许多干部和群众从个人崇拜的狂热中觉醒,虽然从全局看"左"倾错误没有根本纠正，但仍然是“文革”期间一段比较宽松的时期，国家经济形势和外交形势有一定的好转。根据周恩来总理的指示，“文革”期间毕业的留校大学生要“回炉”，重新补学没有学完的专业知识。四位青年教师抓住这个千载难逢的机遇为自己“充电”，学校院系领导对周恩来总理的指示非常重视，指派一批有经验的中老年教师辅导他们学习。

四位青年教师在学习《反杜林论》时遇到疑难问题便向韦卓民请教，韦卓民总是耐心地解答。他还向四位青年教师比较详尽地讲述古希腊朴素的辩证法，讲述康德，讲述黑格尔。

是年 爱妻刘渭筠在珠海老家因病逝世。在当时的政治环境下，未能回家料理妻子的丧事。

1974 年 86 岁

1 月 毛泽东批发中共中央 1 号文件，转发由江青主持编选的《林彪与孔孟之道》(材料之一)，全国开始了“批林批孔”运动。韦卓民一度舒展的眉头又紧绷起来，他在这时期缄默其口，不怎么讲话。对所谓“权威”批林批孔，评法批儒的录音报告不以为然，仍然坚持康德著作的翻译和研究工作。曹方久教授回忆说：“那年正值‘评法批儒’的高潮。一天，开完批斗会后，他在路上碰见我，拿出一篇他写的稿子给我看，我还以为他写了份‘大批判’稿呢，展开一看，竟是一篇论述康德哲学的短文《关于“先天”、“验前”、“先验”、“超验”诸概念的区分》。我一下惊住了。当时我脑子一时转不过弯来，不知说什么才好。在那发疯的年代里，有人狂喜，有人绝望，有人沉沦，有人迷茫，更多的芸芸众生则随波逐流，不知所向。而我眼前的这位耄耋老人，强忍屈辱，只要有机会就‘两耳不闻身边事，一心只读哲人书’，怎不令人又惊又敬！”【马敏、周洪宇、

方燕主编:《跨越中西文化的巨人——韦卓民学术思想国际研讨会论文集》,华中师范大学出版社,1995年,第195页。】

随着“批林批孔”,“评法批儒”的持续进行,四位青年教师对所谓法家的理论产生了兴趣。政史连一位老教授对墨学有较深入的研究,著有《墨家的形式逻辑》一书,该书旁征博引,对墨子是否创立了辩学(逻辑)等问题进行了深入研究。他认为创办辩学的是墨子。时有报纸评论,称该书作者提出了“值得注意的见解”,“他视墨书为一整体”,引证了墨书的其他篇章,来说明墨子的一贯逻辑体系。但也有与作者商榷的文字发表。因为墨子是所谓法家,所以这本书可以借阅。正当四位青年教师在传阅该书的时候,一天下午,韦卓民从他的资料袋里取出一份发了黄的剪报给其中两位青年教师看。这是一篇商榷的文章,认为《墨家的形式逻辑》一书,在征引资料方面不够准确,因为立论比较武断。韦卓民将这张剪报推荐给两位青年教师看,显然是要他们进一步思考问题。

4月下旬　基督教有关有婚人在配偶去世三年后才能结婚的规定期已过。苦苦相识相恋近40年的韦卓民与戴慧琼的婚姻鸿沟填平了。在孝顺的儿子韦宝锷的积极支持下,两位老人了却一世情缘,终成眷属。

两位老人结合后先回广州,在那里款待了他们的亲友,接受亲友的祝福并让亲友们分享他们的幸福。然后回到武昌,在武昌大中华酒楼办了一桌喜酒。只邀请了戴世琛家和韦宝锷家参加。

1975年　87岁

10月15日　韦卓民因年事已高,正式申请退休并填写了《国家机关工作人员退休呈报表》。

在“退休原因”一栏中,韦卓民写了一句话:“老年精力日益减

韦卓民与儿孙们在一起(前排中为韦卓民,左一为孙子韦晓晖,右一为孙女韦晓明,后排右一为儿子韦宝锷,左一为儿媳妇戴琦琛)

退,不能胜任上班工作,申请退休以免老马恋栈之嫌。”

在“本人意见 有无对工作的分配或组织照顾的意见”一栏中,韦卓民写道:“无意对工作的分配或组织照顾的意见,如蒙批准退休,仍愿意尽力之所及继续在党领导下做些欧洲哲学史和逻辑的编译工作,如果能让我与妻住在华中村,且愿意做点英语中青年教师进修的辅导工作,并不愿受退休金之外的报酬。”

在“有何疾病”一栏中,韦卓民填写的是“疝气、大便见血、肾弱、关节炎风湿”。

是年 韦卓民虽然退休了,但实际上退而不休,继续着他的学术研究工作。

韦卓民在退休前,已将康德的主要哲学著作全部翻译完毕,当时在从事《〈黑格尔小逻辑〉评注》书稿的写作。直至他去世前,已完成 50 余万字。完成《小逻辑》的评注工作,是他最后的一个心愿。

对黑格尔《小逻辑》的研究，韦卓民从 20 世纪 60 年代就开始了，他撰写了《黑格尔〈小逻辑〉讲解》一书初稿，全书 17 万字，尚未出版。他在该书的导言中，对黑格尔哲学的基本原理、黑格尔哲学的范畴及其体系作了比较详尽的评介。

韦卓民指出："黑格尔像其他反对康德的思想家一样，认为康德哲学的最大缺点在于它没有一个始终一贯的基本原理。那末黑格尔的基本原理，或者说基本概念是什么呢?"这正是韦卓民所探求的。他认为，黑格尔的哲学思想所由以出发的基本概念"乃是一个绝对的自我。一切有限的实在都是这个包罗万象的绝对自我的表现"，并对黑格尔的所谓"绝对自我"的涵义、黑格尔"绝对自我"的发展过程及其"绝对自我"是怎样发展的作了深入的分析。同时，在评介黑格尔哲学的范畴及其体系时，韦卓民首先对黑格尔哲学范畴本身进行了探讨。他特别指出："黑格尔的范畴在本质上既不同于亚里斯多德的范畴，又不同于康德的范畴，我们不可因为三人都用同一个名词而把他们所谓范畴混同起来。"

韦卓民在研究了黑格尔哲学后，得出的结论是："依照黑格尔的说法，哲学都是真理。但是其表现的真理有程度高低的不同。他认为他自己的哲学才是哲学史发展的最高峰，不只是最高峰，而且是表现绝对理念的最圆满的哲学体系。可是我们知道，历史已证明黑格尔在这点上是完全错误的。"应该说，韦卓民对黑格尔哲学的研究，已经取得了很高的学术水平。但他并不满足于自己已有的对黑格尔研究的成果。这正是他要撰著《黑格尔〈小逻辑〉评注》的动因，充分表现了这位严谨的学术大师对学术追求的不懈奋斗精神。

韦卓民在《黑格尔〈小逻辑〉评注》导言中，开篇就谈到了撰写该书的目的：

我们编写的《黑格尔〈小逻辑〉评注》是为了帮助一般读者更好地阅读和理解这部著名的《小逻辑》。

本编者认为，无论阅读古今中外的什么书籍，都是和作者的对话、交谈。如果不采取这种态度来读书，就是被动地读书，呆板地读书，所读到的东西不会是很多、很深入的，受益是有限的。读者要主动，就必须把作者作为交谈的对方，首先了解作者是何许人，生活在什么地方，什么时代，社会背景是怎样的，政治思想立场是什么，思想来源是什么，写这本书是为什么写的，想要起什么作用，达到什么目的。关于上述前几点，最好是有某些参考的资料。如果在本书上没有这种现成的资料，就得在参考书刊里去耐心寻找。本编者编写《黑格尔〈小逻辑〉评注》是旨在适当地替《小逻辑》的读者提供一点点这种参考的资料，希望能做到对于读者较难理解的词句或段落，对于作者较复杂的观点或理论，尽力之所逮予以说明。可是任何注解或参考资料都不能而且不应代替读者去读书，越俎代庖地替读者思考。本编者冒昧地认为，读者首先要具有自己的政治立场，学术上的一定看法，从而去和作者进行对话，大胆而慎重地和作者交谈、讨论、辩驳。要想做到这点，读者除了通过参考资料而知此知彼之外，还得要在读那本书的时候，首先把目录浏览一遍，注意书中将要提出的问题与其所涉及的知识范围，进而边读边向作者提出问题，看看作者在本书下文如何作答。如果读者对作者的解答觉得不够满意，则继续读下去，试看下文是否更能解决问题。如果读者对作者的解答持不同的意见，就有权利来通过读书写笔记对作者进行反驳，这是读者的一种极宝贵的心得。本《评注》的编者又冒昧地认为，大凡读书，读者不可有先入为主的偏见，但必须有其关于学术的主见。偏见不可有，而主见则不可无。若无主见，则读者是被动的了。偏见是妨碍接受真理的，而主见是读者对真理的理解之一。

韦先生为什么晚年如此重视黑格尔的《小逻辑》？因为在他看来，黑格尔一生有四部系统著作，第一部是1807年间问世的《精神哲学》。第二部是于1812—1816年出版的《逻辑科学》，一般人简称为《大逻辑》。第三部著作是《哲学全书纲要》。第四部著作是1802年出版的《法哲学基础》。

《哲学全书纲要》分别于1816年、1827年和1830年刊出三次，每次重新增订均有篇幅的增加。全书分逻辑学、自然哲学、精神哲学三部分，而逻辑学部分则被人称为《小逻辑》，旨在与1812—1816年出版的《逻辑科学》区别开来。

韦卓民说，关于《小逻辑》这书的编写及其内容，我们大致同意贺麟先生在该书中译本"译者引言"里所说的几句话："《小逻辑》是黑格尔于最后十余年内随时留心增删，最足以代表他晚年成熟的逻辑系统的著作。这书可说是《大逻辑》的提要钩玄和补充发挥。它的好处在于把握住全系统的轮廓和重点，材料分配均匀，文字简要紧凑，而义蕴深厚，初看似颇难解，及细心咀嚼愈觉意味无穷，启发人深思。"他认为："一般说来，贺先生的这种意见是正确的。"但韦卓民却似乎又觉得贺译本不够详尽。他要撰著的《黑格尔〈小逻辑〉评注》中，黑格尔《哲学全书纲要》的《逻辑学》部分将更"有详尽的叙述"。韦卓民指出："为了了解黑格尔的整个哲学思想体系起见，我们还得要……谈谈他的《自然哲学》和精神哲学那两部分。"

韦卓民认为，黑格尔的《小逻辑》，"不外是谈些纯然抽象的普遍性的思想，即范畴。这就是他的三步法中的'正'。有'正'即必有'反'，'反'就是'正'的对立物，从普遍性的思想来说，就是自然的特殊性的事物。而从'正'到'反'，而进一步，依黑格尔的说法，就是'合'，那就是……绝对的精神。于是就达到正、反、合的'圆圈'了"。所以，在黑格尔看来，"自然是精神的产物"。正因如此，马克思、恩格斯说黑格尔的哲学是"儿子生出母亲来"。

韦卓民指出，黑格尔的《逻辑学》中的各范畴，通过《自然哲学》的自然发展阶段演变到《精神哲学》上来，"由此可见，《哲学全书纲要》的第三部分，即《精神哲学》是最能引起西欧19世纪文化界注意的，而且对于那个时代的哲学历史和历史哲学的进展有其难于估计的巨大影响，对于我们来说也是饶有兴趣的"。

韦卓民强调说："黑格尔哲学思想的发展和演变过程全是按他所认为是理念的辩证进展形式，采取正、反、合的三个连续的阶段展开的。《哲学全书纲要》的《逻辑学》便是正，《自然哲学》是反，而《精神哲学》就是合。在这三部分之中，所分出的子目，也无不按照正、反、合的程序。如果我们在阅读《小逻辑》之前，掌握了'正'、'反'、'合'这三个观念，而又理解他的'自在'、'自为'和'自在与自为的事物存在的形态'的意思，我们对于他的哲学思想之探讨就有其线索了。"

这就清楚地说明，韦卓民撰著的《黑格尔〈小逻辑〉评注》将是一部能帮助读者更好地掌握黑格尔哲学思想发展线索的鸿篇巨制。应该说，在退休之后，他把全部的最后心血都倾注在这部伟大的创新之作上了。

1976年　88岁

春节过后　仍然春寒料峭，曹方久教授去看望韦卓民先生。韦卓民对曹方久教授说："我一定要把《〈黑格尔小逻辑〉评注》书稿写完。"

3月初　一场意想不到的流感向老人袭来。他自己并没在意，仍然坚持写作，但体力开始明显不支，饭量开始减少，浑身关节也酸痛起来，还经常咳嗽。儿子韦宝锷每个星期天都去看望两位老人。为了让儿子安心工作，不让他担心，每当韦宝锷来看他时，韦卓民都强打精神从床上起来，"同大家一起吃饭"，好像没有什么了不起的事情。

3月26日　韦宝锷又去看望父亲。他回忆说："我也知道他病了，我当时不知道他是勉强起来陪我吃饭，好叫我放心。3月下旬开始，他已经靠打吊针维持了。3月26日下午我又去看他，那天傍晚，粮道街卫生院（他经常到那个卫生院看中医），有六位中医来看他，他还谈笑风生，临走我送他们下楼，有一位医生说，你放心，你爸爸没有大问题。我问另一位医生。他说：尚未有败脉。临出门，另一位医生说：他年纪太大了。他们几位的话使我放心了一些。晚上，他一直睡得很好。到了9点多钟，他对我说，我背上冷，把被子压一压。我在他背上压了一床毛毡，他又睡了，但喉咙里老有一点痰呼呼作响。到了九点三刻，他咳了几声，把痰咳出来。我把痰杯接住，他把痰吐在痰杯里，喉咙的呼吸声没有了，我心想这是喉咙的一点痰吐出来了。但过了一下，我觉得房里太安静了，试试他鼻孔，没有气，摸摸心，未摸到心跳，他便安静地死去了。"【韦宝锷：《关于韦卓民生平的一点资料》，见"韦卓民个人档案"，原件藏于华中师范大学档案馆。】

3月27日　湖北大学戴世琛教授从汉阳赶到韦卓民家，与韦宝锷一起处理老人后事。戴世琛回忆说:“当 26 日晚听到韦老去世的噩耗后,心里干着急,当时公交车晚上 9 点就收班了,也没有的士,只有第二天清晨赶头班车去华中村,向老人致哀。当我赶到华中村韦老先生家的时候,殡仪馆的车也开来了,我摸了摸老人的被子,里面还是热的。我告诉宝锷这件事。他是物理专家,说这是热效反应,的确是走了。没有人来帮忙,我和宝锷用床单裹着老人的遗体,抬上了殡馆专用车,送殡仪馆火化……”【《访问戴世琛教授记录》,2007 年 1 月 9 日。】一代学术大师,就这样走了,永远地告别了人世。

余编　去世以后

（1976 年 10 月后）

1976 年

10 月 6 日　中共中央一举粉碎“四人帮”反革命集团，结束了“文化大革命”这场灾难，使国家社会秩序得以恢复正常，“使我们的国家进入了新的历史发展时期”。

1977 年

12 月 15 日　在中共中央党校主持校务的副校长胡耀邦调任中央组织部部长。他以非凡的胆略和勇气，组织和领导了平反冤假错案、落实政策的大量工作，使大批受到迫害的老干部重新走上领导岗位，使其他大批蒙受冤屈和迫害的干部、知识分子、人民群众得到平反昭雪、恢复名誉。

1978 年

元旦前后　胡耀邦把“右派”平反的工作提到了议事日程。在当年春天于山东烟台为解决“右派”平反专门召开的会议闭幕式上，胡耀邦坚定地说：“‘反右’运动已过去二十年了。今天我们对待‘右派’的改正问题，一定要实事求是；不能说只有‘个别确实完全搞错了的’才可以改正，而应当坚持实事求是的思想路线，错多少改多少。”

9月17日 在胡耀邦的直接关怀下，中共中央向全党发出“55号文件”——《贯彻中央关于全部摘掉右派分子帽子决定的实施方案》。这个文件明确指出：“凡不应划‘右派’而被错划了的，应实事求是地予以改正”；“经批准予以改正的人，恢复政治名誉，由改正的单位负责分配适当的工作，恢复原来的工资待遇”；“生活有困难的，给予必要的补助”；“原是共产党员，没有发现新的重大问题的人，应予恢复党籍。原是共青团员的，应予撤销开除团籍处分”。

1979年

10月10日 华中师范学院临时党委发出华师改字[79]第350号文件——《关于错划韦卓民为右派分子的改正请示报告》。

报告全文如下：

中共湖北省革命委员会文教办公室党组：

原我院政治系教授韦卓民，男，1888年生，广东省中山县人，家庭出身商人，个人成分教员，曾留学美、英、德等国，1951年10月参加革命工作，无党派人士。解放前，先后担任旧文华大学训育主任、华中大学副校长、校长等职二十余年。解放后，旧华中大学改制时曾任改制委员会副主任，曾任武汉市政协委员、省对外文化协会副会长。1958年3月经中共湖北省委整风领导小组批准划为极右分子，保留教授职务，给予降级降薪（由高教二级降为高教六级）的处分，撤销市政协委员和省对外文协副会长职务。1961年10月摘掉右派分子帽子，提为高教三级。1975年退休，1976年病故。

根据中共中央[1978]55号文件精神和1957年划分右派分子标准的有关规定精神，对韦卓民原划右派问题进行了复查：韦卓民同志在1957年整风鸣放期间的言论，不是右派言论，属于错划，现决定予以改正，撤销原定右派分子的结论和行政处分，恢复政治名誉，恢复二级教授的待遇。当否？请批示。

中共华中师范学院临时委员会
1979年10月10日

随同这个《请示报告》上报的，还附录有《关于韦卓民原划右派分子问题的复查报告》。《复查报告》分四个部分：一、关于"韦、戴、黄反党集团"问题；二、关于反对党的领导问题；三、关于攻击诬蔑历次政治运动问题；四、关于"到处点火放毒"问题。这个报告推翻了强加在韦卓民头上的不实之词。

11月2日　中共湖北省革命委员会文教办公室党组发出鄂文教政[1979]第424号文件——《对〈关于错划韦卓民为右派分子的改正请示报告〉的批复》。全文如下：

中共华中师范学院临时委员会：

经研究，同意你院一九七九年十月十日《关于错划韦卓民为右派分子的改正请示报告》。

此复。

中共湖北省革命委员会文教办公室党组
一九七九年十一月二日

11月7日　根据中共湖北省革命委员会文教办公室党组的批复意见，中共华中师范学院临时委员会发出华师改字[79]第

350号文件——《改正通知书》,全文如下:

韦卓民同志于一九五八年三月在我院被错划为右派分子,根据中共中央(1978)55号文件精神,经中共湖北省革命委员会文教办公室党组以鄂文教政(1979年)424号文件批复,决定予以改正,撤销原定右派分子的结论和行政处分,恢复政治名誉,恢复二级教授的待遇。

特此通知

中共华中师范学院临时委员会

一九七九年十一月七日

1980年

是年 中国台北万先法等先生编译出版《韦卓民博士教育文化宗教文集》。这本文集收录了韦卓民1911—1945年35年间所写的10篇重要教育文化宗教方面的学术论文。韦卓民博士纪念图书馆理事会理事长雷法章先生、台湾圣公会前主席庞德明、台湾圣公会主教张培扬、美国普林斯顿大学葛思德、东方图书馆及东亚馆藏名誉馆长童世纲以及骆传华、林芳伯、严文郁教授等分别为该书作序,都用热情洋溢的言辞,高度赞扬了韦卓民一生的杰出贡献。

1984年

11月3日 中共湖北省委、省政协、湖北省基督教三自爱国运动委员会的有关领导和华中大学的校友代表聚集一堂,隆重举行韦卓民纪念大会。院党委、院行政明确宣布:“韦卓民是著名的教育家、哲学家和爱国者,是全国基督教反帝爱国、三自革新运动委员会领导之一。”

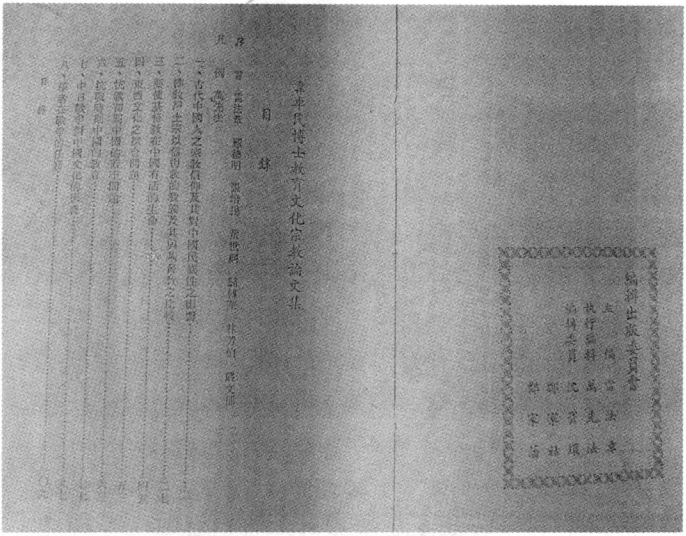

韦卓民博士教育文化宗教论文集目录

1993 年

10 月 4 日　华中师范大学在校庆 90 周年之际，隆重召开了“韦卓民学术思想国际研讨会”，并出版了《跨越中西文化的巨人——韦卓民学术思想国际研讨会论文集》。华中师范大学前校长、著名历史学家章开沅为本书作序。

章开沅教授说：“韦卓民一生最大的贡献，当然是参与创办与领导了华中大学……他与孟良佐主教一起，‘近乎奇迹似地将文华、雅礼、博文、博学和湖滨结合在一起变成了华中大家庭’。其辐射力早已超越武汉与湖北，而扩大到整个华中乃至华中以外地区……以筚路蓝缕的精神，历尽艰辛，弦歌不绝，培养了一批又一批优秀人才。”章开沅教授接着指出：“韦卓民不仅是一位干练的校长，而且是一位渊博的学者”，“真诚的爱国的基督徒”。

"韦卓民学术思想国际研讨会"代表合影

章开沅教授还特别肯定了教会大学的历史作用。他说:"教会大学被定性为'帝国主义文化侵略的工具',教会大学的校长自然更要充当历次政治运动中受冲击的对象。在亚非各国教会大学中,中国教会大学办得最好,而其结果却最糟糕。这是中国教会大学的悲剧,也是韦卓民先生本人的悲剧。"他强调指出,不应该以虚无主义的眼光来看待教会大学的一切。"教会大学作为十多个颇具规模与水平的高层教育实体,毕竟在中国存在过半个世纪以上的漫长岁月,他们不仅已经起过无可磨灭的历史作用,而且他们的校园,建筑、图书、设备以及其他有关设施,至今仍然被新中国许多高等学校所利用。这些大学的校友,仍然在中国(包括海峡两岸)各地高等学校和其他部门,为国家的现代化而努力工作,特别是在某些领域(如农业、医学等)作出极其卓越的贡献。"

在"韦卓民学术思想国际研讨会"上,华中师范大学校长王庆生教授致开幕词。他说:"韦卓民是著名的教育家、哲学家和爱国者,是全国基督教反帝爱国、三自革新运动委员会领导之一。他一

中外学者瞻仰华中大学校长韦卓民塑像

生矢志于教育事业和学术研究工作，在国内外学术界、教育界和基督教界都有很大影响。他治学严谨，著述丰厚，为社会留下了有益的精神财富。他的著述，沟通了东西文化，涉及了多家哲学思想，既有对中国古代宗教信仰的论述，又有关于孔孟政治思想和哲学思想的著述；在他的译著中，有关康德的研究占了绝大比重，就国内来说，不仅数量最多，而且在质量上也堪称上乘，这些都是一笔宝贵的遗产。”

美国学者杰西·G.卢茨先生在论述了韦卓民先生的学术思想后指出：“我们将韦卓民先生作为虔诚的基督教徒、爱国华人和真正的学者来赞颂，无疑是恰当之举。”

中国香港吴梓明教授在其学术报告中认为：“韦卓民先生虽为中国人，但却没有排斥基督教；他虽为基督徒，却并没有否定中国文化；他把基督教与中国文化相汇通，强调基督教要在中国发扬，一定要根植于中国思想里。”

特别应该指出的是，韦卓民平反后，其子韦宝锷教授于 20 世纪 80 年代末将韦卓民遗稿全部捐赠给华中师范大学，希望早日公诸于世，以慰父亲亡灵。当时的校领导非常重视这件事，立即成立了由曹方久、唐有伯、高新民、王宏维、储昭华等组成的“韦卓民遗著整理小组”。经过多方努力和曹方久教授等人的辛勤工作，华中师范大学出版社在20世纪90年代初出版了韦译康德《纯粹理性批判》和《自然科学的形而上学初步》两部著作，1997年又出版了《韦卓民学术论著选》。尤其难能可贵的是，华中师范大学出版社在无经费支持的情况下，还决定出版“韦卓民:康德哲学著译系列”丛书。这套丛书包括三类内容:其一，韦卓民撰写的对康德研究的著作、论文;其二，韦卓民翻译的康德著作;其三，韦卓民翻译的西方其他学者关于研究、讲解康德哲学的著作。其中有的是经过“韦卓民遗著整理小组”新整理的首次出版的著作，有的是再版。可以告慰韦卓民先生的是，这套丛书正在有计划地安排出版之中。

华中师范大学出版社出版的韦卓民部分遗著

2006年

10月 由广东省社科联主办、中山市社科联、珠海市社科联和澳门基金会协办的香山文化学术研讨会在中山市隆重召开。有关韦卓民研究的成果受到大会的重视。广东人民出版社出版的《香山文化——历史投影与现实镜像》收录有韦卓民的生平事迹和相关图片。广东省出版集团、广东人民出版社联合出版的这次学术研讨会论文集《百年千年——香山文化溯源与解读》收入了徐大兵副教授的学术论文《香山文化与中西文化交流的巨人韦卓民》。

2008 年

5 月　珠海市社科联、珠海市文联组编的“珠海历史名人丛书”，将华中师范大学李良明教授与其博士研究生写的《杰出的教育家哲学家爱国基督教徒韦卓民》列于其中，并由珠海出版社出版。本书分十章，以翔实的第一资料，客观评价了韦卓民的一生。

12 月　为纪念韦卓民先生诞辰 120 周年，《华中师大报》于 12 月 22 日发表了李良明、曹方久、高新民三教授合写的纪念文章《韦卓民：杰出的教育家和康德研究专家》。该文导语写道：“他是著名的教育家，把毕生精力都献给了中国的教育事业，在中国面临内忧外患的情况下，将华中师范大学的前身之一——华中大学建成国内颇有影响的大学。新中国成立前夕，他更是不顾国民党当局的威逼利诱，把华中大学完整地交给新中国。他还是学贯中西的文化巨子，是著名的康德和黑格尔哲学研究专家，今天研究西方哲学的人都绕不过他。他就是华中大学的创建者，担任华中大学校长长达 20 多年的韦卓民先生。”

附　　录

武昌文华书院及其后身华中大学

韦卓民

在旧中国，帝国主义者以办学为名，对我国进行文化侵略。文华书院及其后身华中大学，则是他们在武汉的重要据点。

作者于 1903 年进入文华书院读书直到文华大学毕业，接着又在文华大学、华中大学担任教员、教授、副校长、校长，先后达 48 年。其中，还到美国的哈佛，英国的伦敦、牛津，法国的巴黎，德国的柏林等大学当研究生，获博士学位。又应聘到美国芝加哥、耶鲁、哥伦比亚等大学担任特约讲师与客座教授。以中国基督教代表的身份两次参加世界基督教在英国举行的代表大会。以中华圣公会的代表身份参加在美国召开的两次总议会。因而对外国教会来我国“传道”和兴办学校的因由有所了解。

文华书院和文华大学

武昌文华书院，由美国基督教圣公会创办于 1871 年 10 月 2 日。校址原在武昌横街头，后于 19 世纪 90 年代迁到武昌花园山，即现在的昙华林。

书院之所以取名“文华”，是因为美国圣公会派来中国传教的第一位主教，中国姓姓“文”，后来的主教在武昌办了这个学校来纪念他。结合高尚典雅的中文“文章华国”的含义，定名为文华书院。

文华书院开办时，教会拉学生上学，全部费用由书院供给，第一年不过14名学生，第二年才24名，第三年增到30名，到第九年即1880年也只有90名。

教会出钱办学，出钱拉学生，是以培养教会传教人才为目的。大约1878年，就曾专门开设了一个神学班，后来发展成为文华大学的神学院。从神学班、神学院出来的人，有很多分派到各地传教，不少成为圣公会主教、会长、会吏。

从1903年到1911年，我在武昌文华书院度过了我的学生时代。

1903年，我随父亲由广东香山（现中山县）来武汉，那时我14岁了，已读过七年私塾，读过四书五经、《古文观止》，学过英文、算术，只是不能“会话”，所以初进书院，被编到最低班。

那时书院监督（即院长）是英国人翟雅各。全院只有外籍教师4人，中国教师7人。共有学生144人，分7个班。每班每周有汉文10～12小时，分为古文4～6小时（作文在内），读经书3小时，史纲3小时。英文10～12小时，分为读本6小时，文法作文4～6小时。数学（算术、代数、几何）6小时。地理（下一，上一、二、三班）或欧洲史（四～六班）2小时、理化（五、六班）2小时，每周共大约33小时。每日上课6小时，上下午各3小时。星期六下午不上课。

功课中注重英文、数学，而对中文学习则视同儿戏，老师讲得不起劲，照本宣读，学生则无心听课，大都偷看英文书或公开看小说。教中文的老师待遇也远不如教英文、数学的老师，月薪少得多。当时英文、数、理、化老师月薪50元（银元，以下皆同），中文老师仅30元。所以文华学生，除在进文华以前中文已有根底外，很多人连一封信都不会写。

大学生中有英语练习会，大学生一律参加，每星期五晚开会，练习英语讲演、辩论，或听教师、来宾用英语作专题演讲。

文华高中学生的英语，已初步熟练，大学生则能自由运用，对答如流。高中除本国语文、历史课外，其余各科全用英语课本，教师全用英语教课。大学更是如此。可以说，文华学生的英语，的确是不错的。

为奖励学生，每年年终结业时，每班有第一名、第二名奖，均以书籍为奖品，在举行毕业典礼时一道颁发。每年还举行中文比赛两次，也发第一、二、三等奖。前三名的文章贴堂展出。

辛亥革命前，中学可以跳级。我进校时因为英语会话不好，进了最低班次。但我在私塾中读了七年，入学后，除加紧学习英语会话外，中文程度，英语、算术以及"格致"(生理、理化)等课，我都应付自如，成绩甚好，接连跳了几级，用四年时间学完备馆(中学)六年的功课。1907 年春升入正馆，即大学了。

中学可因成绩不良而留级，大学只计学分，学分满定额而平均在 60 分以上的可以毕业，可领取学士学位的文凭。

学校对学生的管理是严格的。中学有领班制，领班(总领班)由校长从五、六班的学生中选出，不论是否信教，不问功课好坏，只问是否操行好。领班向校长负责，协助校长与舍监管理学生，每星期六上午早餐后，全中学领班集合在校长室向校长汇报一周的学校情况以及学生操行。

一般学生平时不准出校门。星期六下午全校无课，可以请假，但要校长批准，限即晚六时半返校，参加晚祷。

文华春季始业为上学期，秋季始业为下学期。每年有暑假两个月，寒假一个月。每逢端午、中秋两节各放假三天。在这四个假期中，学生可以自由回家，寒假学生不准留校。

文华规定，所有学生，不论信教与否，一律参加宗教活动，不得违抗。1903 年，湖广总督张之洞曾派人来校磋商，愿付双重学费让他的孙子到文华学英语，只不参加宗教仪式，但未得到允许。宗教仪式每日早晚两次，每次大约半小时，按圣公会的公祷文进行，由校牧（会长）或牧师（会吏）领导举行，学生按规定坐、立、跪如仪。

每逢星期日，有宗教仪式三次，学生一律强制参加。其时间内容是：上午6点30分圣餐（非信徒只参加前段），9点—10点圣经（非宗教仪式），10点30分—12点大礼拜。下午6点—6点30分晚祷（中学生参加），7点—8点大学生英文礼拜。大礼拜和英文礼拜都是圣职人员讲道。

文华书院向学生收取的学杂费，在当时是比较高的。1903年，我为全自费生，每学期交纳50元。那时每人每月膳费不过一至二元，一学期按4个半月计算，大约8元。那么学校在每个学生身上可收入42元，不能说不高了。但就学院来讲，全自费的学生约2/3，有1/3"吃教"的学生全免或只收膳费的。因而要完全依靠对学生收费来维持学校开支，还是不够的。然而"醉翁之意"在于传教，在于培养其所用的"洋才"，外国老板也就乐于施舍、解囊。

文华书院于1909年申请美国立案后，改称"文华大学"，中国学校要申请外国立案，这难道说是什么治外法权？这是外国学阀在我国领土内称王称霸，其处心积虑，更是昭然若揭。

文华学生生活：伙食较好，早餐稀饭，三小菜，午晚两餐干饭，四菜两荤两素。食堂纪律严肃，有舍监管理，8人一桌，同时开动。校舍、寝室和公共场所，整齐清洁。学校设有医药室，可随时给学生看病。中学生平时不准离校，养成了以校为家的习惯，也形成与世隔绝的状况，而耳闻目见，尽是外国的教会的东西。文华的学生生活方式虽不完全是外国式的，也不是中国式的，因而养成一些学生与我国社会格格不入，脱离实际，向往西洋，鄙视本国，缺乏革命思想，只有某些改良主义的要求。

教会的潜移默化

文华书院强迫学生参加宗教仪式活动，强迫学生听圣职人员“讲道”。但不强迫学生入教，甚至在学校供职多年的教职员工，也有不少人没有入教。只要你不公开反对教会，那些传教士就乐于利用你。且以此作为一种口实，说明他们办学并不歧视不信教的教员。就我自己说，从1903年到1911年在文华读了八年书，一直未加入教会。接受洗礼，信奉基督教，那是我毕业后留校任教一学期以后的事。

当初，我的父亲知道文华书院是教会办的，他一再叮嘱我说：“学他们的英文便好，千万不要吃洋教，卖掉了祖宗。”因此，我对教会学校引人入教，是时刻提高警惕的。

礼拜的机械仪式和干枯的说教，诚然不能动人，但那些不文不白大都词句鄙俚的“颂主”圣诗，配上好听的音乐，却能起些作用。每次随着众人唱歌，开始只是唱歌，继而听唱音乐，有美感。久而久之，似乎那些教义有点意思，不像初听起来那么可笑，不知不觉地某些教义就灌到我的心里来了。后来想了一下，其主要原因：基督教作为一种宗教，好像比我国社会上流行鬼神迷信较为合理，而细玩其所说伦常道德，以似儒家的“慎终追远”，“恕以待人”，“亲其亲以及人之亲，子其子以及人之子”的大端道理。文华英国校长翟雅各好像了解我的思想，他曾读过我国的某些古籍，不时叫我在这方面加以研究。我在1911年1月大学毕业论文中，以《中国古籍中的上帝观和祭祖的研究》为题，旨在证明古书中的上帝观接近于一神教，而祭祖乃是慎终追远，不是宗教。这篇洋洋万言的论文，正适合翟雅各的胃口，大加捧扬，刊登在本校英文季刊《文华评论》(*Boone Review*)上，并立即被转载于上海各教会出版多年的《教务杂志》(*Chinese Recorder*)季刊里，在编辑部的前言里特别声明这是中国人第一次写的文章。这就大大地拉了我一把，使我与教会接近。

在这以前我读中学的时候，学校来了一位美籍 Richard 化学教师，原是美国耶鲁大学的理科硕士，为人和蔼，关心学生。一些患着小毛病的同学，要去院里的一所教会小医院就诊，那里病人多，唯一的苏格兰籍医生，性情粗暴，使许多患病的同学碰了钉子。而这位美籍老师，却自己备了一些普通药品，亲自给同学们看病，热情照护，感动了很多同学，更感动了我。我想这岂不是"博爱为德"的典型表现吗？也就是基督精神吧！

我在精神上已渐渐为基督精神所俘虏，文华大学毕业后，我就彻底违背了"不要吃洋教"的父教，向基督投降——接受洗礼了。

我在文华读书时，一向成绩好，名列前茅，早为英籍校长和其他英美籍教员所注意。刚毕业，就被破格聘用为大学一年级的数学教员和高中高年级的英、数教员，月薪 80 元，比以前的教员多 30 元。我自以为了不起。一年之后，我不过 23 岁，又被任命为备馆（即文华大学中学部）代理堂长，尤觉高人一等而沾沾自喜！校长翟雅各又叫我自修西洋哲学史、政治经济思想史，由他自己和另外两个英籍教员作为我的导师，要我注意研究古罗马和近代英国政治上的变革，鼓吹"不流血革命"。接着又要我担任大学的形式逻辑、西洋哲学史、比较政府学和政治学的讲课。这时我不仅成为教会学校——文华大学所重视的人物，而且为直辖文华大学的教会——圣公会所重视了。从此以后，我竟成为教会中的重要人物。辛亥革命后我花了几年工夫，向文华大学写了一篇题为《孟子的政治思想》的硕士论文，用英文写出，于 1915 年，在上海广学会出版。这就更加巩固我和教会的联系，在全国教会中提高了地位。

1918 年，圣公会主教吴德施（Roots）替我在美国哈佛大学研究院取得一名助学金，那年夏季，我赴美国留学。1920 年回国，晋任文华大学哲学教授。

日知会与《文华学界》

1904—1905年间，一些有排满兴汉革命思想的人，利用教会作掩护，在文华书院附近的花园山高家巷圣公会的另一教堂开办一所阅书馆，名叫“日知会”，实际成为宣传革命排满的机关。平时任人看书看报，每逢星期六和星期日开会，有人前来演讲，宣传排满、兴汉和建立共和国的道理。有些同学前往参加，其中就有在备馆五、六班讲汉文课的三位老师。另一位是在正馆教诸子学的刘静庵先生。这位刘老师，端容正色，沉默寡言，在课堂上，两眼半开半合，严肃地讲解庄子、墨子诸书，毫不涉及其他问题，尤其不谈时务，不讲政治。但到日知会开会时，他却慷慨激昂大谈其革命排满。后来刘先生被捕入狱，清朝官吏曾企图治以死罪，因刘先生是教会学校的老师，有关方面和部分学生，呼吁教会出面营救，经美籍主教吴德施通过汉口美领事馆电北京美公使馆转寰，使得清廷对刘先生不敢杀害，判为永远监禁，后病死狱中，不失为辛亥革命的先行火种。

与此同时，文华书院学生，在教师余日章先生的指导下，办了一个定期刊物——《文华学界》，不时登载一些涉及宣传革命排满的文章，我当时是《文华学界》编辑部的成员，也是经常用笔名“法兰西士”写这类文章的学生之一。

另有一部分学生，以传教为借口，组织“十字军”（亦称“救世军”），举旗结队，吹号打鼓，走到黄鹤楼、阅马场等人多的地方，进行“说教”，实际则间接宣传革命。

有时上街的队伍还高唱自己的军歌：

愿同胞团结个英雄气，唱军歌。
一腔热血儿意绪多，
怎能坐视国步蹉跎，

但望指日挥戈，
好收拾旧山河！

《文华学界》的言论，"十字军"的活动，引起了清廷官吏的注意。湖北巡警道冯少竹的儿子冯建统进入循道会办的博文书院，由于文华、博文学生之间的密切联系，从那里刺探着文华学生的革命活动消息。

1906年冬季，我和几个同学带行李出城回家被军警拦住检查行李，目的在于搜查革命证据，逮捕《文华学界》编辑部成员。为此必须设法应付，我和编辑部成员一道找英籍监督翟雅各要求辞去编辑职务，洋人愕然，问我们何以有此一举。我们告以上述情况，他又问："你们是不是革命党？"其实我们宣传革命完全出于爱国热情，没有加入革命组织，齐声答应："不是。"他便说："那么，有学校保护你们，只要小心你们的行李有没有藏着宣传革命的书籍。《文华学界》是我们学校的刊物，与政治无关。"我们听了，感到有恃无恐。

革命排满的爱国情绪，是当时我国汹涌澎湃的时代潮流，是任何力量都阻挡不住的，教会和教会所控制的学校，自然也限制不了。可是，当他们假惺惺地营救刘静庵，假惺惺地为《文华学界》编辑部人员壮胆，我们还真以为外国教会及其传教士真心同情我们爱国革命，这使我们受到了麻痹。可见帝国主义者对我国文化侵略起了相当大的作用。

华中大学创立缘起

1924年华中大学在武昌文华大学的基础上正式成立。新成立的校董会选定孟良佐为校长，并推定我为副校长兼教务长。

为说明华中大学建立的缘起，这里简要介绍一下教会在我国的情况。当时，基督教在我国派系复杂分歧，美英帝国主义统治阶层为便于对华进行文化侵略，希望教会合一。

美国以穆德(John R. Mott)为首的基督教青年会乃是最好教会合一的桥梁。基督教青年会运动原发生于英国，而盛行于美国。青年会声称，不分教会的宗派，不问教会的教义和历史，不拘任何一种的礼拜仪式，其口号是“非以役人，乃役于人”。就是说单纯为社会服务。这个口号是最适合帝国主义作为欺骗的工具。穆德在美国垄断资本家的支持下，连续召开过世界基督教代表大会，旨在促进教会合一。

1922年，在上海举行的中国全国基督教数千人的代表大会，我曾作为代表参加，会上鼓吹教会合一。代表大会成立了一个执行委员会——中国基督教协进会，其经费全是穆德筹自美国的，成为促进中国教会合一的具体机构。首先以教会所办医院和学校，尤其是教会大学合作作为教会合一的先河。因为在中国的国立、省立的各大学没有上轨道的时候，教会学校还能收一些学生。但在本世纪20年代开始，公立各大学越办越好，私立大学除少数“野鸡大学”外，也在日有改进。教会大学有鉴于此，就不能不集中力量，力图巩固，免遭淘汰。

教会大学调整合并的初步计划是分全国华北、华东、华南、华西、华中5个区：

华北有北京的燕京大学与济南的齐鲁大学。

华东有南京的金陵大学、金陵女子文理学院，上海的圣约翰大学、沪江大学，杭州的之江大学和苏州的东吴大学。

华南有广州的岭南大学，福州的福建协和大学。

华西有成都的华西协和大学。

华中有武昌的文华大学、博文书院大学部，长沙的雅礼大学，岳阳的湖滨大学，益阳的信义大学。

上述教会大学之中，力量最分散，内容最空虚的则是华中区的几所大学。其中历史较久、基础较为巩固的要算武昌文华大学和长沙雅礼大学，其他大学都以这两所大学的马首是瞻。但是真正洽谈合并时，困难很大，这是因为文华大学是美国圣公会经营的典型教会大学。雅礼大学虽具有教会大学色彩，实际上是美国耶鲁大学一些毕业同学组织的私人团体——“雅礼会”所创办的，不属任何教会，加之在长沙开办日久，不愿离开，而作为文华大学后台的美国圣公会，以武汉为两湖传教事业中心，更不愿意外迁。在华中区的其他几个大学，也都徘徊不前。

当时鼓吹教会大学合并最力的外国传教士，以汉口圣公会吴德施声望最高，文华大学校长孟良佐野心最大(孟于 1917 年继翟雅各为文华大学校长)。他们奔走联络，几经磋商，得到汉口英国循道会和伦敦会的支持，将博文、博学两个书院的有关学部与文华大学合并，改为华中大学。

新合并而成立的华中大学，渺小得极为可怜！全校教师在文华中学兼职的占过半数。还有在教会兼职的，合零为整，共计只有 12 个教员，大都又是学无专长，不能称职的。以图书计，虽有中、美书籍各三四万册，有用或无用的中外文期刊杂志十多种，但却没有添置的经常预算和计划。至于科学仪器，物理、化学、生物，其价值不过 2 万元。据雅礼大学校长胡美对我说，雅礼还比不上华中，其他教会大学也大都如此。

1926 年北伐军经湖南到达武汉，作为帝国主义对华文化侵略的教会学校纷纷停办。华中大学在 1927 年 5 月也呈准革命政府，宣告停办。到了 1929 年，湖南的雅礼大学，岳阳的湖滨大学，都无意恢复，相继将其教员、学生和图书、仪器合并到华中大学。这时华中大学的后台有：汉口的美国圣公会、英国循道会、英国伦敦会和岳阳的复初会和长沙的雅礼会。喧嚷多年的华中区教会大学合并的企谋，真正实现了。

华中大学的兴盛时期

按照英国大学教授七年中有一年带薪休假之例，圣公会资助我赴英进入伦敦大学当研究生，在霍布侯斯(Hobhouse)教授指导下继续研究哲学。学院还承认我在哈佛大学两年研究生的学历。我在英国留学两年，在伦敦大学规章许可之内，用了大半年时间赴法国巴黎大学和德国柏林大学听讲。我的博士论文提前一个学期在德国完成，并由我的指导教授霍布侯斯审阅通过，完成所需要通过的考试，取得博士学位。霍布侯斯教授叫我把剩下的几个月时间去牛津大学借读，听哲学课。

圣公会支持我去英国留学，是另有用心的。因为，英国教会传教士向来在学术上看不起美国人，也看不起留学美国的中国人，如果美国教会要想同英国教会合作，就要找一个能在学术上沟通美英思想的人，如能找到一个在学术上能够压倒英国传教士的中国代理人，那就最理想不过了。我获得英国伦敦大学的博士学位，又在著名的牛津、柏林、巴黎大学听过课，满足了美国圣公会传教士对我的期望，也达到了英国传教士对华中大学校长资格的要求，对完成华中区教会大学合并有所帮助。

合并后的华中大学，有文学院、理学院、教育院三个学院，共有教职员 24 人，学生 57 人。

校舍全部是圣公会的，合作的循道会、伦敦会也拿出一点钱和就近拨出几栋房扩充了校舍。

校董会通过全校开支预算为 5000 元，全由学生学费收入开支。这时学生学费每人每年二学期 100 元，宿费 40 元，膳费 60 元，是颇为昂贵的，一般家庭不能负担。图书杂志以及图书馆(即文华公书林)的一切开支，则由圣公会负担，与图书专科学校共同使用。

在华中大学后台的五个单位名为合作，实则貌合神离，彼此推诿，各有打算，随时准备拆伙。在这种情况下，我这个“全权”校长，要想有所作为，处处受到阻碍。要求校董会通过校舍、图书、仪器的经费，特别是通过各单位所负担教职员工资，传教士们严重限制了校长的实权。

如何摆脱传教士们的束缚，巩固校长的职权，我认为，首先要不通过教会，由校长自行筹集学校经费和建筑费、设备费；其次就是要由校长直接和这五个单位在美英的教会组织取得联系而不通过它们在中国的代理人。为了达到这个目的，除获得我国教育部和湖北省政府每年一二万元的补助之外，还争取得中美、中英“庚子赔款”委员会的每年二三万元的“津贴”。我认为最大的希望，要算设法由我自己的努力以增加美英教会的直接拨款，并取得美英两国的私人捐助。

1931 年我应邀去美国芝加哥大学在哈士卡尔基金讲座作特约讲师，主讲中国儒家的伦理学。同时美国耶鲁大学也约我去在该校主办的暑期中学行政人员比较教育讲习会讲课。暑期后又在该校研究院作为伦理学客座教授一年。利用这个机会，我和美国圣公会、雅礼会和复初会董事会及其主要人物取得联系，打破了在中国的传教士的中间隔阂。美国圣公会与复初会增加了对华中大学的常年捐助，并募得扩大校址所需购买基地的用款，以及计划的文学院大楼建筑费。从此，学校经费虽然少，但是相当稳定，学校得到了稳步前进的基础。

1931 年国民党教育部正式批准华中大学立案。

从 1929 年至 1935 年这 6 年中，华中大学由 24 个教职员增加到 60 多人、男女学生由 57 人增加到 200 人，总算有所发展。

在此时期，学校的制度建立起来了。学生升级毕业必须通过严格的考试，大学生两年四个学期的功课，必须按各系规定全部读完。考试合格，学校还要举行一场非常严格的“中期”考试，包括中文、英文和两项专业,是算两年学习的总账。“中期”考试不及格的,仍须重读第二年的功课。学生读完三、四级全部功课在班内考试合格后,学校又要举行一次统考,算整个四年的总账。在管理上,男女学生分开住宿,每宿舍设主任,负责管理宿舍的工作。平时学生不准离开校园,外出必须告假,这样养成一种认真读书的校风。1935 年以前的六届毕业生都获得较好的成绩,学生品德上从未出现过较严重的问题,博得社会的信任。

教师分为助教、讲师、副教授、教授四级,升级由校务委员会所选出的 12 名教授组成专门委员会,按固定条例经过讨论后,以不记名投票逐一通过办理,任何人不得干涉或更改,以此促进教师钻研学术,杜绝幸进。

会计主任和校长一样,由校董会选定,对校董会负责,按校董会每年所通过的预算开支,任何人不得干涉,校长也无权更改预算。教职员的工资,会计处绝对按月照聘书规定分送。

校务会议和院、系会议每月召开一次。处理各自范围内有关事务,关于课程的兴废、修改与实施,由全体教师组成的教务会议讨论处理。

1937 年七八两月,世界各教会在英国牛津大学与苏格兰的爱丁堡举行代表大会,我为中国各教会代表人之一。我到达英国后,“七七”抗日战争爆发了。我匆匆参加两次大会之后,又应美国耶鲁大学之请作第二次客座教授讲课,为华中大学进行募捐,没能收到较大的效果。我心里盘算着学校搬迁的事,向在美国的华中大学设立者大会提出一笔搬迁费的预算,也没有结果。

从抗战内迁到复员故地

抗战开始后,我正在英国,极力主张华中大学迁往后方,写信向代理校长建议,再向校董会提请讨论。可是校董会受美国圣公会代表孟良佐的错误思想的影响,认为我国不能支持长期的抗战,即使日寇打到武汉,对美英教会合办的华中大学,也不会进行摧残。很多人受其影响,都主张不过早迁移。直到武汉各校开始后迁,华中大学才开始准备。1938 年 7 月我由英转美,得知学校已决定迁往桂林,我按学校所提出的搬迁预算,筹足款项汇回武昌。

当我由美国飞香港转道到达桂林时,已是 8 月 15 日,学校师生先几天到了桂林,当询及搬迁情况,才知从武昌运来的图书不过百分之四、五,仪器不及 1/4。当即决定派员回武昌抢运,而水陆交通业已阻塞,损失甚大,这才使大家痛恨,上了帝国主义分子孟良佐的当了。

学校在桂林初步安定之后,开始上课,师生员工,精力充沛,表现了同仇敌忾的爱国情绪和团结合作的大家庭精神,令人感动!可是从 10 月下旬起,日机频繁空袭桂林,学校几乎不能上课,于是又不得不作再次后迁之计。

经校务委员会决定,再迁云南,后经派员调查确定为喜洲坝。

1939 年元月全校教职员工、家属和图书、仪器分批乘汽车经河内转昆明再到喜洲坝。喜洲坝在大理城北 40 里。风景幽美,确实是个“世外桃源”,我们在这里闭门办学,为时七年有半。抗日战争胜利后,于 1946 年 5 月才启程迁回武昌原址。

我为了要去国外劝募重建校园的款项,抗战刚结束,即应美国哥伦比亚大学协和神学院之聘,先行离开喜洲坝,第三次赴美讲学。1946 年 6 月由美赴英。8 月下旬,由英乘飞机经印度到达武昌时,华中大学已经准备在 9 月初开学了。

华中大学算是复员了,但要真正开学上课恢复旧观,还有一段很长的距离。

第一,从 1929 年至 1937 年,华中大学学生程度有着大幅度提高,毕业学生,都是经过无数次严格考试的。迁云南极西的后方,那里中学生少,程度低。如要经过严格筛选,就无法招收学生，所收大学一年级学生，甚至高中一年级程度都不能达到，经过学校教学、考试，在校读了四五年甚至有读了六年的还不能达到华中大学原毕业生的水平，也只得降格让他们毕业。

第二，偏处滇西的喜洲坝七八年，生活单调而且艰苦，许多资学较优的教授、副教授和喜欢活动的青年教师，相继远走高飞，特别遭到削弱的是物理、化学、生物三系，其他各系教师也不得不降格以求。

第三，经过日寇七年蹂躏，武昌校舍"徒空四壁"，连地板都被拆掉了，房屋的修理、安装，图书仪器的添补，需费巨大，不能即时筹到。

以上三个问题是华中大学复迁武昌的刻不容缓，而又非一朝一夕可以完成的事，也是最伤脑筋的事，从 1946—1949 年解放前，都没有得到称心如意的解决。

司徒雷登阴谋破产

在中国的教会大学，受着在美国的中国教会大学联合托事部的接济和支配。

这个联合托事部的主席范杜生，是哥伦比亚大学协和神学院院长，1945 年就任院长典礼时，刻意反共、坚持侵略我国、臭名远扬的杜勒斯在会上大吹法螺，另一个支持他的是美国国际特务、《时代》和《运气杂志》的老板兼总编辑路斯（Henry C. Luce）。而给这些家伙提供关于中国教会大学的消息，设计合并教会大学，制订实施办法，以适应美国帝国主义进行文化侵略的，则是司徒雷登。

司徒雷登（John Leighten Stuart）的父亲是在中国传教多年的美国传教士，1876 年生于浙江杭州，善操中国语言，返美受过大学教育与神学教育后，又回到中国教《圣经》的《新约》和希腊文。1919 年被派为燕京大学校长。其主要任务是拉拢我国的高级知识分子，培养“民主个人主义者”。他在燕京大学设所谓“社会服务系”，主要培养基督教青年会的干事这类推动教会合一的人才。

中国教会大学托事部1945年在纽约拟订的计划，据我所知，是由司徒雷登草定的。

这时，我在哥伦比亚大学讲学，学校原以为我会带家属来，给我配给一所教授正式住宅，计有两间大卧室，一大间膳厅连客厅，一间书房、浴室、厨房，一切设备俱全，我个人住不完。而那时纽约旅馆拥挤，收费昂贵。司徒雷登正在纽约，通过学校院长的介绍，我原在国内早已认识，便同意和他同住。当时，我忙，他也忙，夜间见面寒暄几句，从未深谈。司徒雷登对联合托事部的事缄口不言。

同年的四五月间，司徒雷登和马歇尔一道乘马歇尔的专机返回中国。这使我大为诧异，一个普通传教士，能和马歇尔如此亲近吗？可见他有着美国政府的后台。由于他对华文化侵略有功，那年7月就被委任为美国驻华大使。

司徒雷登虽然狡猾，仍不能一手遮天，他的计划后来还是暴露了。该计划分两部分，第一部分是联合托事部准备向抗战时迁往后方的教会大学施舍一笔复员费，要各教会大学唯命是从；第二部分则是合并教会大学的阴谋的实施。它规定在中国只能有5所教会大学。

燕京大学，是华北的唯一大学。济南齐鲁大学只留下在济南的齐鲁医学院，其他院系合并燕大。燕大设文、法、理、工和神学五个学院，各学院不但系别多，而且都有不止一个研究所，为其他各教会大学，除医学院外，培养师资。从而使燕大成为各教会大学的母机制造厂，控制和领导全中国的教会学校。

尤其毒辣的是，司徒雷登特别重视燕大的法学院，其规模简直是一个法政财经学院。它培养法律、政治、财政、经济、外交、新闻和社会工作人才，准备透入我国政治和其他各个领域中去。

除把燕京大学建成为领导教会大学外，还准备建立华东、华南大学，稳住华西大学，华中大学则在可有可无之列。

华东大学，合并原有的南京金陵大学与金陵女子文理学院为第一部，设文、理、农三个学院，以农学院为主。合并上海圣约翰大学、沪江大学、杭州的之江大学和苏州的东吴大学，设文、理、法、商、医五个学院，但不设研究院。联合托事部以经济手段向各大学施加压力。

华南大学，旨在合并广州岭南大学、福州协和大学和华南女子文理学院，设文、理、工、农、医五个学院，不设研究院，只限大学本科。

华西大学照旧，只设文、理、医、牙四个学院，系别尽量裁减。

华中大学，按联合托事部计划，准备不办。由于纽约华中大学设立者大会的支持，托事部才列入计划，只设文、理、教育三个学院，八个系。

司徒雷登之所以这样做，主要是要合并分散的教会大学，集中力量，以与我国公私立大学抗衡，争学生，抢青年。进一步把培养好的服务于帝国主义政策的人，渗入我国各个组织中去，左右我国的发展路线，真正成为帝国主义的殖民地。

1949 年，在中国共产党的领导下，中国人民推翻帝国主义、封建主义和官僚资本主义三座大山，中国人民站起来了。司徒雷登大使侵华计划，也包括他的文化侵略阴谋一起破产。他在中国，没有什么事做了，只好挟起皮包走路。

（1964 年稿）

（原载《武汉文史资料》第 9 辑，1982 年；又载《武汉文史资料文库》第 4 辑，武汉出版社，1999 年。）

关于韦卓民生平的一点资料

韦宝锷

韦卓民(1888—1976),广东香山县(现属珠海市)翠微乡人,少年时在翠微私塾习经书,后去澳门学英文。当时韦卓民的父亲韦景璧是汉口一同族茶商的雇员,1903年韦随父到汉升学,入当时颇有名气的文华书院学习。该校是美国基督教会在武昌设立的一所新型学校,创办于1871年,开始时只有中学班,到韦入学时已办大学班。文华书院1903年大学部建立,是谓之"正馆",中学班称为"备馆"。先生在文华书院以四年时间修完备馆六年的课程,于1907年春升入正馆。时先生的父亲正在汉口中风病故,但由于先生在校成绩优异,仍能半工半读完成学业,于宣统二年底在文华大学毕业获文学学士学位,毕业论文为《古代中国人的宗教信仰及其对中华民族性格的影响》,原为英文撰写,名为"Religious Beliefs of the Ancient Chinese and Their Influence on the National Character of the Chinese People",发表于《文华评论》(*Boone Review*),继由《中国纪事报》(*The Chinese Recorder*)于1911年转载。该论文于1979年为台北韦卓民纪念馆之万先法先生译为中文并出版。先生大学毕业后为文华大学留用为大学数学教员,第二年又任文华书院备馆(中学部)代理堂长,并在大学部讲授形式逻辑及西洋哲学史等,同时兼当研究生。1915年初写出硕士论文"Political Principles of Mencius"(1916年上海广学会出版,1981年万先法译为《孟子之政治思想》)并获文学硕士学位。1918年赴美哈佛大学,在名哲学家霍金(Hocking)教授指导下研究西洋哲学史，1919 年获哲学硕士学位，1920 年修满了博士研究生的全部课程，以全优成绩获得霍金教授极高的评价，（见哥伦比亚大学出版社 1970 年之《中国名人传记字典》）。但因继续留学的经费无着，只得放弃只差博士论文待缴的学位，提前归国，继续在文华大学教逻辑与哲学。1924 年文华大学与博文书院大学部以及博学书院大学部合并为华中大学。先生被选为副校长兼教务长。1926 年长沙雅礼书院之大学部（医学院仍留长沙，即日后之湘雅医学院）与湖滨大学加入华中大学，先生升任华中大学校长兼文学院院长。1927 年学校停办，先生从汉口经上海回广东时在上海以共产党嫌疑（犯）为国民党逮捕，幸而接船的友人看见他被捕，在报上呼吁，并为外国报纸转载，先生才得保释出狱。那时先生继续留在国内有随时出危险的可能，遂趁机到英国留学，在伦敦大学名哲学家哈普豪斯教授（Hobhouse）与牛津大学名哲学家史曲特教授（Streeter）指导下当研究生，并游学于法国巴黎大学与德国柏林大学，1929 年获伦敦大学哲学博士学位，学位论文为 Confucian Ethics（《孔门伦理》）。由于先生曾在英、美、法、德著名的哲学家指导下学习，所以西洋哲学造诣较深，而先生又有较深厚的中国古代哲学的基础，对孔、孟、老、墨乃至佛家道家的哲学思想都有相当的研究。我们翻阅他多年来的论著，[发现]他对欧洲的亚里斯多德、培根、黑格尔、康德，中国古代的孔子、孟子、墨子以及佛家道家的思想都有阐述，说明先生能融会贯通东西方的哲学思想，并提出自己的见解。因此先生在 30 年代与 40 年代多次应邀到欧美讲学，如 1931 年去美国芝加哥大学讲学，并任耶鲁大学研究生院伦理学客座教授，1934 年又在美国耶鲁大学、哥伦比亚大学、欧洲柏林大学讲学，1938 年又应聘为耶鲁大学客座教授，1945 年又应美国哥伦比亚大学与协和神学院之聘，作 Hewett Leotares 特别讲座，内容整理为 1947 年纽约 Scribners 出版之“The Spirit of Chinese

Culture"(《中国文化之精神》)。同时又应聘为耶鲁大学客座教授。此外他历年还在欧美很多大学讲学,由于这些学术活动,一些大学曾授予他人文学博士,民法学博士等荣誉博士学位。

1937年先生休假赴欧,(那时华中大学实行教授工作六年休假一年的制度),他一到英国,七七事变发生,他便立即赶去美国,作义务的抗战宣传。当时胡适正好在美国,胡要先生同他一起做"抗战宣传工作",被先生拒绝。后来先生对我说,胡适当时并不是真正宣传抗日,如果同他一起搞,反而不能放手宣传抗日了。也正是这个时候,人们谣传先生可能当驻美大使,并且传说他连大使的礼服也做好了。后来先生说,那纯属谣传,他从来不当国民党的官,怎么会当驻美大使,并且哪有未上任就把礼服做起来的傻事?国民党的教育部想他去当中山大学校长倒真有其事,但是他认为他无法把中山大学管理好,连上海圣约翰大学(那也是一所教会办的大学)他也不肯去当校长。

1938年,日本侵略者进逼武汉,华中大学被迫迁桂林,搬家时先生还在美国讲学与宣传抗战。先生闻讯赶回国内,当时迁校工作正在进行,师生员工才部分到达,图书设备尚未运到,便借用广西大学一部分校舍作课室、实验室与办公室,师生宿舍都在外租赁民房。迁桂后,才安静地上了三两个月课,日寇的飞机便频繁地空袭桂林,先是天天要跑警报,好在桂林城外山洞多,每天早晚上课,白天跑警报。后来桂林空袭加剧,几次师生的宿舍被炸,虽师生员工无一人伤亡(那只是走运,男生一宿舍被炸那次,很多学生与居民分躲在两个防空壕内,有一个防空壕直接中弹,伤亡甚重,幸好华大男生都在另一个防空壕内,才免于难)。但惊险情况累有发生,教授张斡周先生的住所全部被炸毁,学校旁的太史巷宿舍旁落下一两百磅炸弹,课室附近的防空壕旁边落下炸弹,师生受惊,类似的情况日益增多,华中大学便决定再次迁校,选择了当时的世外桃源、风景秀丽的大理县喜洲镇。从1939年春节后第三天开始，分批从桂林用学校购买的汽车，由教师开车到中越边境，再换乘火车经河内到昆明。那时先生已随先遣队先头到达喜洲，把连在一起的孔庙、大慈寺、张氏宗祠稍加修缮，并赶修了一些教室与实验室，便成为武昌迁滇华中大学开课[的教室]。搬到桂林的图书仪器是在开学后，再由几位教师开车，几位同学协助押运，经贵阳、昆明运到喜洲的。在喜洲的生活是艰苦的，虽然初到喜洲时物价很低，师生的生活尚好，但不久，通货恶性膨胀，师生的伙食日差一日，兼之喜洲没有自来水、电，吃的是井水，用的是油灯，虽然过了几个月，用汽车头改成的发电厂在晚间能供应实验室与阅览室的照明用电，而生活差，医药条件更差，好几位学生与教师病死，先生也于1944年12月初得了斑疹伤寒，那时的医药水平即使是现在很容易治好的常见病如肺炎、伤寒或肺结核、猩红热等，都只能是头痛医头，用静卧休息、增加营养的古老办法，让病自然地痊愈(或恶化，死亡)。先生经过那次大病，也是年纪不小了，休息了好多个月才能起床工作，不久，他便应邀再度去美国讲学，再为华中大学的发展征集资金。

征集资金是韦卓民先生当华中大学校长后的一项长期艰巨工作。虽然华中大学是由五所教会大学合并而来的，经费来源大半是由原来维持文华大学的圣公会和开办雅礼大学的雅礼学会(当时叫 Yale in China Association，是美国 Yale University 的毕业生有志于在中国办学校的人所组织的民众团体，近年来改称 Yale-China Association)所提供的。其他三个单位只提供了少数外籍教师的工资，一切师生宿舍(除原有的之外)和仪器设备都要靠沿门托钵征集而来。他1933年、1937年、1945年几次去美国都带有集资的任务，并且还是有成效的。30年代末和40年代初，华中大学在校学生可能记得那时华中大学曾有在城外新建教学与办公大楼群的规划，并曾考虑过把19世纪末失火烧掉的黄鹤楼做在图书馆的顶上，这个新校舍的设想就是先生沿门托钵的结果，那时已募捐到的美元约二十万（相当于当时的法币约百万）。以当时的建筑价格，是可以把新校舍建起来的，可惜由于日本侵略者的暴行破坏了这个设想的实施。

1945年先生病后去美讲学，等到他1946年回国，华中大学又迁回武昌，抗战八年，三次搬迁，学校的图书仪器损失惨重，抗战期间又得不到补充，在后方八年，地处西南边疆，交通极不方便，教员减员严重，所以1946年回到武昌，几乎又从零开始。好在那时华中大学已有一些基础，所以到解放前夕，华中大学在教员的数量质量上、学生人数上、图书仪器上都能超过抗战前水平，这都是与先生的辛勤劳动分不开的。

1948年、1949年，在国民党逃台前夕，曾威胁利诱要华中大学南迁桂林，但先生坚决顶住，不迁离武汉，乃能在武汉组织一些人士，迎接解放，并把华中大学完整地交给人民。1950年，美国的中国基督教大学联合董事会汇来美元20万，先生请示中南教育部后，将汇款退回，接受中南教育部的整编，名为公立华中大学，先生仍任校长。1951年华中大学与中原大学教育学院合并组成华中高等师范学校，由中南教育部长潘梓年任改制委员会主任，先生与中原大学教育学院院长王自申任副主任。1953年，院系调整，华中大学英语系调中山大学，但调入的院系较多，那时华中师范学院除原来的华中大学、中华大学、中原大学教育学院外，还有南昌大学的一部分，广西大学的一部分等。那时先生已年近古稀，不再担任行政职务，专心致力于教学与培养青年教师以及译著工作，先后写了《亚里斯多德逻辑》（1957），译著了《康德哲学原著选读》（1963）、《康德纯粹理性批判解义》（1961）、《康德哲学讲解》（1963）以及康德《判断力批判》（1964）等。他从1956年到1976年尚有著作及译著十几本，两百多万字，现在正在整理中，争取出版，以免辜负了他十几年的劳动，也免得浪费这部分财富。

“文化大革命”中，先生受到组织和师生的保护，也受到一定的冲击。他对我说，有一次一位同学忽然到家里来，叫他收拾必要的洗脸用具及换洗衣服，就把他载在自行车后面，把他送到学生宿舍里“隔离”起来了，在那里除了学习与写材料外，另无他事，大约一个月后，又把他送回家了，正好那个月是华师打人最厉害的一个月，他就这样免此一劫了。但是他同其他老教授一起罚跪，并且在跪时多次挨鞭打。还有他的右手就是在“坐飞机”时扭坏了肩关节，并且[致]右手拿不了筷子吃饭，在他的最后几年里，他一直只能用左手拿汤匙吃饭。

抄家是家常便饭，他被抄过多次家，但是好在抄家的人不拿他的手稿，也不拿书，所以他的书籍与手稿相当完整地保存下来了，这是幸事。现在，他写的书稿，散失的不多，基本完整的有：

1. 康德哲学的介绍(1956)。约二万字，是当年的讲稿。

2. 培根及其新工具(1957)。后附培根著 *Atlantis* 一书译文，约 16 万字，此稿经商务审稿，准备排印，但因故未出。

3. 形式逻辑纲要(1958)。是他在多年讲授逻辑讲稿基础上整理出来的一本专著，约三十多万字。

4. 康德哲学浅说(1972)。约七万字，这是他从“康德哲学的介绍”扩充而写成的《康德哲学简介》的缩写本，作为讲义用的，“浅说”有油印本，“简介”不但没有油印，并且手稿也缺了关于介绍“实践理性批判”的一章。

5. 黑格尔《小逻辑》讲义。约十七万字，可能是他为讲授黑格尔小逻辑时的讲稿，相当完整，但写作于何年，尚待查核。

6. 黑格尔《小逻辑》评注(1976)。这是他生前最后一部著作，约五十万字。在他去世前不久曾对我说，“评注”已写完，但他要从头再看一遍，修订一下，便可完工，可惜他来不及做这项工作就去世了。

另有他用英文写了一些东西，如：

1. *A Study of Milton's Samson Agonistes* (1960)。约七万字，这个稿件曾经商务审阅，后因"文革"停出。

2. *Lectures on Hegel* (1972)。约八万字。

另有两份万字左右的文稿：

3. *Lectures on Aristotle's Successors and Commentators and Others*。这是讲及亚里斯多德的后继者与评论者以及其他同仁的文稿。

4. *Notes on Forms of Prose* (1963)。

他从五十年代做翻译工作，除已出四本书外，还留下五本译稿：

①Joseph 著：逻辑导论(1958)。约五十五万字，经商务审阅，但由于安排关系，拖延到"文革"而停出。

②Kant 著：自然科学形而上学初步(1965)。商务约译，九万字。

③Kant 著：一切未来的形而上学导论(1965)。商务约译，十一万字。

④Hegel 著：精神哲学(1960)。约十万字，商务约译。

⑤Kant 著：纯粹理性批判(1962)。五十五万字，这是商务约他在已有两个译本出版后，要他再译一次的译稿，商务审稿后，提出一些修改意见，现在尚不知他是否已作了修改。

另外 1964 年，商务曾约他翻译康德的《判断力批判》一书，出版了后半卷，前上卷用了宗白华的译稿，现在还存有上半卷的手稿(部分)。此外，在他遗留下的手稿中还有一些完整和不甚完整的文章，其中有①读黄子通先生《康德的二元论与不可知论》一文的意见；②读詹先生《墨子》一书手稿的一些意见；③帝国主义是怎样通过教会学校进行文化侵略的；④谈谈科学研究方法；⑤答人民大学逻辑教研室的几个问题；等等。

先生一向身体很好、很少病。自从 1924 年华中大学成立以来，他干了近三十年的校长工作。他除了校长的行政工作外（并且只有一个中文秘书和一个英文秘书，另无其他办事人员），还经常教两门课。华中大学前十多年是在风雨飘摇中生存下来的，那时教员少学生少，国内国外都很少人承认，就要到处请教员，到处找钱来充实图书仪器设备，所以先生就要到处磕头到处化缘，在国内国外到处奔波。抗战开始了，学校在八年中三次搬迁。他第一次病倒是 1944 年底，那时也太艰苦了，学校地处边隅，一些教授走了，要请人也不容易。他心目中要办一个水平高的大学，但是在这种条件下，谈何容易。那时通货恶性膨胀，师生员工的生活要想方设法维持。在这种压力下，兼之他本人的生活也很艰苦，就病倒了。那次之后，我就未听到他病过，甚至"文革"的一个冬天（1969 年），他在[华师]大冶[分校]劳动，掉在水里，以八十高龄，冬天全身湿透也没有倒下。1976 年 3 月初，他病了，只是老年人偶感风寒吧，每个星期天我去看他，他都同大家一起吃饭，我也知道他是病了，我当时不知道他是勉强起来陪我吃饭，好叫我放心的。3 月下旬开始，他已经要靠打吊针来维持了。3 月 26 日下午我又去看他，那天傍晚粮道街卫生院（他经常到那个卫生院看中医）有 6 个中医来看他，他还谈笑风生，临走我送他们下楼时有一位医生说，你放心你爷爷没有大问题。我问另一位医生，他说：尚未有败脉。临出门，另一位医生说：他年纪太大了。他们几位的话使我放心了些。晚上，他一直睡得很好，到 9 点多钟，他对我说，我背上冷，把被子压一压，我在他背上压上一床毛毯，他又睡了，但喉咙里老有一点痰呼呼地随着呼吸作响。到 9 点 3 刻，他咳了几声，把痰咳出来，我把痰杯接住，他把痰吐在痰杯里，喉咙的呼呼声没有了，我心想这是喉头一点痰咳出来了，但过了一下，我觉得房里太安静了，试试他鼻孔，没有气，摸摸心，未摸到心跳，他便安静地死去了。

他没有留下任何遗言，他用不着留下什么遗言，因为几十年来他心目中只有一个华中大学，而解放后，原来二三百学生八九个系的华中大学，成倍地，不，从学生人数来说是大了几十倍了，他还留下已出版和未出版的书稿四百多万字，他满意地离开了，安息吧！

先生一生主要从事教育工作，他 1910 年底毕业于文华大学便留校从事数学教育，兼教形式逻辑与哲学，后来一直教逻辑和哲学到去世为止共 66 年。他还干了几十年的教育行政工作，从 1912 年春他便兼任文华书院备馆（即中学部）的代理堂长（校长）。几十年来他当过文华书院的汉文科长（相当于系主任）、教务长、文学院长、副校长、校长、改制委员会副主任等职，从文华大学到华中大学再到华中师范学院，主要还是他筹建了华中大学，主持了华中大学，他一生的工作与华中大学是分不开的。

华中大学筹建于 1922 年，当时对合并几所教会大学成为一个稍大点的大学是有争议的，从要不要合并到合并后叫什么，放在什么地方都议论纷纷。先生是积极主张合并的，并且争取到放在原文华书院的校址内，准备逐步另建新址。1924 年并校时他是副校长兼教务长。1926 年他开始当校长又兼任了好多年的文学院长。华中大学是一所小型的私立大学，最多时学生只 400 人，好多年只二三百学生。当然，解放前中国只两所大学（中央、中山）学生超过千人，清华、武大都只有 800 人、600 人。但先生知道华中大学的经济力量不能办大了，只能办个小型大学，所以一向注重学生质量。例如 1934 年全国大学物理系毕业论文评比，第一名和第三名都是华中大学的，华中大学的毕业生在工作中普遍获得好评等等，都说明不能重数量只好重质量的目的是没有落空的。

要得到这样的成绩是颇不容易的，华中大学只是一个普通的地方性小型私立大学，开始时国内国外的知名度都很低，学费虽然不很高，但一些学生在华中大学念一年书，平均要花三百多四百元（那时法币与光洋同值），最省的也要两百好几十元。因此入学的学生除“关系户”（即原来几个书院中学部的）外，中学里的优秀毕业生很少报考华中大学的，所以要提高学生质量就要入学后采取一定的措施。首先学生入学后便要进行甄别考试，把外文水平相近的分在同一个班里，进行不同的讲授。华中大学又有一个“中期考试”，学生修满两个学年后，经过四个学期末的考试及格，就参加一次为时两天、考中英文以及两三门专业课的“中期考试”，即是半截毕业考试。中期考试及格才算三年级，如果中期考试不及格，即第五第六个学期只能算二年级，因别的大学没有中期考试，一些中期考试不及格的学生就转学走了，或者多读一年。所以华中大学有很多五年六年才毕业的学生。物理系就有一位学生读了四年中期考试仍未过关，只好转学了。物理系还有一位学生，念了八年才毕业。这是一个比较严格的筛选。过了中期考试这个关，还有一个毕业论文和一次毕业考试。学生只有在中期考试及格后再读两年才能参加毕业考试，并要考四年主修的主要课程，同时在考试前要按期交出一篇毕业论文。毕业论文一般在第四年级做，它要花费毕业生那年的一半左右时间。经过每学期的考试，中期考试与毕业考试，并经过毕业论文的研究工作的锻炼，即使入学时成绩并不拔尖（华中大学还是有一些拔尖的高中生入学的），到毕业时仍然保证了学到一定的功课，并有一定的调研、实验与解决问题的能力的。先生提高华中大学的教育质量的另一个措施是加强图书馆的藏书、实验室的仪器设备和鼓励开展学术活动。华中大学继承了有名的图书馆“文华公书林”，并不断地充实它，以及在各系都设置专业参考室和阅览室。几个自然科学系都有不错的实验室，这些实验室除提供学生各年级的实验场所外，还能做些研究工作和专业服务工作。例如物理系就曾附设了中国第一个电离层实验室和中国第一个地磁测量站;化学系有为华中地区工农业服务的应用化学研究所;生物系有丰富的生物标本,并曾拥有当时我国第一流的鸟类标本室和鱼类标本室,也曾经是长江鳄的研究基地。为着加强学术活动,华中大学有多个由学生组织的学会如生物学会、化学学会、无线电学会、历史学会、教育学会、国际关系学会等。这些学会经常进行一些学术活动,并具体解决一些具体问题,如无线电学会就自己安装了短波无线电台与国内外的业余无线电台进行通报通话活动(这在当时通过登记手续是合法的),也组织学会会员学习安装收音机、发报机等活动,以及组织收发电报训练等,通过这些学会活动,学生的动手能力和独立思考能力、解决问题的能力,都能得到一定的提高。先生保证学生质量的另一个重要措施就是想方设法聘请一个高质量的教师队伍。先生很重视设法聘请一些已成名的学者,如 30 年代的桂质廷教授、游国恩教授、包鹭宾教授、张资珙教授、徐作和教授、陈伯康教授等,以及后来的胡毅教授,钱基博教授等,他们都是知名的专家学者。先生更是重用一些有成就的青年教师,他们后来也都成了知名的专家学者教授,如卞彭教授,他到华中大学来时只 31 岁,是哈佛大学研究生,后来成了华中大学的台柱,当过教务长,理学院长,代理校长等,解放后调到中国科学院工作。肖之的先生到华中大学来时只二十多岁,后来当了生物系系主任,后来定居美国,是檀香山大学的教授。傅懋勣教授来华中大学时刚大学毕业,后来对我国西南的少数民族语言做出很有影响的成绩,现在是我国研究民族语言的权威。其他如郑建国、万绳武、许宗岳、庄崇福、石声淮、吴醒夫、邱永喜、马奉琛、骆传芳、熊子瑚、陈国傑等等,他们初到华中大学来时都是刚从国外回来的青年博士或国内外的硕士研究生,有些是大学毕业不久的年轻人,很快他们都成了颇负盛名的专家学者、知名教授。在聘请这些青年教师时，当然不能按资排辈，傅懋勣大学毕业不久便提升为副教授、教授，但他很快就成为国际间的知名专家，说明这种破格提升是正确的。万绳武初到华中大学时是一位青年博士、副教授，不久就在美国著名的耶鲁大学在诺贝尔奖金获得者付尔斯教授之下主持一个高压化学研究室。许宗岳、庄崇福等来时只是硕士研究生毕业，但不多年都成为国内不可多得的大专家。其他的就不一一介绍了。在聘请教师而学校预算有困难时，就用"韦卓民基金"支付，这个基金是先生几次在国外讲学的酬金，是先生当作为送青年教师出国深造的资助用的，偶尔也曾用于聘请教师之用。先生能把一个小型的教会大学办得有声有色，也与他讲民主讲法治分不开。教会大学的经费大都来自外国教会，外国教会的"经费"并不都是现金，多半是教会付工资的教师，他们之中有些是该外国教会的驻校代表，他们虽然是教师（讲师、副教授、教授），但对怎样办好一个大学特别是一个中国的大学，往往是外行，但他们既掌握了经费（因为这些驻校的教会代表是该教会的"联络员"），就成了教会大学的无冕太上皇。这是很多教会大学的中国校长（30年代起教会大学都没有外国人当校长了）很头痛的事。先生首先把华中大学的校董会设法设在中国（很多教会大学的校董会在国外），让学校的决策在国内决定，再就是逐渐把主要行政负责人改为中国人担任，再就是在学校里设立校务委员会与教务会议，校务委员会由校长、教务长、各学院院长、女生主任、会计主任以及几位教师代表组成，学校中一切重大的行政事宜都由校务委员会审议。教务会议由教授、副教授、讲师组成，处理一切有关教务上的事宜，而只与各系有关的教学问题又下放到系里，由系主任去办理，这样外籍教师也好，外国教会派驻学校的代表也好，都无法操纵学校的行政与教学事宜，因为他们每人都只能在会议中掌握一票之权，这样就发扬了教师的民主作用，发挥了教师的积极性与主观能动性，学校风气就能生动活泼，教师也能主动地积极地献身于教育工作，学生的学习质量就得以提高，无怪乎解放前有些教会大学的领导，例如成都的华西协合大学张校长，就请卓民先生到成都去传经，传教会大学如何办成一个中国人独立自主的大学之经。

卓民先生从宣统二年底大学毕业到1976年去世，66年都是一位教师，除早年教过数学外，一直在教哲学，教中外哲学史上著名哲学家的哲学思想，中国儒家的孔孟，以及从外国传入中国的佛家和基督教的哲学思想，外国的就着重于柏拉图、亚里斯多德、培根、黑格尔、康德。他之能涉及多家的哲学思想是与他的国学基础，与大学和作为研究生时所从的导师分不开的。他七岁入学，学经书七年，国学基础是坚实的，因之他在文华大学年代（包括研究生）能写出有关中国古代的宗教思想和有关孟子的政治思想的论文，后来他又在哈佛大学拜当时的哲学史大家Hocking（霍金教授）为师，在英国拜当时名哲学家哈普豪斯（Hobhouse）和史曲特（Canon Streeter）为师。除此之外，卓民先生又能在博览群书之外，拜能者为师。他从高僧学佛，学“大秦起信论”，从老庄学道，在大学里又从外国传教士（其中也有学者）学基督教以及其哲学，所以先生能沟通东西文化。他在文华大学时除上述的论述之外还写有《佛教净土宗以信得救的教义及其与基督教的关系》（1920）和《东西文化之综合问题》（1928）等等。先生的《中国文化的精神》（原文为英文The Spirit of Chinese Culture，1946）一书，对儒佛道与基督教作了深刻的剖析，他在抗战期间提出的《墨子非攻非战论》，不但有力地抨击了投降派的不抵抗卖国嘴脸，也说明了他对墨子的深刻认识（在他的遗稿中，还有《对詹剑峰先生“墨子”一书手稿的一些意见》提纲，在这份意见提纲中，卓民先生引证了很多墨子著作的内容，提出很多自己的看法，再一次说明先生对墨经理解之深）。先生治学严谨，教学严格，执行严格的考试，并在教学中要求学生要有深刻的理解。他的一个学生就回忆说，卓民先生在讲授哲学课时，要学生不当“概论派”，即只知书中的一般情况，不求深度，似全知又不真知，他要求学生读哲学要细读几本名著，吃透著者的思想实质，先生的这种治学方法是值得效法的。

卓民先生是一个爱国主义者，青年时代受日知会革命思想的影响，就有反清扶汉的思想。例如他还在中学时代时，清政府派一位道台来文华书院视察，他曾在主席台（设在操场的山边）后面山上，指着那位官员，用广东话说，你这些满洲仔不要神气，迟早要赶你们出去。不料官员是广东人，他事后招集广东学生训话，提出这件事，那时文华的广东人很多，无法寻查，作罢。他曾多次用“法兰西士”的笔名，在《文华学界》上发表革命性的文章。1927 年，国民党右派曾对他迫害，捕他入狱，只是由于他是中国基督教会中的头面人物，他被捕后，中外报纸都反应强烈，反动派才不得不让他保释，软禁在上海一两个月，他只好避开反动派的风头，找机会逃到欧洲去。七七事变时，他正在欧洲讲学，闻抗战消息，便赶去美国宣传抗战，有一定影响，当时胡适在美，想收买他，说他是奉国民党政府之命来美国“宣传抗战”的，要他同胡一起工作，但遭到先生的拒绝。后来先生对人说，胡适不是真正的宣传抗战，所以他不能同流。他是国民参政员，王云五（王也是中山人，是老相识）要他攻击共产党。他不但未答应，反而因此退出参政会。国民党也曾要他当中央大学校长和中山大学校长，都被他拒绝。解放前夕，因为华中大学是教会办的大学，同外国关系较深，进步学生曾利用这个地位，把华大作为进步学生的暗中集会地点。国民党反动派声称华中大学有共产党活动，他都坚持说华中大学的学生只知读书，不会进行政治活动，并以自己作保证，其实他很清楚那时进步学生的活动情况，不只一次反动派的特务进入校园搜捕，都被他巧妙地掩饰过去，甚至有一次特务不知怎样得知进步学生在思殷堂（男生宿舍)开会，直接走到校长办公室说要拿人。卓民先生一方面应付他们，答应可以陪同去查看，一方面示意秘书设法要学生立即撤退，使特务扑了一个空。解放前夕，反动派迫害进步学生(其中很多是共产党员)很猖狂，卓民先生就每天晚上单独一一安排某些受特务注意的学生在某些教师家中过夜，使他们度过这一段解放前的白色恐怖时期。解放前夕反动派又逼华大南迁，先生坚决顶住不搬，使华大能完整地回归人民怀抱。解放后不久，美国联合董事会汇来几十万美元，先生请示了中南教育部后，便将款退回，这样华中大学就开始完全摆脱了外国的影响，正式成为我国的一所公立大学。在三年灾害期间，先生又多次拒收从海外寄来的食物，使反动派钻不到空子来进行反动宣传。这一些事实都说明先生从青年时代，经过抗战，解放前与解放后，一贯表现为一个爱国者。

卓民先生虽然在中学大学时代，遵父命拒绝接受基督教信仰，但他大学毕业后，由于研究哲学与宗教，还是相信了基督教并成为一个虔诚的基督教徒，但是他反对外国人控制中国的教会，鼓吹基督教各派联合为一个统一的教会，并且要由中国人独立自主地办中国的教会，在武汉很早就有了自养教堂，即教堂的一切开支(主要是神职人员的工资等)都由教堂的教友自己出，摆脱外国的经费支援，当然也就摆脱了(或基本摆脱了)外国教会的控制，成为一个独立自主的自养自治团体，这就为解放后的三自革新打下一定的基础。他也认为中国教会应溶入中华民族的民族文化中而不应一切照搬外国的，他认为应该在中国文化的基础上，宣传中国式的基督教，他曾提到:佛教是从印度传来中国的，但中国的佛教已生根于中国变成了中国的佛教。他问:为什么基督教在中国不能成为中国的基督教呢？但在解放前同意这样做的人不多，只有通过解放后的三自革新才逐渐为全国基督教徒所接受。先生是全国三自革新委员会的发起人之一，第一次在北京开三自爱国会议，毛主席还亲自接见了会议代表。

关于卓民先生要把基督教融入中国文化之中的思想，中国教会应由中国人办的思想，他曾发表过一些文章和公开意见，例如1920年的《要使基督教在中国有活的生命力》，1945年发表的《让基督教会在中国土地上生根》等等，都表现了他的这个思想。

卓民先生的中国教会应成为中国的基督教会应由中国人办的思想，很自然地就影响到他办华中大学的思想，华中大学是由外国基督教会以及雅礼学会（美国耶鲁大学校友的一个教育组织）资助的，虽然华中大学也有由解放前的教育部、哈佛燕京学会、中英文化基金会以及某些国内国外的朋友的捐赠，但外国教会企图控制这所学校的趋势是明显的，特别是华中大学有很多外籍教师和外籍教师中的教会代表（教会代表不全是外籍教师也有中国教师），所以要把学校办成一个独立自主（或基本上独立自主）的中国人的大学，是需要有魄力和有措施的。卓民先生在这方面是相当成功的，如前所述，华中大学基本上是摆脱了外籍教师的控制的。

卓民先生的一生，是一个跟着时代前进的爱国主义者的一生，是一个诚诚恳恳的教育者的一生，是一个严格的教师，也是一个一丝不苟的哲学史学者和积极的中国式的宗教活动家。他桃李满天下，他的学问为中外同行所赞许，基督教会里说他是一个好教徒，学生说他是一个好老师，同行说他是一个好学者，同事说他是一个好校长，现在他去世已十一二年了，盖棺论定，应承认他是中国人民的好儿子。

1987年12月

（原件存华中师范大学档案馆“韦卓民个人档案”中，此次公开发表，编者作了适当的标点和文字整理工作。）

抗战时期迁滇的华中大学与韦卓民纪事

范麟章

1939年，当抗日烽火燃遍大江南北之时，一所创办于江汉之滨的大学，迁到银苍、玉洱之间的云南大理喜洲，弦歌于南诏故郡，在云南办学达8年之久，这就是私立武昌华中大学。1945年抗战胜利后，这所学校才于次年迁回湖北武昌。缅怀史迹，追述于后。

华中大学简史

华中大学是一所教会大学。抗战前，在云南鲜为人知。这所学校是1924年由当时在武汉、长沙、岳阳的五个教会大学和书院合并创建的。它们是武昌的文华大学、博文书院大学部和博学书院、长沙的雅礼大学、岳阳的湖滨大学。其中，历史最长的是文华大学。文华大学是文华书院的大学部。文华书院是1871年开办的一个男子中学，1903年开始招收大学班，当时叫文华书院正馆。1906年第一届大学生毕业(三年制)。1907年招收第一批四年制大学生，并在美国立案，获得授予学位权。1911年第一批四年制学生毕业(其中包括后来任华中大学校长的韦卓民先生)。长沙的雅礼大学是20世纪初成立的，1900年美国耶鲁大学的部分毕业生组织了“雅礼学会”(Yale in China Association)，在中国兴办学校。1906年办了雅礼中学，1908年办了雅礼医院，1912年创办雅礼大学。其他合并到华中大学的博学、博文书院和湖滨大学，规模较小。1922年先由文华大学、博学、博文书院联合成立华中大学，选定武昌县华林文华大学的原址为校址，1924年开学，学生89人；1926年长沙的雅礼大学、岳阳的湖滨大学，由桂质廷先生率领部分学生，带着仪器北上武昌，并入华中大学，至此，华中大学才成为五个学校联合的大学。学校设有文学院（原为文华大学文理学院）、理学院（又称雅礼理学院 Yale in China, School of Science）、图书馆学院和文华神学院。北伐战争时期，学校停办，1929 年复校，院系调整为文学院、理学院和图书专科。1937 年，学生发展到 300 余人。

迁校经过

1937 年 12 月，南京沦陷，武汉告急，华中大学准备内迁。1938 年 7 月 3 日从武昌辗转迁到广西桂林，10 月，武汉失守，桂林成了敌机轰炸的目标，华中大学教师和学生宿舍部分被炸，无法正常上课，乃决定再次内迁。学校派张资珙教授到昆明联系校址，韦卓民校长、卞彭年教授也专程到昆明洽商，征得云南大理绅士严子珍老先生和热心教育事业的工商界、教育界人士同意，决定从桂林迁到风景秀丽、经济繁荣、物产丰富、交通方便、住房比较宽裕的大理喜洲镇。1939 年 1 月师生们便分批启程经越南河内转道至喜洲。借得镇外三座祠堂、庙宇作为校舍，新建了部分简易房屋做实验室、发电车间和音乐教室。在极端艰难的条件下，师生含辛茹苦地坚持教学。从 1939 年至抗战胜利后的 1946 年，学校在云南办学达 8 年之久。

华中大学在云南办学情况

一、院系设置：1939 年迁入滇西大理喜洲的华中大学，设有文学院、理学院、教育学院。文学院设中文系、外文系、历史社会系和经济系；理学院设物理系、化学系和生物系；教育学院设教育系、心理系及音乐专业。

二、教学内容及学习情况：华中大学是一所人数不多的私立教会大学，它继承了中国几千年办学的优良传统，并受到欧美现代高等教育的启迪，兼收并蓄，培养学生学以致用、独立思考和解决实际问题的能力。加之，老校长韦卓民是一位毕生尽瘁于教育事业的博学多才的教育家，执教60多年，任华中大学校长也有30多个寒暑，摸索创造了一套求知育人的教育体系。他主张学术自由，学生可涉猎各家各派的知识，但要学以致用，成为有用的人才。他提倡学习必须刻苦勤奋，严格要求。这和他本人治学的指导思想以及对科学的刻苦钻研精神，有很大关系。在学校漫长的历史中，经过教师们呕心沥血的教学实践，华中大学有自己的治学经验、教学特点和学习要求，归纳起来有以下几个方面：

1. 学生从入学到毕业，都必须通过严格的考试。华中大学不是国内知名学府，新生入学的水平并不高，但入学后的要求却很高。学校采取“先天不足后天补”的办法，新生入学后立即举行分班考试，特别是外语，考试成绩差的编入英语先修班(Condition English)，先修班英语及格，第二学年才能读大一英语。经过两年学习后，要通过一次“中期考试”；要参加“中期考试”，又必须读完规定的主修课(而大一英语和大一汉语，是各院系在二年级前一定要读完的课程)，学分要达到规定的标准，平均分数也要达到规定的标准，平均分数达到67分者，方能参加中期考试；参加中期考试之后，各科成绩及格，平均分达到67分才能升入三年级，否则，第三学年仍算二年级。每年都有部分学生因未能参加中期考试，或参加后成绩不合格，多读一年至二年，个别的甚至多读三年。这是一道极严格的筛选关。三、四年级读完全部主副修课程考试及格后，又要进行一次四年主修课的总考试，即毕业考试，同时还要用一年的时间写一份毕业论文。毕业考试过关了，若论文不及格者，还是不能毕业。华中大学迁滇后招收的云南学生，因在中学时外语水平低，进校后，大多数要先读先修班英语之后，才能读大一英语。因此，毕业后有许多并非外语系的学生，外语功底也很厚，在中学任教时，也能教英语课。

2.充实图书设备和开展学术活动。华中大学有出名的图书馆"文华公书林",几个自然科学的学习都有较好的实验室。如物理系有中国第一个电离层实验室、地磁测量站;化学系有为华中地区服务的应用化学研究所;生物系有丰富的标本,曾经是长江鳄鱼研究的基地,学校迁到喜洲后,设备虽然没有在武昌时完善,但也发挥了一定的作用。如生物系主任肖之的教授,在教师吴醒夫、陈培生、汪海珍的协助下,进行了洱海各水层的氧含量 pH 值的研究,水生生物及浮游生物分布情况的调查,写出了好几篇有价值的学术论文,在国外的杂志上发表。为了加强学术活动,华中大学有各种学会的组织,如生物、化学、无线电、历史、教育、国际关系、中文、外文等学会,经常进行一些学术活动,并培养学生的技术实践和独立思考的能力。如无线电学会,就自己安装了短波无线电台,与国内外的业余无线电台进行通报活动(这在当时是允许的)。

3.聘请高水平的教师。华中大学在喜洲时,虽然物质条件和教学条件非常困难。仍还是聘请了一批学有专长的有名望的教师任教。如楚辞专家游国恩教授,在喜洲时曾研究白族"火把节"的起源等问题;文选学专家包鹭宾教授,在喜洲时研究僰国、僰族等问题,曾写过《白人非白族之后》等学术论文,由哈佛燕京学会出版。鲁迅研究专家李何林教授,社会学专家许烺光教授,磁学专家桂质廷教授,教育学专家胡毅教授,分析化学家张资珙教授,有机化学专家徐作和教授以及主持学校行政的卞彭年、骆传芳、黄溥等教授都先后在华中大学任过教。包鹭宾教授为培养云南各族人民的子弟,积劳成疾,燃尽了生命之火,长眠在洱海之滨。除中国教师外,华中大学还有十几位英、美、德及瑞典籍的外国教师,这些人大多是国外知名大学的教授学者,是被派来中国讲学的。此外,一些知名的中国学者也经常到华中大学讲学,如罗常培先生、老舍

（舒舍予）先生、熊庆来先生和潘光旦先生，美国知名学者费正清先生等，都到过喜洲讲学。除知名教授学者外，华中大学还重视聘请一些有成就、有抱负的青年教师，如傅懋勣、肖之的、陈国杰、万绳武、许宗岳、阴法鲁、吴醒夫、应崇福、陈美觉、胡志彬等任教，他们当时都是刚毕业不久的青年，现在大都已成为国内外有成就的专家学者。如傅懋勣老师是国内外有名的语言学家，肖之的老师是研究生物学的博士，应崇福老师是声学专家，吴醒夫老师是动物学专家。由于有着高质量的教师，因而一批在华中大学迁滇前后毕业的学生，能到国外留学，有的到研究院攻读，现在都已成为专家学者。如陈培生毕业后到国外留学，现任瑞士苏黎世大学生物系主任；韦宝锷在清华大学研究院毕业后，又到美国留学，现任中国科学院武汉物理研究所所长。还有一些留学后，都在国内外的大专院校或科研机构任教任职。

三、以讲民主、讲法制为学校治学和管理原则。华中大学是一所教会学校。当时的教会大学，因经费是外国教会资助，故不少学校外籍教师可以借教会之名操纵学校的大权，转变学校办学的方针。华中大学则并非如此，而有自己的管理原则。韦卓民校长首先把校董会设在中国（很多教会大学的校董会设在外国），大学的主要行政领导多是本国教授，如文、理、教育学院院长都是本国教授。学校成立校务委员会和教务委员会，一切学校行政大事都由校务委员会审议；一切教务大事均由教务委员会处理；各系的教学事宜则下放系里决定。这样，外籍教师参与学校教学和管理，就只有一票之权，无法操纵校政，从而使学校成为中国的大学，按中国的需要培养人才。由于发扬了民主与集中的精神，发挥了教师的积极性和主观能动性，学校的风气生动活泼，教学的质量得以提高。

华中大学在喜洲办学的时代，正是抗日战争十分紧张，生活非常艰苦的时期，迁来云南的教师和学生，远离家乡，亲朋离散，只能靠微薄的薪俸和极少的助学金生活，但艰苦的生活也磨炼了学生的意志。教师安贫乐道，在创业艰难的环境中，许多留学归来或国内有名的教授，均能齐心合力，共度时艰。吃的是粗茶淡饭，穿的是破旧衣服，从领口到袖子都补上了羊皮，抽的香烟是喜洲土产，又苦又辣；外籍教师的生活虽稍好一些，但也和中国教师一样艰苦奋斗，这样苦熬了8年，培养了一批又一批毕业生，进行了一项又一项的学术研究，为云南培养了新一代人才，在边疆播下了文化种子。

华中大学的民主运动

在人们的印象中，教会大学的师生对国家的兴衰，民族的危亡，好像是不关心的。华中大学虽是个教会大学，受宗教的影响较深，但它保持着民主自由的风气。在国家民族面临生死存亡的时代，华中大学民主运动的浪潮，虽不像其他学校那样汹涌澎湃，但也能跟上时代的步伐。远在抗日战争爆发以前，何功伟烈士在华中大学读书时就已有过活动和影响（何是中共鄂西地下组织负责人，1942年牺牲于湖北恩施）。“一二·九”学生运动时，华中大学是当时武汉的学生运动发起单位，组成学生联合会，华中大学学生谭安琪任主席。

1940年底，李志疆同学由西南联大经济系转学到华中大学经济系读书（李是中共地下党员），在华中大学组织了“社会科学研究会”，进行宣传活动，团结同学，广交朋友，进行合法斗争。后来又开过一次时事座谈会，揭露孔祥熙的二小姐用飞机运洋狗的丑闻，还办过《苍洱半月刊》，作为宣传抗日与争取民主的园地。1942年以后，一些进步学生，如杨增魁（丁朗）、叶芬、朱瑞礼、刘伟缨、王孝伟（王侃）、李岱群（司徒群）、罗际荣、杨贞富（杨恩）等同学，通过壁报、座谈会等形式，不断进行抗日救亡和争取民主的宣传活动。

“一二·一”昆明学生运动时，华中大学虽远在大理，但同学们以写信、通电等方式表示支持，并在校内举行座谈会，出壁报进行声援。

华中大学在云南的贡献

华中大学迁喜洲后，八年共招收云南学生300多人，这些同学现在都分布在云南省内外各地工作，有的同学在外交部工作，有许多同学在大专院校任教。仅以昆明为例，云南大学、师范大学、云南林学院、民族学院、云南工学院、省中医学院等大专院校都有华中大学毕业或曾在华中大学读过书的同学，他们许多都已成为专家学者，被评为教授、副教授或担任系主任等职务，还有些同学在科研单位任研究员，有一大批同学任教于昆明市和各州县的中学、中专及大专学校。

华中大学为云南培养人才，云南学生、学生家长和社会人士，也关怀和爱护这所学校。1944年，由云南学生发起，分两路为学校筹集资金，一路去丽江，一路到昆明，许多学生家长和社会人士都解囊相助，支援学校。

学校在喜洲办学期间，对大理和喜洲的文化教育事业也有很大贡献，喜洲虽是一个小镇，但却是一个在经济和商业方面颇有名气的地方，富商巨贾多，经济贸易发达，但文化比较闭塞。20年代末、30年代初，全镇只有大学生3人。华中大学迁到喜洲后，首先就在师资上支援当地办的私立五台中学（现大理第二中学）。教育学院的学生到三、四年级，大部分要到这个中学任教实习，有的教师也到学校兼课，五台中学实际上成了华中大学教育学院的实习中学。八年来培养了数以千计的初、高中毕业生，对提高当地文化水平、培养人才，起了一定的作用。八年来，华中大学师生对白族的语言文字以及社会等进行了调查研究，对南诏、大理国的历史以及古迹进行了调查和考证，对洱海水质、水生动物以及生态的研究，都取得了可喜的成绩，撰写的学术论文曾在国内外有名的杂志发表，有的还得过奖励。

一位令人怀念的学者和教育家

华中大学在办学的指导思想和具体措施上，能数十年如一日，辛勤耕耘，诲人不倦，使人才辈出，桃李满天下，其中很大一部分成绩，不能不归功于长期担任校长职务，把毕生精力献给华中大学，奉献给中国教育事业的学者、教育家韦卓民先生。在追思学校历史的纪事中，谁也不能忘怀韦卓民校长的功绩。

韦卓民先生早年的著述，既有对中国古代宗教信仰的论述，又有关于孔孟政治思想和哲学思想的著作，并能做佛教和基督教的比较，曾写《佛教净土宗以信得救的教义及其与基督教之比较》。先生所著《中国文化之精神》一书，对儒、佛、道都作了深刻的剖析，抗日战争时期所著《墨子非攻非战论》的论文，说明他对墨子学说有深刻认识。先生晚年仍孜孜不倦地培养青年教师和从事译著工作，先后著译了《亚里斯多德逻辑》(1957)，《康德〈纯粹理性批判〉解义》(1961)，《康德哲学讲解》(1963)以及《判断力批判》(1964)，还有 200 多万字的手稿未整理出版。

先生不但治学严谨，教学也很严格。他虽强调严格的考试制度，但在教学中更要求学生对所学知识有深刻的了解。听过他讲课的学生回忆说："卓民先生讲授哲学课时，要学生不要只当'概论派'，不要对所学只知书中的一般情况而不求深度，好像都知而又不真知，读哲学要细读几本名著，要吃透哲学家的思想实质。"他在治学中不仅要求学生刻苦学习，还为有进取心的学生创造学习条件。他用数十年出国讲学的报酬设立了"韦卓民基金"，在需要重金聘请教授，而学校的经费有困难，或遇到选送青年教师出国深造，教师工资不足、学生经济困难时，就由"韦卓民基金"项下支付。

韦校长不仅是教育家、学者，还是一个爱国主义者。先生青年时代受日知会革命思想的影响，曾多次在英文杂志《文华青年》发表革命文章。20年代，国民党反动派曾对他进行迫害，他被捕入狱，只是因为他当时是基督教会中的头面人物，中外报纸对他被捕反应强烈，国民党当局才不得已让其保释出狱。抗战初期，国民党当局要先生出任教育部长，被他拒绝，才改由武汉大学校长王世杰担任。韦先生曾是国民参政员，但当他看到国民党专制独裁，政治腐败的现象严重，愤然退出了参政会。他主张学校不搞党团活动，因此，国民党、三青团始终未能在华中大学建立。1944年，国民党军训部派了一个姓余的军事教官到学校，企图组织三青团，韦校长竭力反对，学生也强烈抗议，使这位教官无法施展其伎俩，只得走了。武汉解放前夕，先生力排众议，拒绝将华中大学南迁，并尽力保护进步学生免遭特务迫害，将学校完整地交给人民。

韦先生是基督教徒，也是一位爱国者。

韦卓民先生是国内知名的学者、教育家，在60多年的教学生涯中，主要是筹建了华中大学，主持华大的校政，把毕生的精力和智慧都奉献给华中大学。他的一生与华中大学是分不开的。华中大学的一切成就都渗透着先生的心血，华中大学的教职工和学生，都在心底默默地怀念着这位平凡而又伟大的老师、园丁和学者。

（选自马敏、周洪宇、方燕主编：《跨越中西文化的巨人——韦卓民学术思想国际研究会论文集》，华中师范大学出版社，1995年。）

德高望重、正气凛然的爱国教育家、哲学家

——记韦卓民校长在解放前夕二、三事

刘少宁

1947—1949年，我在华中大学理学院读书，在党的培养教育下参加了进步学生为主的学生自治会工作，后来又参加了地下党的工作，成为地下党公开工作组的成员，领导人先后有郭亮（化学系）、张兆灿（历史系）。在解放前夕的尖锐而复杂的斗争中，我经受住了考验。当时我与郭亮、潘世炯等同志代表学生自治会，按地下党的指示，在迎接解放的十分紧张而危急的关头，多次与韦卓民校长接触，有幸亲眼看到、听到，在这个历史转变的伟大时刻韦卓民校长对祖国负责、热爱青年以及有强烈的正义感的言论和行动，显示出他的高风亮节，至今记忆犹新，令人敬佩。特将部分事件记忆如下，并请指正：

一、在强烈的爱国思想指导下的果断决策

1949年初，上级传达国统区学生运动的任务。具体到华大是“聚积力量，迎接解放，反对迁校，尽一切努力保护好校产和师生队伍，迎接新中国的诞生”。当时对学校当局斗争的形式之一是（地下党的方案）通过学生自治会的名义发起，与学校行政当局及师生员工代表一起组织师生应变互助，以此来推动护校（反迁校）及稳定师生队伍，而关键就是争取最高行政当局韦卓民校长的表态和支持。当时敌人的警备司令部已经在武汉市宣布十条杀令：如私通共党者杀，罢工、罢课者杀。形势十分紧张，而当时进步学生反

对国民党假和平的斗争已经引起敌人注意，但我们多方争取，韦校长始终不肯表态，对于不迁校也不作明确公示（当时已有传说学校将部分精密设备转运长沙）；更不同意成立师生员工应变互助会由他任主席。他说“我是校长，不能另设机构”。由于形势发展特别快，大军即将渡江，上级一再催促，国民党也已经通知各校青年军学生到广州集中（给火车票）。我们十分焦急，当时我与潘世炯同志（郭亮当时转入隐蔽）多次前往韦校长处，以学生自治会代表学生要求求学，要求安全等理由，恳求他不要迁校，公开宣布以安人心。他也多次与我们长谈，其内容如下：你们是我的学生，你们的热情我很理解，你们的政治色彩我也能感觉到，但反过来你们并不了解我，不要以为只有你们才忧国忧民。我也曾经是青年，我对当前的形势，对国家的未来，当然会有自己的判断，从青年时代我就把办教育，办中国人的教育，当[做]自己的志向，付出[了]自己的心血，华大的存在就是证明。我对学校的前途与你们一样十分关心和忧虑，对于像你们这样的学生的前途，我也十分珍惜，这些都有我的心血，但我不能像你们一样做事，社会上方方面面十分复杂，校内还有外籍教师，还有不同教区，所以我得谨慎从事，不能简单，更不能按学生说什么就做什么，你们多次来，有些话是肺腑之言，但只能答复你们一句话：“我绝不会做胡适，一走了之。”（按，胡适是北大校长，是韦校长的朋友，[19]48年曾来华大作演讲，当时韦校长在主持演讲会时，恭维胡是蜡烛照亮年轻人，而胡在演讲时则开玩笑说，韦校长是蜡烛台，把蜡烛抬高了，可见二人有交情），这句话他对我们讲过不止一次，后来我向张兆灿同志汇报，上级同意支持他以校长名义主持应变，信任他主持应变。果然，在国民党将要撤退前，他就在大会上宣布绝不迁校，并号召大家安心温课学习。学生自治会立即发动全校各互助组纷纷贴出大字报，声明予以支持。五十多年后的今天，我回忆起在历史变革时期，韦校长做出的决断是有其深刻的思想基础的，证明了一位爱国的老知识分子的情怀，令人钦佩。

二、危急关头，挺身而出巧妙应对，保护了校产，保护了师生安全

1949年5月18、19日前后，学生自治会已经为应付敌人破坏，在前后门组织联防小组放哨。这是在敌人撤退迹象显露前地下党布置的，当时上级还有一个预测，当敌人撤退与我军进入武汉市之间可能有真空阶段，要防止溃兵袭扰，奸淫烧杀，此外，还要防止敌人假撤退，然后回马枪，对暴露的我党力量进行迫害，要尽量隐蔽(张兆灿同志传达)。就在这天黄昏，当时在后门鼓架坡方向放哨的田遂同志(地下民青成员，曾当过国民党少年空军，他当时穿着国民党制服以应付溃兵)报告，有一队国民党官兵要求进校园。当天白天已听到国民党破坏武昌轮渡码头的爆炸声，我们当时曾有过敌人官兵跑进校园即组织同学敲脸盆，大声抗议，同时进一步组织同学转移的方案。我正在学生自治会值班，立即向上级领导[报告，][经]研究后决定请学校当局出面较稳妥。我与潘世炯立即去韦校长家报告，再三说明绝不能让国民党军进入校园，并一再请求韦校长出面保护校产，保护师生，避免师生受迫害。韦校长沉思片刻立即表态："由我负责出面处理，为了避免纠纷，你们可以回避。"后来敌人果然散去，事后听王德生(物理系同学)说，韦校长派校长室秘书给了一些银元，请吃了一餐，敌官兵说"有了盘缠回家就算了"。据说由于当时会计主任是柯约翰(英国人)无法报销，此款是韦校长私人出的。这一事实证明韦校长勇于负责，对保护学校是挺身而出的，对完整地保护好学校是尽了全力的。

三、正气凛然，冒险掩护共产党人

1949年初，武汉剿总对学生运动进行镇压，特别在淮海战役

后，形势日益紧张。当时上级传达，我、郭亮、潘世炯等人已上了国民党黑名单。警备司令部也公开宣布十条杀令，“私通共匪者杀”，传说敌人在撤退前要杀一批。我们都是外地学生，在武汉举目无亲，而且在武汉市迎接解放的斗争，已到了最后关头，不能离开战斗岗位，上级也要我们自行找隐藏地点，我也曾与潘世炯商量在附近租民房以度过危险期，甚至我也曾找化学系卢宝珍同志家作为地点，均不成功，最后上级成功与韦卓民校长商定由他负责。他的这一义举，使当时年轻的我，十分震惊，因为韦校长在政治上和我们并不完全一致，我与他也并无私人感情和交往，而且在一年级时化学教授犹太人 Weibenbamer，曾向他投说我功课很好，很有希望，但却经常缺课。他曾专门找我去训了一顿。大约是四九年四月份，当时与我联系的郭亮，通知我可去找韦校长，“他已答应掩护你”。我立即去韦校长家，他约我下午二时去 Mr. Gray 家（当时规定各人隐蔽地点互相保密，不能互相通知）。我下午去 Mr. Gray 家，Mr. Gray 是一位神职人员，当时有夫人及三个小孩，单独住一幢小楼，开门后，韦校长用英文向 Mr. Gray 介绍说：“刘少宁是我的优秀学生（smart boy），军队撤退时，往往会抓兵或抓夫，您设法把他藏起来。”这一不带政治色彩的介绍，非常巧妙。韦校长介绍完即走了。Mr. Gray 带着我从他家后门进去上楼，我躲藏的地方为一个大的壁柜，里面有马桶、一瓶水和一袋面包，并给我钥匙说：任何时间，如有需要，不必经我同意，您即可自行开门上楼躲藏。这一安排利用了敌人对美国佬的迷信（Mr. Gray 是美籍人士），而且说明韦校长是真心掩护共产党人的。后因张轸在咸宁起义，白崇禧匆忙逃走，此地点我并未使用。解放后，我送还钥匙，并向韦校长及 Mr. Gray 道谢。至今我对韦校长在危急关头的这一充满正义感的举动，长期不曾忘记。这一完全出于正义的行动，使我对这位前辈，至今怀念不已。

韦卓民校长在解放后受到不公正的待遇,"文化大革命"中精神上、健康上都受到摧残,这一切都已过去。但作为一代宗师,他不仅具有中国几千年传统文化熏陶出来的中国老知识分子对民族、对祖国的深情,也具有受西方文化影响眼界开阔、敢于主持正义的现代精神,我们应当发扬它,使之成为新一代华中学子的精神。

于澳大利亚珀斯 2003 年 12 月 15 日

(载《华大校友通讯》第 6 期,2004 年 6 月。编者对该文作了适当文字订正。)

韦卓民哲学遗著片谈

王元化

卓民先生是我父亲的同窗好友。少年时父亲曾以卓民先生手不释卷的好学精神勉励我勤奋读书。他说，卓民先生每逢假期都定下阅读计划，读书之多令他惊佩。30 年代初，卓民先生在武昌华中大学主校政，那时我刚进中学，适值长城抗战，局势日紧，北平谣诼纷传，一夕数惊，我们举家南下暂避，整整一个暑假就寄居在华中大学校舍中。这时我第一次见到了卓民先生，当时他曾利用余暇授我们几个孩子《大学》和《中庸》。暑假后，北方局势暂告缓和，我们全家回到北平，从此一别就是 30 多年。60 年代初期，卓民先生利用暑假来沪探亲访友，重新见面时我已进入中年。那时我对黑格尔兴趣正浓，提出要向他请教，他慨然应允，并约定通信讨论。他回武汉不久就按约定开始实行了。我们大约十天左右就通一次信，书札来往颇为频繁，十年浩劫曾一度中断，并将那些信件全部销毁，直到 1973 年才又继续通信。这些信我保存下来了。几年前，我曾从中选出几封以《关于黑格尔小逻辑一书的通信》为题，发表在《上海师大学报》上，以表示我对卓民先生的悼念。

卓民先生素重康德，他曾向我谈过，他对康德的评价远远驾凌于黑格尔之上，并要我攻读康德著作。解放后，他的近 300 万字的译著，其中有关康德的就占了绝大的比重。他迻译的康德著作，就国内来说，不仅数量最多，而且在质量上也堪列上乘。比如，《判断力批判》这部书的上卷原是由别人译述的，后来出版社改请他续译下卷，就是因为编者认为他更能胜任的缘故。他早年留学美国，在哈佛获硕士学位。后又留英，在霍布豪斯门下就读，其时，他遍历欧洲几家著名大学深造，历时数年，得博士学位。他不仅精通英、法、德、俄诸语种，也精于拉丁文。这对他的研究和翻译工作极有裨益。他不是那种偏执一隅之解的学者，在学术上仅做一家的功臣，把自己的研究范围拘囿在狭窄的范围内。他学贯中西，深知融合古今、触类旁通的重要。他生前曾向我说过，他留学英国时，打算钻研佛学，曾向一位年老的英国女专家请教。当他得知，欲通佛学，须懂巴利文，而学这门古文字又非三、五年不可，才废然而止。尽管如此，他还是读了不少汉译梵典，并与我国佛学专家结交。我认识熊十力先生并向之请教，就是经卓民先生介绍的。卓民先生也精于黑格尔哲学，晚年撰《黑格尔小逻辑评注》，此书包括部分重译、注释、评论，约75万言。他逝世前估计至少已完成30余万字。他逝世后，翰伯正主持商务工作，我曾向他呼吁，收集遗稿出版，以嘉惠后学。可惜不久翰伯即染病瘫痪在床，陈原同志得知此事后向我函询，但因不知遗稿下落，事遂告寝。我为此一直深感遗憾，现在华中师大专门成立了卓民先生遗著整理小组，筹划陆续出版先生遗著，上述《评注》也列入计划内，这是令人十分高兴的。

我和卓民先生通信时，常提出一些疑难问题向他请教，有时也提出一些不同看法请他指正。他的复信往往对所涉及的著作从体系、用语、体例直到读法和参考资料提出有益的指导，而且也间或评论其中利弊，耐人寻思，从这些信中，可以看到老一辈学者那种一丝不苟的治学态度。卓民先生在复信时，往往为了一段话，甚或一个术语，查阅各种版本。倘手边无书，没有查到，即在信中言明，而不肯含糊过去。他对黑格尔的用语，大多几经推敲，决不望文生解，真可说是“一名之立，旬日踌躇”。这种功夫在今天有些人不屑一顾，甚至轻蔑地加以“繁琐”的恶谥。因此，在一些理论文章中遂造成不求甚解、以讹传讹、概念混乱的种种弊端。我们的通信是私人信札，卓民先生对国内某些哲学家的评语，未遑斟酌用字的轻重，也许未免有欠妥之词。他在一封信中，曾谈到我国思想史方面的贫乏，勉励我说："世兄其与我共勉之"的话，至今仍时时促我勤奋，使我对自己的怠惰荒疏感到内心的疚责。后来，我的兴趣转向思想史方面，应该说卓民先生的那句话是起了很大影响的。他的来信使我留下深刻印象的是他提出的亚里斯多德的三段论式的产生背景，以及中世纪将其普遍化，以致黑格尔对它进行批判时，由于没有究明原委，终未切中肯綮，这些意见颇值得注意与进一步探讨。卓民先生不是孤立地去评价某一观点，而是追源溯流，以明其脉络，殚其统系。这种方法，尤足珍视。例如，他对黑格尔《小逻辑》中的推理理论，就是上溯亚里斯多德以来的传统形式逻辑，下及以后发展起来的关系逻辑，从推理理论的流变及其史的发展，把黑格尔的一些观点放在这样背景上进行剖析与评价。这也是值得注意并可资借鉴的。

说来惭愧，卓民先生屡次来信嘱我钻研关系逻辑，但由于当时疏懒和多病，未能抓紧学习，终未入门。如今精力渐衰更不能存此奢想了，辜负了先生生前的殷切期望，每一念及，辄觉怆然。卓民先生指导后学是不辞劳苦，不怕厌烦的。他回答我问题的复信往往多至十纸以上，且正反两面书写，笔画清晰、端正，几乎从无圈改涂抹之处。当时他已年近90高龄，除了学校交托的任务，始终在从事写、读、译、著工作，从不中辍。他把工作安排得井井有条，可以说没有虚掷寸阴。有一次，接到他的复信较迟，读了之后，才知道他有好几天发高烧，已卧床多日，这封信是他起床不久，就连忙作复的。我一边读信，一边感动不已。对照前辈，我愧然觉得自己不能严于律己，以致虚度了许多本来可利用来学习的大好光阴。如今愧恨无及，谨书以自劾，以勉来者。

我以上面简短的话，作为卓民先生遗著出版前言，一方面是对他的纪念，另方面也把他那严肃认真、一丝不苟的治学态度和诲人不倦、勉励后学的精神记录下来，作为我们后学者学习的榜样。我所接触的老一辈学者大都具有为我辈所不及的这种长处，他们身上的这些优点是应该一代代传下去的。

1990年夏改作于沪上清园

（选自马敏、周洪宇、方燕主编：《跨越中西文化的巨人——韦卓民学术思想国际研讨会论文集》，华中师范大学出版社，1995年。）

一代人师　治学表率

——韦卓民先生的做人与治学

曹方久

韦先生的一生，特别是晚年，淡泊名利，潜心治学，执着追求，锲而不舍。作为人师，他勖勉后学，诲人不倦；作为学者，他治学严谨，一丝不苟，实为吾辈表率。笔者有缘，在新中国成立初期即与先生结识，曾在一个教研室共事，并跟他学习康德、黑格尔哲学。现仅就本人耳闻目睹，记述其诸端史迹，虽挂一漏万，远未能概括其全貌，但仍企以对后来人在治学上有所裨益。

“得其所哉”

1952年下半年“思想改造”运动后，先生不再担任行政职务，调到逻辑教学组任教师。从大学校长到普通教师，变化可谓不小。用一句现代话来说，他有没有“失落感”？甚或有其他想法？不少人在私下这样嘀咕着。也许他意识到了这一点，有次在闲谈中，他笑着对我说：“摆脱行政工作是我多年来求之不得的愿望，现在总算如愿以偿，可以一门心思读书做学问了，真是得其所哉！”

“得其所哉”？我实在不敢轻易相信，因为当时我刚刚认识他，对于他的过去和现在，只是在“思想改造”运动时，从他的“自我检查”和别人对他的“帮助”（当时把后来所说的“揭发”、“批判”统称为“帮助”）中听来的；显然，从这些话里是得不出他不求名位，但求读书做学问这一结论的。然而，随着时间的推移，他此后的言行表明了他不当校长当教员的确是“得其所哉”，他所说的是由衷的大实话。从那时起一直到他去世的 20 多年中，不论他身处任何逆境，他基本上是悠然自得地在学术的海洋里游来游去，“不管风吹浪打，胜似闲庭信步”，而且始终兴致勃勃，充满了乐趣与自信。道路虽然十分坎坷，但仍然实现了他前半生的宿愿，在文化学术领域里对国家乃至对人类作出了很大贡献。

“级别不过是个虚名”

1956 年，新中国成立后第一次工资改革评薪定级。大家在这个与切身利益密切相关的问题上，难免有些意见和想法，有的人还有争、闹的情况，一时沸沸扬扬，成为全校教职员工中的热门话题。当时，领导对卓民先生的学术水平也不摸底，再加上前几年政治气候的影响，以致把他评得低了些。可是，他却处之泰然，当我们征求他的意见时，他只是淡淡地说：“级别不过是个虚名，或者说是个符号，并不等于‘实际’。把你评高一级并不能提高你的真正水平，评低一级也不能把你的实际水平降低，评高评低，你还是你，我还是我，没有多大关系。”显得十分轻松、超脱。

许多上年纪的人喜欢忆往昔，想当年，爱讲“过五关、斩六将”，老教授们喜谈过去曾开过哪些课，出版过多少著作，知名度有多高，等等。有的还当众宣称，他只图名不图利。卓民先生则不然，至少在我同他的接触中，没听他谈过自己的“当年勇”，好像他没有值得称道的过去，问他也不说。有次，一位老师直率地问他究竟通晓哪几国文字！他半谦虚、半玩笑地说：“我只懂一国半，一个是中文，半个是英文。”他通晓英、德、法、俄、拉丁文等七八种语言，尤其是对英语简直同他的母语一样精通，甚至有过之而无不及，这是众人皆知的。而且，他对英国文学也很有造诣。60 年代初，他在我校外语系培养“英国文学”教师，他对莎士比亚、密尔顿等“文艺复兴”时代的大师们的作品很有研究，曾用英文著有评论密尔顿诗歌的论文。当时他已年逾古稀，还经常在闲暇时读密尔顿的作品以自娱。他的圣经体裁的英文论著,用简练的语句表达了很深刻生动的思想。其英语水平之高、造诣之深使外语系教师们深为叹服。这就是他自谦的“只懂一半英文”。

由于他自己从来“不提当年勇”,又由于当时大气候不同于现在,也没有其他人介绍他过去的成就,因此,这位学识渊博、贯通中西的大学者在华师被埋没了几十年,连我这个曾同他相处多年的人,对他学术上的许多成就,了解得也很少,有的竟全然不知。有的虽然了解一些,但对其深度和广度则了解得很浅。直到他去世若干年后,我才逐渐了解得多了些,特别是近年通过整理他的遗著,不断地发现“新大陆”;而且每发现一次新大陆,就发出一次惊叹。譬如,当年他挨批斗时,曾有人说他“言必称希腊,对自己的祖宗,则对不住,忘记了”,即只懂西洋哲学史而不懂中国哲学史。他对此竟从来没有在任何场合中申辩过。直到最近,当我知道他幼年时已将“四书”“五经”背得滚瓜烂熟,早年就是研究中国先秦哲学的,博士论文就是《孔门伦理》(英文)时,我才恍然大悟。又如,50年代初,当时被公认为全国逻辑学最高权威的中国人民大学哲学系逻辑教研室,被几个逻辑史方面的问题困住了,在北京找不到答案和资料,乃向他们“素来仰慕”的卓民先生请教。我在整理他的遗稿中发现了来信原件和他的复信底稿,才知道此事。复信中他回答的问题有许多是30年后的今天仍是罕见的,有的甚至仍是空白。我的确被这些惊呆了。

新中国成立前,卓民先生早已饮誉海外。听说,他有次出访英国,当时伦敦《泰晤士报》曾刊登题为《韦卓民博士抵伦敦》的消息。他在美国曾被几所大学聘为教授,可是,他只有在一个特殊的场合“自夸”了一次。那是1956年的事。他以政协委员的身份接待一位印度客人,客人有些自负和轻视中国人,曾神气十足地在先生面前炫耀自己是美国耶鲁大学出身。先生止不住也轻轻地说:“我也是耶鲁的。"客人有些惊异地问他是哪年毕业的,先生轻缓平淡地答曰:"不,我在耶鲁当教授。"这位印度人像泄了气的皮球,再不那么趾高气扬了。先生把这事讲给我听时,说:"对这样的外国人,不敲他们一下不行,不然,总是瞧不起我们中国人。"这是我唯一的一次听他说在美国当过大学教授。

这不是一个简单的节约问题

卓民先生不贪虚名,对"利"同样十分淡薄。他很少或者几乎没有谈过吃、穿或其他物质享受方面的问题,即便是三年困难时期也是如此。

五六十年代,他的工资比我们这些青年教师要高得多,家里又只有他和照料家务的老保姆两个人,按说,完全可以生活得讲究些,可他却十分简单朴素。常穿的是一身粗质灰布制服,冬天裹件棉大衣。他肯定有西装革履,可我压根儿没见他穿过。有人问他为啥不做件毛料的好衣服,他开玩笑地说:"穿好的衣服,不主要是给别人看吗?!"那时,一般教授都吸中、高档烟,而他则数十年如一日地只抽低级的"新华"牌烟,两毛三分钱一包。问他为啥抽这么差的烟,他又诙谐地答:"烟者烟也,不就是一股烟吗?吸进去又吐出来,好坏一样。""文革"期间,他有段时间住集体宿舍,在大食堂排队买饭。有次晚餐,我见他只买一盘五分钱的小白菜,便略带嗔怪的口吻说他这么大岁数了,不该如此节省。他郑重其事地声明:"我中午可吃了红烧排骨,不信,你问别人,两餐饭一荤一素,符合营养原则。"说罢呵呵地笑了起来。节假日休假回家,来回要步行一二公里才能搭上公共汽车,有时为了赶车,还要小跑几步。别人看他很辛苦劳累,他却笑吟吟地说:"老年人需要锻炼。"他的衣、食、住、行就是这么简单。

当然,这里我不是说卓民先生是个禁欲主义者或苦行僧;他没有作过"安贫乐道"的说教,也没有号召别人"厉行节约"。他只是平平淡淡地、朴朴素素地生活，一门心思放在读书、翻译和写作上，没有多余的时间和精力来考虑自己的衣食住行问题。那时，老一辈学者的人生哲学就是这样，具有时代的特征。

凡是到过国外的人，几乎都不免对人家优越的物质生活条件津津乐道，禁不住羡慕之情。卓民先生多次到过欧美诸国，但他从未讲过外国洋楼如何高，面包怎样好之类的话，倒是向我们介绍过牛津大学图书馆藏书如何多、柏林大学实验室怎样先进等，而且在讲述时，总是流露出当年海外赤子拳拳报国之心，痛惜我们这个文明大国现已在许多文化学术领域内落后于他人。他曾讲，不说英、法、德、美，就连一些欧洲较小国家，也出版了柏拉图、亚里斯多德、康德、黑格尔等哲学大师的"全集"，而我们连一套也没有翻译过来，这与我们这个泱泱大国的身份很不相称，咱们这些搞文化教育、研究哲学的人一定要发奋图强、急起直追啊！

很早前，听说他曾拒绝过蒋介石邀请他出任驻美大使。有人发问：他究竟为什么拒绝了这一"高位"？其实，我们现在倒可以反问：这样一位淡泊名利、以做学问为人生鹄的的学者，怎么会接受这样一个官职呢？

重新学习

50年代初，学校领导要卓民先生准备开逻辑课。那时，由于我曾在北京中国人民大学跟苏联专家进修过逻辑和哲学，于是便让他跟学生一道听我的逻辑课，作为学习苏联教材、教法的具体举措。这位对逻辑学造诣很深的老教授抱着向苏联学习的目的，放下架子耐心地去听我这个刚学了两年逻辑的青年教师讲逻辑学的ABC。他宽容大度的诚恳态度，我至今忆及此事仍感十分惭愧。

当时，为了学习苏联，他在已精通数国语言的基础上，不顾年逾花甲之迈，又开始学习一门新的外语——俄语。不数月就达到了能翻译专业文献资料的水平，使他在科研的大道上，又多了一根手杖。当时一些正在学习俄语但有畏难情绪的年轻人,从他这种老而弥坚的精神中大受鼓舞。

那时,他开始学习马列,态度认真。他是搞哲学的,故对马列哲学很有兴趣,并常独立思考、分析比较。他尤爱恩格斯的《自然辩证法》并发表过《恩格斯论归纳法》的论文。

先生是个哲学家,又精通西欧哲学史,这是他从理论上容易接受辩证唯物论哲学一个很有利的条件。他对西欧近代唯物主义的"始祖"弗兰西斯·培根很有研究,并著有《培根及其新工具》一书,他有个外文名字就叫"弗兰西斯·韦",以表示对培根的崇敬。他对黑格尔的辩证法更是有很深的造诣,写有长达几十万字评注黑格尔辩证法名著《小逻辑》的书稿。所以,在他的言谈和论著中时常强调"实事求是"的原则,反对在科学研究中自以为是的主观主义;他在治学中,不是孤立、片面地理解和评价某一观点,而是追源溯流地从整体、从一个系统中来全面考察。这就是说,他自觉不自觉地在辩证地和实事求是地来处理学术问题。

大概是在50年代,他看到有些人把"辩证法"曲解为诡辩论,把随心所欲地变来变去说成是"辩证地看问题",他对这种思想作风很不以为然。据说,他曾说过"不怕唯物,就怕辩证"的话。如果抽象而孤立地看,这句话有些不大恰当,但当时却被说成反对辩证法,反对辩证唯物主义。这就误解了他的本意。在治学中,他非常注重实事求是的科学态度,所以他"不怕唯物",尊重"唯物",但那种诡辩式的假辩证法,却违反了实事求是的原则,绝不能做到"唯物"。在他看来,这样的"辩证法"是很可怕的。他研究了几十年的辩证法,怎么会怕辩证法、反对辩证法呢?

在蒙冤的年代里

1957年的夏天,一场灾难突然降临在卓民先生的身上。从此,直到他离开人世20年漫长的岁月中,历经坎坷,备受屈辱。在逆境中他以非凡的承受力更加勤奋地从事著译活动，并以惊人的速度，在50年代末到60年代初的几年之内，就撰写和翻译了三四百万字、近20部关于西欧哲学史的著作，其中以康德、黑格尔为主，而康德又居首位。当时由商务印书馆出版的《康德〈纯粹理性批判〉解义》、《康德哲学原著选读》、《康德哲学讲解》、康德《判断力批判》(下卷)等4本著作，是30多年来国内学习西方哲学史、尤其是研究康德哲学的人的基本读物。在这个领域中有的学者正是从这几本书起家的。1956年，他撰写的《亚里斯多德逻辑》出版后，不知书中哪一点触犯了阴谋家康生，竟于1957年趁火打劫，辱骂此书是“反动逻辑”，这恰好说明这本书所具有的真正价值。当时他撰写和翻译的书稿大部分由于“文革”骤起，未能出版。近几年来，虽然已陆续出了两本，但尚有近200万字的书稿因经费无着未能出版。先生几十年来呕心沥血在中国传播西欧哲学，特别是康德哲学，作出了巨大贡献，可谓有口皆碑。华中理工大学黄见德教授撰写的介绍西方哲学在中国传播的专著中，列有专节评述并盛赞卓民先生这方面的丰功伟绩。

“文革”期间，他的处境更加严峻。这位八十高龄的老人仍不能幸免地蹲“牛棚”、挨批斗。据同窗的难友回忆，那时他悄悄地从家里带进“牛棚”两部外文字典藏在枕头下，一有机会就偷偷地翻看，时而口中念念有词，时而闭目静思，细心琢磨、推敲，显然是在为正式翻译作准备或打腹稿。他除了被训斥或批斗时以外，一般仍然是那副泰然自若的神态，时不时还开句把玩笑，讲个把轶闻趣事，逗得大家直乐，一扫脸上愁云，取得片刻欢娱。

1969年冬，天寒地冻。全校师生员工在林彪的一声令下，统统赶到乡下农场“斗、批、改”，80岁的韦老也不例外。有次他到水塘边洗衣，不慎滑在冰冷刺骨的塘里，被捞起时，全身棉衣湿透。大家都为他捏把汗，可他只睡了半天，就顽强地恢复了正常，继续考虑他的康德和黑格尔。

“文革”后期，那年正值“评法批儒”的高潮。一天，开完批判会后，他在路上碰见我，拿出一篇他写的稿子给我看，我还以为他写了份“大批判”稿呢，展开一看，竟是一篇论述康德哲学的短文《关于“先天”、“验前”、“先验”、“超验”诸概念的区分》。我一下惊住了。当时我脑子一时转不过弯来，不知说什么才好。在那发疯的年代里，有人狂喜，有人绝望，有人沉沦，有人迷惘，更多的芸芸众生则随波逐流，不知所向。而我眼前的这位耄耋老人，强忍屈辱，只要有机会就“两耳不闻身边事，一心只读哲人书”，怎不令人又惊又敬！

去过黄山的人，都会看到高山峻岭上或幽谷深壑里那些从石头缝钻出来的苍松，不管严冬酷暑的煎熬，一任狂风骤雨的吹打，始终经年累月地挺立着，令人景慕。在逆境中默默为学术奉献的卓民先生不正像这样一棵苍松吗！

锲而不舍

卓民先生的一生是执著追求的一生。在学术问题上，他敢于向名家权威挑战，敢于向传统的观点挑战，敢于否定自己的设想，为了真理，他穷追不舍，不达目的不罢休。

他在伦敦大学攻读博士时，在送审的博士论文提纲中提到，陶器于公元前5—3世纪发明于中国，而后才传入东欧。这一问题与他的论文“Confucian Ethic”的主题并无大关系，但他的观点恰与英国一位地质学家和一位陶器专家的观点相左。在教师的支持下，这位中国留学生鼓起勇气，决心搜集更多的资料证实自己的观点，向那两位专家挑战。于是，他暂时离开他的论文主题，钻入考古学、地质学领域，一头扎进图书馆，访问有关专家学者，终于写出一份有分量的材料，证明了他的观点，驳倒了那两位专家，受到了教师的称赞[①]。他认为这并不是钻牛角尖、搞枝节问题，而是借此培养科学研究的能力和敢于向权威挑战的勇气。

他这种精神在以后的治学中，始终坚持下来。他是研究康德和黑格尔的专家，对这两位哲学大师，他是十分敬重的，但他并不迷信他们，而是常向他们的观点提出质疑。如，他认为，黑格尔批评亚里斯多德的三段论式时，由于缺乏历史的观点，因而未能切中要害。

他做学问有一股顽强的钻劲，不得出自己认为比较满意的结论，决不罢休。这也是在早年就养成了习惯。如在写博士论文的过程中，他发现我国宋朝的朱熹和古希腊的亚里斯多德在一些重大哲学问题上相类似。他设想：这两位哲人在思想上是不是有师承关系？朱熹有没有可能受过亚里斯多德的影响？他当时认为，虽然尚无什么根据来证实这个设想，但也没有足够的根据来否定这种可能性的存在。他反复考虑：两位哲人在时间上相距1700多年，空间上远隔重洋，何止万里。再加上语言文字的差异，决不能因哲学思想上有类似，便下结论说二人有师承关系。虽然，我国和欧洲早在朱熹之前1400多年已开始通商，但物质的商品交换和哲学的思想交流毕竟不是一回事。这一问题也不是论文的组成部分，但他认为，既然发现了问题，就一定要弄个水落石出。他开始依据一些资料，设想亚里斯多德哲学可能在唐太宗时与大秦景教、伊斯兰教和佛教同时传入中国。于是，他重新钻研了这两位哲人的有关著作，阅读了上述三种宗教的有关典籍，并请教内行、专家，还专程到德国的柏林大学访问了一位教授，查找一些内部资料，都不能证明他最初的设想。最后，他自信在这个问题上，国内外再没

① 参见韦卓民：《浅论科学研究的方法》，载《华中师范大学学报》(哲学社会科学版)1990年第2期。

有人比他掌握的资料更多的了，这才完全有把握地推翻自己的设想，作出了一个否定性的结论：亚里斯多德哲学在朱熹以前没有传入中国，两位哲人没有师承关系。他认为，有时对一个学术问题的研究，最后得出肯定或否定的结论并不重要，重要的倒是通过这一研究过程，经历一场真枪实弹的科学训练，特别是要注意培养一种锲而不舍的钻研精神。事实上，从先生一生的著作中都可以随时随地看到这股钻劲。

诲人不倦

卓民先生于60年代给我们几个中青年教师讲授康德、黑格尔哲学，主要是讲《纯粹理性批判》和《小逻辑》。他备课认真，煞费苦心，往往从不同的角度，援用几种语言文字讲解某个重要的概念，从语源、演变、多义诸方面反复诠释，讲得十分深透。他亲手绘制长达数公尺的"范畴表"挂图，悬挂于教室，听者一目了然。他细心地摸清我们几个人的业务基础、研究重点、理解程度等各方面的不同情况，然后分别布置不同的课后思考题、作业题，引导我们进一步钻研。这些题目每每切中我们的要害疑难之处，发人深思。至今，我仍珍藏着他亲笔写给我的这样一份思考题。

他认为，当时《纯粹理性批判》、《小逻辑》这样重要的哲学原著的中译本不够理想，至少同他的观点有的地方不尽相同，甚至有误译、漏译或明显不切贴、不合原意之处。讲课时，碰到这些情况，他都直率地一一评说。他痛感这些重要原著译本的质量关系重大，不应因此而影响青年人的学习，遂下决心重新翻译和注释这些原著。据当年卓民先生培养的"英国文学"课中青年教师告诉笔者，先生对他们更是手把手地指导，除亲授英国文学大师们的原著外还修改这些中青年教师的讲稿，字斟句酌，十分耐心，常常只改几个字，就能收画龙点睛之效。

著名学者王元化与卓民先生是忘年之交，60年代初开始作为晚辈常向先生请教黑格尔哲学等问题，约定通信讨论。据王元化回忆，当时大约十天左右即通信一次，颇为频繁。先生每次复信都针对来信极为详尽地陈述自己的观点，对黑格尔的著作从体系、用语、体例直到读法和参考资料都一一提出有益的指导。常为了一段话，甚或一个术语，都要查阅各种版本，如未找到，就在信中注明，决不含糊过去。因此每次复信常多达十页纸以上，而且正反两面书写，笔画清晰、端正，几乎无圈改涂抹之处。直至去世前虽已年近90高龄，仍是如此认真细致，一丝不苟，使王元化非常感动①。

前面提及中国人民大学哲学系逻辑教研室向他请教关于逻辑史的问题。最近笔者查明，这封求教信的执笔者乃已故著名逻辑学家王方名，他与卓民先生素昧平生，但先生接到信后立即撇开手头的工作，花了大量的时间和精力，认真地写了长达几千字的复信，对所提问题作了详尽的回答，并列举各个答案的出处，涉及的参考书达一二十本，包括英、法、德诸语种，对每本参考书都一一作了评价，指出其优缺点与可信程度，甚至指出该书哪部分较好，哪部分较差，哪部分“仅供参考”等等。对一个不相识的求教者如此周密详尽地指导，其认真负责的精神令人极为钦敬②。

严谨·科学

卓民先生学贯中西，融汇古今。他既继承了中国文化的传统，又受过西方文化的熏陶和现代自然科学的洗礼，经受过较严格的科学训练。

50年代，先生不止一次地在会上和会下建议我们这些中青年

---

① 参见康德著，韦卓民译：《纯粹理性批判》“出版前言”，华中师范大学出版社，1991年。

② 参见韦卓民：《关于逻辑史研究中的几个问题》，载《华中师范大学学报》(哲学社会科学版)1993年第3期。

哲学教师到自然科学实验室接受正规的科学锻炼，掌握科学研究的方法，培养尊重客观事实的科学态度。可惜，这个极好的建议始终没有引起重视，更没有被采纳。当然，他自己则是身体力行，严格按照科学行事的。

以他的译著为例。他在翻译外文著作时，译什么著作，选哪个语种，用哪个版本，等等，都慎之又慎，煞费苦心。如他之所以决心重译康德的巨著《纯粹理性批判》，就是因为他给我们讲康德哲学时，痛感旧译本有不少不妥和漏译、误译之处，译文又很陈旧，增加了学习和掌握这部必读之书的难度，实有重译的必要。责任感促使他不顾这部书是世界上最难懂的名著之一，而决心迎难而上去啃这块硬骨头。其次在选择蓝本时，他又作了极为严格的挑选。按他的德文水平，直接翻译康德的德文原版是不成问题的，但他也为了对读者负责和收到最佳效果，乃决定以英人诺尔曼·康蒲·斯密的英译本为蓝本。这是因为，在他看来他的英文写作水平和康蒲·斯密的写作水平相当，能做到“言顺意从”，而避免差错。再者，当时该书有三种英译本，虽互有短长，各有优劣，但康蒲·斯密的本子则较其他两个本子更能切合康德的本意，对中国读者更为合宜。在翻译过程中，除参照两个旧中译本和另外两种英译本外，还对照过两种德文本，反复比较，博采众长，做到了一个译者所能做到和所应做到的一切①。

其次，他翻译时始终遵循一条重要的原则，那就是一定要忠实于原著，用他的话来说就是“以信为主而尽量求达”，正因为在“信”字上狠下功夫，有时宁肯在“雅”上，有所“未逮”②。本来，中外语

① 参见康德著，韦卓民译：《纯粹理性批判》“中译者前言”，华中师范大学出版社，1991年。

② 参见康德著，韦卓民译：《纯粹理性批判》“中译者前言”，华中师范大学出版社，1991年。

言文字差异甚大，翻译工作中的“信、达、雅”实难做到完整的统一，三者中必然会有得有失。先生的汉语，特别是古汉语有很深的根底，所以他不是不能做到文笔流畅动人，而是为了忠实于原著而不得不有所侧重，这种情况在哲学译著中似更应如此。他之所以向自己提出忠实于原作者本来思想的原则，就是因为他的实事求是的科学态度要求他必须如此，而他之所以能够做到这一点，则是因为他不仅是个翻译家，更重要的是这个专业的内行里手，是第一流的专家。他不是仅在一字一句和一章一节上下工夫，而是统观全局，努力把握康德的思想实质，从而做到了其他译者不能达到的高水平。有些人仅凭粗通一门外语，就贸然轻率地去翻译某种他并不内行的专业书，结果使内行人哭笑不得，外行人受害非浅，这同卓民先生相比，实有天壤之别。

“成见不可有，主见不可无”

卓民先生执著追求真理，既有个人独立的见解，绝不人云亦云，随波逐流；又能在真理和事实面前敢于承认并修正自己的不当或错误的观点，不断地在创新中前进，绝不把维护个人的“面子”置于真理之上。这就是他所说的“成见不可有，主见不可无”。他的几本主要译著充分体现了这一点。

五六十年代，学术界流行一种观点，认为康德是个“信仰主义者”，因为他在《纯粹理性批判》中说过“我否定知识，以便给信仰扫清地盘”的话。卓民先生力排众议，对此持不同看法，并根据德文原著，认为此乃误译原文的结果。他本人因此而受“为唯心主义辩护”的指责。在他重译的《纯粹理性批判》中，这句话已改为“我因此就得扬弃知识，以便替信念留有余地”[①]（重点号是笔者所加）。

① 康德著，韦卓民译：《纯粹理性批判》，华中师范大学出版社，1991 年，第 25 页。

这里两个关键词:“否定”改为“扬弃”,“信仰”改为“信念”,两词之差,含义迥然不同。“扬弃”乃德文 aufheben 之译,该词为德文所独有,其他语种均无相当词可译,卓民先生曾多次反复讲解它的来源、演变,本意为“把某个东西从不属于它的领域中排除出去,然后保存起来加以提高”。英文将这个词译为“deny”(否定),有的中译音也随之而译为“否定”,遂铸成大错[①]。至于“信念”,乃德文 glaube 之译。卓民先生讲,此词在德语中,既可中译为“信念”,又可中译为“信仰”。这要根据具体语言环境而定。在康德那里,当他论述一般问题时所用的 glaube 是指“信念”,只有在专门谈宗教问题时,才应译为“信仰”。康德这句话是在谈理性推广到实践时说的,根本与宗教信仰无关。所以,康德在这里既没有否定知识,也没有为信仰开辟道路。这样,他不仅为康德正了名,也为自己平了反。

再譬如,康德哲学中有一个常用而重要的拉丁文短语“a priori”,有人译为“先天”,有人译为“先验”。卓民先生一开始就不同意译为“先天”。他说,汉语中“先天”一词乃“与生俱来”、“娘胎中带来”之意,而拉丁文“a priori”并无此意,康德使用“a priori”时更无此意,他在 1959 年翻译英人康蒲·斯密《康德〈纯粹理性批判〉解义》一书时,将此短语改译为“先验”,并在“译后记”中特别申明,这样改译似能符合康德原意,较为适当[②]。但过了不久,他又感到译为“先验”也不妥当。经过数年的推敲、琢磨和钻研康德的

① 汉语中原无相当的词,抗日战争时期,笔者曾看到有音译为“奥伏赫变”者。后创造“扬弃”这一词来意译之,虽然并不十分切合原意,但至今尚无恰当的词来代替,至少要比“否定”之误译要好得多。俄语中有的译为“消灭”“限制”,有的译为“抬高”,简直有点混乱了。

② 参见[英]诺曼·康蒲·斯密著,绰然译:《康德〈纯粹理性批判〉解义》(绰然,卓民先生笔名),商务印书馆,1961 年,第 700 页。

思想，决定创造出一个崭新的词汇“验前”来译“a priori”。在1962年翻译的《纯粹理性批判》一书“中译音前言”及其他脚注中，他对此作了透彻的说明。他认为，“先验”用来译 transzdental 一词比较妥当，而且事实上已沿用下来，如“先验原理论”“先验逻辑”“先验辩证论”等。如果把 a priori 也改译为“先验”，则必然造成混淆，因为 a priori 和 transzdental 二词在康德那里，其含义是大不相同的。因此，康德使用 a priori 的原意既不是“先天”，也不是“先验”，而是“经验之前”之意，故用“验前”较为符合原意。他这种不断创新、勇于修正自己观点的例证，在他的著译中可谓不胜枚举。他重译的《纯粹理性批判》中译者脚注，几乎条条都凝结了他苦心钻研的心血。

卓民先生为繁荣祖国的学术事业，在坎坷的道路上奉献了一生。1976年，刚过春节不久，在一个春寒料峭的日子里，他对我说：“我一定要争取把《〈黑格尔小逻辑〉译注》书稿写完。”没过几天，噩耗传来，他竟默默地离开了人间，走得那么仓促，走得那么平静，走得那么遗憾：他没有等到平反昭雪，没有等到书稿写完，就永远地去了。宠辱不惊，去留无意，春蚕萦绕千千缕，只为学术吐尽丝。他的风范，他的业绩，他的治学精神将永留人间。

（选自马敏、周洪宇、方燕主编：《跨越中西文化的巨人——韦卓民学术思想国际研讨会论文集》，华中师范大学出版社，1995年。）

深切怀念我的逻辑学老师
——敬爱的韦卓民老校长

李华矩

我是武昌文华中学的学生，1945 年日寇投降后，该校从抗日战争后方的贵州省清镇县复员迁回武昌昙华林旧址。当时文华中学和华中大学同在一个大校园里。韦校长鼎鼎大名早已深深埋在我们文华的学生心里。1948 年 9 月我入华中大学外文系攻读英国语言文学，韦老是我们的校长，还是我们一年级学生的伦理学和逻辑学老师。我 1952 年暑期从学校毕业后，又于 1956 年底回母校外语系英语专业任教。60 年代初，韦老转到外语系工作，我们同在一个工会小组，由我每月收他的工会会费。在这四五年的时光里，韦老曾作为顾问短期参加过英语二年级教学小组的集体备课，我们在教学中有什么问题往往向他请教。除此之外，从“文革”到韦老去世，我的家又与他老的住处较近，时时有些往来。因此可以说，韦老和我的关系是多层的，我对他的治学和处世是有所了解的。现在想谈谈我感受最深的几点。

一

韦校长学识渊博，饮誉中外。抗战前，他曾任文华中学的数学老师，用英语授课。他曾留学美国和英国，获哲学博士学位，并数度赴英、美讲学，出版著作多部。我听韦老说，他还在英国广播电台作过广播演说。他是国内研究康德哲学的权威，先后已发表哲学著作和译著200多万字。

我特别受益于韦老的逻辑学教学。他的哲学知识丰富，在课堂上根据提纲讲课，深入浅出，语言诙谐，极受同学们的欢迎。韦老精通英语、法语、德语和拉丁语，解放后又自学俄语。英语不是他的本行，但他已达到炉火纯青的地步。他学英语时，并不多注意语音和语法规则，但我多次观察到，某一个音该失去爆破，某一个音属辅音连缀，某一个音该送气少或该加音，他都能自然地照语音规则读。韦老有时应邀在英语专业举办的学生演讲比赛会上向全体学生讲话，他讲的英语四个年级的学生全能听懂，因为他的英语简练、地道、传神，而这几点又恰恰是标准英语的要素。韦老平时阅读英语古典诗歌或小说作为业余爱好。他对英国著名诗人约翰·弥尔顿(John Milton)的名著《失乐园》(*Paradise Lost*)的部分意译(paraphrase)应是一篇学术水平高的科研成果。我有时去韦老家，见他伏案翻译康德的哲学著作，他不打草稿，一次成功，真可谓翻译大师也！

二

韦校长治校有方，教学有道。他曾数次对我说，一个学校要提高教学水平，应该注意这样三件事：一为教师质量，二为图书资料，三为仪器设备。我认为这三点仍是办好一个学校的必要条件。韦老管理学校注重法治，学校各项工作尽量做到有章可依，有法可循。华中大学规模不大，但三个学院、系和专业较齐，运转比较灵活。在校的学生都以诚实、勤奋、朴实、服务的“华大精神”作为奋斗目标。他经常对我们讲，作为学生应该着眼于在将来为社会服务。曾任教育部部长的何伟同志(华大校友)解放初期回校参观时，韦老在一次欢迎集会上对大家又是如此说。还有一件事也应该特别提一提的。解放前，他在学校各种集会上一再强调华中大学的“超然性”，以此回避了国民党当时对学校的干预，并掩护过许多进步学生。

韦老要我们“在游泳中学习游泳”，尤其重视培养我们的独立工作能力，因而华中大学培养的学生合格率高，绝大多数都能在工作中独当一面。

韦老在教学管理上也有一套办法。他上的伦理学、逻辑学和哲学都是全年级大课。上课的第一天，他就在大礼堂把学生的座位排好。画成座位表，以便每节课检查。我们读书时，学校实行“学分制”，学生在一定范围内可以任意选课，但若查出某课程有三次缺课时，该课程便以零分计算，学校对学生的要求是很严格的。

三

韦校长生活俭朴，待人和善。他常说，穿衣服是给别人看的，一生衣着简单、朴实。我往往看见他身着一套褪了色的灰“学生装”去校长办公室上班，而从未见他穿什么高档衣服。

韦老待人和蔼可亲，无论对老师、学生和工人，即他所说的“师生员工”，他总是一视同仁，以礼相待。他常常教导我说，要多看到一个人的优点(the better side of a person)[①]。当然，他还以一个哲学家的眼光常教育我们说，世界上只有好人吃坏人的亏，从没有坏人吃好人的亏，以此嘱咐我们防范坏人。

“文革”中韦老首当其冲，受到很大的冲击。有时他被人突然叫到一个不知名的地方去，一去就是几天，甚至连他的保姆都不知他的去向。放回家后，他从不对人说什么，更无怨言可说。韦老谢世后，有一次我去看他的夫人戴惠琼博士。她对我说，他(指韦老)在“文革”中受了一些苦，但从未对她提起过。我看他对这些事情

① 韦老用英语说的原话。

以一个哲学家的风度处之泰然。有同志说，韦老的头脑“真地空了”。回想起解放前后他以学校工作为重，没有听从国内外友人的劝说，毅然留在国内，以祖国为自己的“根”；还想到尼克松访华以后，有一天，他给我看过他用英语写的一封信，要求美国归还属华中大学的在美国的一笔款项，他的这种爱国主义精神值得我们大大赞扬，值得我们好好学习。

韦校长已经离我们而去了，但是他的精神永存，他的遗著正在传播四方。他的学生现多已进入垂暮之年，他们已经或正在为建设有中国特色的社会主义奉献光和热，增添砖和瓦，大家都不愧为华中大学的学生，韦老的“弟子”。

敬爱的韦校长，我们永远怀念您！

（选自马敏、周洪宇、方燕主编：《跨越中西文化的巨人——韦卓民学术思想国际研讨会论文集》，华中师范大学出版社，1995年。）

韦卓民:杰出教育家和西方哲学研究专家

李良明　申富强

他是著名的教育家,把毕生的精力都献给了中国的教育事业,在中国面临内忧外患的情况下,将华中大学(华中师范大学前身之一)建成国内颇有影响的大学。他还是学贯中西的文化巨子,是著名的康德和黑格尔哲学研究专家,今天研究西方哲学的学人都绕不过他。

一年拿下哈佛硕士学位

韦卓民(1888—1976),原名韦钜,字勋奥,广东香山县(今属珠海市)人,著名教育家、西方哲学研究专家。

1888 年 12 月 7 日,韦卓民出生于广东省香山县(现珠海市)五区翠微乡人和里三级石一横巷 4 号。他的祖父是茶叶商人,常往来于澳门与珠海之间。他的父亲韦鲁时,年轻时曾随祖父经商,后因生意不好做,北上汉口为当买办的堂兄做帮手。韦鲁时共有 9 个子女,韦卓民是唯一的男丁。他极受疼爱,被寄予厚望,取名"卓民"就是希望他卓尔不群,将来能光宗耀祖。

韦卓民 6 岁入读私塾,悟性极强,读过的书大都能背。因深知外语的重要,韦父 1902 年送 14 岁的韦卓民到澳门学英语,第二年,又把他带到武昌入读教会办的文华书院。此后韦卓民不顾丧父带来的悲痛和困难,半工半读,发奋图强,于 1911 年 1 月获武昌文华大学(华中大学前身,华中大学是华中师范大学前身之一)学士学位,以最高荣誉生毕业。随后,韦卓民被破格聘请为文华大学教师，讲授数学、逻辑学、西洋哲学史及国文等课程。同时，兼攻文学硕士学位。

1915 年，韦卓民修满文学硕士所需学分，获文学硕士学位，其学位论文《孟子之政治思想》1916 年在上海出版，产生强烈反响。1918 年 9 月，韦卓民被推荐留学哈佛，在研究院哲学系就读，主要从事西方哲学史的研究。他的导师是著名哲学家霍金（William E. Hocking）教授。霍金学术造诣很深，对学生要求极其严格，给韦卓民开列许多必读书目，每周听取汇报，进行点评指导。严师出高徒，韦卓民勤奋学习，仅用一年的时间就修完了三年的硕士课程，1919 年顺利通过硕士学位论文答辩，获得哈佛大学哲学硕士学位。一年后，他又修完了博士研究生的全部课程，学习成绩全优。因不愿坐等论文答辩时间，他提前回国，任文华大学哲学教授。韦卓民回国后，霍金对他这位得意门生念念不忘，他后来这样评价韦卓民："只要你认识了韦博士就忘不了他……他的活力与敬业精神，令我感动……"

心目中只有华中大学

1924 年秋，武昌文华大学、武昌博文书院大学部、汉口博学书院大学部合并组成华中大学。原文华大学校长美国人孟良佐担任华中大学校长，韦卓民被推选为副校长兼教务主任。

1927 年，因时局动荡，华中大学临时解散，韦卓民决定到欧洲去求学。当年 9 月，他来到伦敦经济学院学习，经过著名哲学家霍布豪斯（L. T. Hobhouse）教授的严格考查，他在哈佛的成绩得到承认，免去了资格考试，正式成为这位名师的博士生。在英国留学期间，他还先后到牛津大学、巴黎大学、柏林大学等欧洲著名学府旁听和研究，为其进入国际学术前沿奠定了深厚基础。1929 年 7 月，韦卓民完成博士学位论文《孔门伦理》，顺利通过答辩。获哲学博士学位后，他立即回国，出任重建后的华中大学校长，从此在这个岗位上服务了22年。

“他心目中只有一个华中大学”，为了华中大学的生存和发展，他殚精竭虑，呕心沥血。为了把华中大学办成武汉甚至中国有影响的大学，韦卓民把华中大学的办学特色定位为“小规模”、“重质不重量”。他认为，在中国现代化已经起步且又受到严重阻抑的情况下，华中大学应“一意讲求高等学术”，为中国培养“立德立言立功，发奋天下为雄”的高水平人才。而人才的培养靠教师。为此，他通过各种办法网罗人才，聘请了一批当时国内的顶尖专家来学校任教，如楚辞学家游国恩教授，文论学家包鹭宾教授，社会学家许烺光教授，物理学家卞彭教授、桂质廷教授，教育学家黄溥教授、胡毅教授，化学家张资珙教授、徐作和教授等，还聘请了一批外籍教师。他还经常邀请国内外著名学者来学校作短期访问和讲学，如李约瑟博士、费正清教授及著名作家老舍、哲学家冯友兰、数学家熊庆来等。正是有了这些举措，华中大学的教学质量不断提高，蜚声海内外。

在课程设置方面，华中大学各系、各专业课程安排除了重视让学生打下扎实的学业基础，还注重培养他们动脑动手和从事社会实际工作的能力。为满足国家建设对经济人才的需求，韦卓民提出建立经济学院。他在一份报告中说：“汉口是一个大商业中心，随着铁路干线的完成，势必成为‘中国的芝加哥’，我们的学生将越来越多地投进商业中去。”为此，他引进了一大批毕业于美国名牌商学院的中国学者。华中大学在抗战全面爆发前，为国家培养了许多优秀的毕业生，他们在华中地区的教育界和商界大显身手。

韦卓民在长期的办学实践中，还建立了一整套独特的教学和管理制度，如甄别考试制、校舍制、中期考试、毕业总考等制度。根据甄别考试制，华中大学的学生入学便要进行摸底考试，外文水平相近的学生分成一个班，分别上不同的课。华中大学高度重视外语,除国文和中国史等课程,教学用语基本上都是英文。学生进入三年级之前,还必须参加“中期考试”,科目包括普通英文、普通国文和两种主修课目。四科成绩皆合格,且各科平均成绩为67分以上者,才能进入三年级,否则要重修或补考,补考不及格者勒令退学。由于考试要求很严,华中大学的学生淘汰率很高。以1929—1932年为例,在此期间入学的153人中,68人通过“中期考试”进入三年级,有20人重修了一年,27人被淘汰,另有38人因未参加补考或其他原因自动退学,即一次过关的学生只有44%,加上重修后过关的也不过57%。为了解学生思想、指导学生学习,加强对学生的管理,韦卓民还借鉴英国的做法,在学校里推行“导师制”。一二年级的学生有生活和一般业务导师,三四年级的学生有专业导师。导师每月必须和学生共进一次晚餐,以密切关系。韦卓民订立的制度,看似严苛,却很好地保证了毕业生的质量,对于今天的中国高校,仍有很好的参考价值。

1937年7月7日,日本发动了全面的侵华战争。随着日寇的步步逼近,武昌危在旦夕。

根据1931年东北同胞所遭受的惨痛蹂躏和1932年淞沪会战以后日寇的罪行事实,韦卓民认为:“敌人对于我们的教育设施是毫不留情的。只要有机会,第一个受到攻击和破坏的就是学校。面对这一情况,如何保全我们的教育力量,实在是一个很大的课题。战争持续而我们的军队继续诱敌深入,教育工作不可能停顿下来等待战事停止。另外还有一个严重的问题,是要计划陷于敌后的人民教育。敌人当然会榨取沦陷区青年人的心智。”因此,1938年7月,他站在中华民族利益的立场上,为了给国家保留人才,保留中国教育的根本,决然将华中大学西迁。

1938年7月3日,华中大学迁离武昌至桂林,并于同年9月在桂林开学。但好景不长,1938年圣诞节,由于日军频频轰炸桂林,学校再次于1939年3月16日西迁经越南至云南大理喜洲。在两次西迁过程中,华中大学坚持着正常的教学计划,从武昌到桂林经越南再到喜洲,“长达八千里,而总计学生缺课不满六周,占全年五分之一,员生坚(艰)苦至可钦佩也”。华中大学的校风、教风、学风由此窥豹一斑。特别值得一提的是,华中大学西迁经费是自筹的,未给政府增加经济负担。韦卓民说:“中国不是一个富庶的国家,国库的每一分钱都应当用于战争,以保卫国家。”西迁是否说明华中大学就不爱国了呢?答案是否定的。韦卓民强调指出:“中国现代化始于抗战前不久,必须于战争结束后完成,所需的长期训练绝对不可中止或遭到严重的阻碍。主要是基于此理。使得高等教育的机构向内地迁移,绝非逃避战争,而是配合国家政府抗战后国家的重建。”他的这些远见卓识是忠诚爱国的具体表现。

华中大学迁至喜洲后,韦卓民把男生宿舍安排在市上街淑川小学对面的玉皇阁和两级小学附近新建的铺子里,女生宿舍安排在染衣巷尹励金家的两院新房及市户里张家,教职员及家属则住在北栅门外尹氏宗祠、杨氏宗祠及龙翔村李谷春家两院房子里,韦卓民也住在这里,外籍教职员工都安排在城南的一所古庙中。校礼堂设在大慈寺,殿前两厢各厅作为教室,寺前的一方香火地作为操场。在喜洲虽然生活物质比较缺乏,华中大学的每个人都经受着一种艰苦的磨炼,但华中大学在韦卓民的领导下当年仍然按时培养出了18位大学生,并在7月底举行了学位授予典礼。同时华中大学的组织及管理十分有序,1939年华中大学计有教员41人,其中教授有20人,副教授7人,讲师7人,副讲师5人,助教1人,教员1人。而在1939年春秋两学期学生最多时只有163人,师生比例为1∶4左右,可见师资力量之雄厚。

在喜洲期间,华中大学因为经费紧张,韦卓民把自己在欧美讲学收入全部用于学校办学。

西迁的华中大学学习风气优良。论读书的空气，并不亚于国内一般有名的大学，图书馆和各系的研究室，从早晨直至晚间都坐满了人。华中大学长期以来所形成的传统和制度，如"重质不重量"、"中期考试"、"毕业总考试"等，在迁滇期间均得以坚持和发扬。"此旨趣，此精神，不惟保持至今而未坠，抑且历经患难而弥坚。"

在搞好教学的同时，韦卓民还非常注重科研，尤其是对西南边疆历史、民俗、宗教、语言、物产、工业等的研究与开发，成果斐然。物理系将废旧的汽车的发动机与发电机接配在一起，拼装了一套云南西部最早的发电设备，为学校照明及实验室提供电力。卞彭博士还对苍山十八溪水电动力进行了十分有科学价值的研究。1944 年初，他和熊子璥教授等在大理地区建起的第一个水力发电站开始发电，给当地的人们送来了光明，改善了生活条件。化学系的师生结合当地的具体情况，改进了当地的靛蓝染料提取工艺，并给当地引进了制革技术。生物系的肖之的博士的"洱海生物"与"滇西彩云"的研究论文在国外杂志发表后，一度轰动了美国科学界。中文系的研究成果尤为引人瞩目，包鹭宾的《云南土族的种类及分布》、游国恩的《云南土族建国史略》、傅懋勣的《"LIP'S"研究》等学术论文引起国际学者及美国汉学家的高度重视。此外，阴法鲁的《唐宋大曲之来源及其组织》、钱基博的《当前大战之说明书》、包鹭宾的《白人非白族之后》和《火把节考》、葛毅卿的《滇黔川康少数民族语言调查》等学术论文，也都堪称各学科的经典之作。因此，美国哈佛燕京学社对华中大学的科研补助经费增至 4000 美元。

1944 年 11 月 1 日，是华中大学 20 周年华诞。为庆祝这个难忘日子，中文系编辑出版了《华中大学国学论文专刊》(第一辑)，收编有阴法鲁的《先汉乐律初探》等 9 篇学术论文。其中王玉哲的《鬼方考》还获得了 1945 年的全国学术奖金。与此同时，韦卓民组织出版了《华中大学建校二十周年特刊》。他在该刊发刊词中写道:“讲授之余必有事于学术之探讨,以求增进世界之文明,开阔知识之领域,故华大治学素以学术研究相砥砺。”该刊收录有包鹭宾的《庄子齐物论彼是解》、傅懋勣的《栗坡语研究》、邓钟伯的《山谷诗评》、阴法鲁的《唐代乐舞与词之起源》等10篇学术论文。在韦卓民的支持下华中大学还出版了两部重要的学术著作,一是徐嘉瑞的《大理古代文化史稿》,这是研究白族文化的开创之作,使白族文化走向了世界;二是许烺光的《在祖先的庇荫下》,这部专著“对中国传统文化中基本的社会体制作了非常有价值的分析,对于人们更好地了解中国的家庭生活作出了新的重大贡献”。

华中大学在喜洲办学8年,招收过8届学生,其中云南籍的学生达300多人,云南大学、云南师范大学、云南林学院、云南民族学院、云南工学院、云南省中医学院等大专院校都有华中大学毕业或曾在华中大学读过书的校友。他们中大多数都已成为各个方面的专家学者和骨干力量。

华中大学西迁到喜洲时,刚刚创办的大理五台中学正面临着严重的师资缺乏。身为华中大学校长的韦卓民等在教学和师资等方面给予了五台中学大力支持帮助,派教育系吴再兴老师到五台中学担任教导主任,安排外籍教师安德森等带领教育学院三四年级学生到五台中学用英语直接进行教学实习,一些华大教师和优秀学生也到五台中学兼课,五台中学半数以上的课程由华大师生担任。华中大学著名教授黄溥、游国恩、包鹭宾等教职工的子女也在五台中学就读。华中大学学生与五台中学学生还共演抗日话剧,当时的五台中学已成为华中大学的附属中学。现代教育的管理,高素质的师资队伍,加上一流的设备,使当时的五台中学在云南省高考中饮誉滇西,英语单科成绩更是独占鳌头。

鉴于华中大学在教学科研和培养人才方面所作出的巨大贡献，在华中大学20周年校庆时，国民政府政要纷纷题词。国民政府蒋（介石）主席题词："菁莪乐育"；立法院长孙（科）院长题词："博爱为怀，树人是志，缔造艰难，充实设备，教育恢宏，人文荟萃，廿载程功，青年受赐"；云南省龙（云）主席题词："为国育才"；湖北省陈（诚）主席题词："培育英才"；四川省张（群）主席题词："缔构廿年，播迁万里，为国家弘作育，即为建设植深基"；广西省黄（旭初）主席"题词"桃李成蹊"。这是对华中大学西迁办学的充分肯定和嘉勉。

抗战胜利后，韦卓民又到处筹集资金，于1946年6月将华中大学迁回武昌，倾注全力兴学育才。正如他的儿子韦宝锷教授评价所说："他心目只有一个华中大学。"

悉心研究西方哲学

韦卓民是一位精明能干的大学校长，又是一位学贯中西的大学者。他精通英、德、法、意、俄、拉丁、古希腊等外语，尤其是英文，与母语一样好，连他的英美朋友都感到惊讶。他在中国传统文化、西方哲学、逻辑学、宗教学、教育学等领域均有良好素养，在沟通中西文化、促进中西文化融合、对外传播中国文化方面，贡献良多。

韦卓民早年致力于向西方宣传中国文化。如他的博士论文《孔门伦理》，对中国的人伦道德赞许备至，认为"中国人优秀的道德准则是世界人民的一份财富"。1934—1935年、1937—1938年、1945—1946年他三次应邀赴美英讲学，受聘为哈佛、耶鲁等大学的客座教授，着力宣扬中国优秀文化。他在美国一系列关于中国文化专题讲座的讲稿，汇编成专著《中国文化》，于1947年在纽约出版，受到美国学者的高度评价。美国历史学家赖德烈说，韦卓民向西方阐述中国文化的成就“很少人能和他相匹，也没有人能超越他”。

韦卓民晚年则着重将西方文化引进中国，特别是西方的哲学和逻辑学。1952 年卸任校长职务以后，他全力从事逻辑学的教学和研究，重点研究了亚里士多德、培根、康德和黑格尔四位划时代的人物。有感于许多国家都翻译出版了《康德全集》，而中国尚无，韦卓民从 1957 年起，尽管被错误打成“右派”，且年届古稀，仍以极大的毅力，把康德的 8 部著作 300 多万字翻译出来，其中有 4 部公开出版。与此同时，他还撰写和翻译了 4 部关于黑格尔哲学和逻辑学等方面的著作，达 100 多万字。这期间成为他个人学术成果最多、学术水平最高的时期，他也被公认为西方哲学史的著名研究专家。今天研究西方哲学的人，都绕不过韦先生。“文革”期间，环境更加恶劣，他已年过 80 岁高龄，仍孜孜不倦地撰写《黑格尔〈小逻辑〉评注》，直到 1976 年逝世前几天，共撰写了 50 多万字，可惜未能完稿。

韦卓民辛勤劳动的学术成果，是留给后人的一份珍贵文化遗产。他的遗著包括西方哲学、逻辑学与科学方法论、宗教学、中西文化及其比较、教育学等 90 余部，达七八百万字。为此，华中师范大学专门成立“韦卓民遗著整理小组”，从 20 世纪 90 年代起，陆续将这些著作整理，由华中师范大学出版社出版。

韦卓民既是校长，也是一名优秀教师。他一生没有脱离教学，不管行政工作多么繁忙，仍坚持讲授逻辑学、中国哲学史、西方哲学史等课程，即便在他年过古稀、不幸蒙冤后，仍因材施教，诲人不倦，直到 1974 年才退休。20 世纪 50 年代末和 60 年代初，韦卓民专门为华中师范学院政教系的青年教师讲授康德的《纯粹理性批判》和黑格尔的《小逻辑》。他寓研究于教学之中，往往从不同的角度，援用几种语言讲解某个重要的概念，讲得十分透彻。著名学者陶德麟教授、陈修斋教授、杨祖陶教授当时都曾慕名前来听课。

武汉大学博士生导师杨祖陶教授曾对他的弟子们说："中国西方哲学史这一块，韦先生是奠基人之一……今天研究西方哲学的人，都绕不过韦先生。"当年听过韦卓民讲课的华中师范大学教授曹方久更是深有体会地说："卓民先生于60年代给我们几个中青年教师讲授康德、黑格尔哲学，主要是讲《纯粹理性批判》和《小逻辑》。他备课认真，煞费苦心，往往从不同的角度，援用几种语言文字讲解某个重要的概念，从语源、演变、多义诸方面反复诠释，讲得十分深透。"韦卓民因材施教，细心摸清各位中青年教师的业务基础，根据他们的研究重点和理解程度，分别布置不同的课后思考题、作业题，引导他们进一步深入钻研。这些量身定做的各种题目，每每切中受教者的要害疑难之处，使他们深受启迪。与此同时，韦卓民在讲《纯粹理性批判》、《小逻辑》等重要哲学原著时，对已有原著中译本存在的不足，如明显不贴切、不合原意之处或误译、漏译之处也一一指出，细心评说，阐述自己的见解。曹方久教授说：学术界当时流行一种观点，"认为康德是个'信仰主义者'，因为他在《纯粹理性批判》中说过'我否定知识，以便给信仰扫清地盘'的话。卓民先生力排众议，对此持不同看法，并根据德文原著，认为此乃误译原文的结果……在他重译的《纯粹理性批判》中，这句话已改为'我因此就得扬弃知识，以便替信念留有余地'。这里两个关键词：'否定'改为'扬弃'，'信仰'改为'信念'，两词之差，含义迥然不同。'扬弃'乃德文 aufheben 之译，该词为德文所独有，其他语种均无相当词可译。卓民先生曾多次反复解它的来源、演变，本意为把某个东西从不属于它的领域中排除出去，然后保存起来加以提高。英文将这个词译为'deny'（否定），有的中译者也随之而译为'否定'，遂铸成大错。至于'信念'，乃德文 glaube 之译。卓民先生讲，此词在德语中，既可中译为'信念'，又可中译为'信仰’。这要根据具体语言环境而定。在康德那里，当他论述一般问题时所用的 glaube 是指‘信念’，只有在专门谈宗教问题时，才应译为‘信仰’。康德这句话是在谈理性推广到实践时说的，根本与宗教无关。所以，康德在这里既没有否定知识，也没有为信仰开辟道路”。

韦卓民与著名学者王元化先生在 20 世纪 60 年代约定通信讨论黑格尔哲学的故事，更是体现了韦卓民诲人不倦的精神。王元化教授回忆说：

> 卓民先生指导后学是不辞劳苦、不怕厌烦的。他回答我问题的复信往往多至十纸以上，且正反两面书写，笔画清晰、端正，几乎从无圈改涂抹之处。当时他已年近九十高龄，除了学校交托的任务，始终在从事写、读、译、著工作，从不中辍。他把工作安排得井井有条，可以说没有虚掷寸阴。有一次，接到他的复信较迟，读了之后，才知道他有好几天发高烧，已卧床多日，这封信是他起床不久，就连忙作复的。我一边读信，一边感动不已。

如果说，韦卓民对王元化教授的耐心指导，是由于他是王元化教授父亲的同窗好友，体现了长辈对晚辈的浓浓深情可以理解的话，那么，韦卓民对素昧平生的中国人民大学教授王方名的指导，就更是当代中国学术界的美谈了。

在整理韦卓民的遗著时，曹方久教授意外发现，大约在 1964 年前后，中国人民大学哲学系逻辑教研室的著名逻辑学家王方名教授，被几个逻辑史方面的问题所困扰，在北京找不到答案和资料，于是向他们“素来仰慕”的韦卓民先生请教。韦卓民与王方名从未谋面，但他接到来信后，立即撇开自己手头的工作，花了大量的时间和精力，认真地写了长达几千字的复信，对所提出的问题作了详尽的回答，并列举了各答案的出处，涉及的参考书达一二十本，包括英、法、德诸语种，还对每本参考书都一一作出了评价，指出其优缺点与可信程度，甚至指出该书哪部分较好，哪部分较差，哪部分“仅供参考”等等。

对一位素昧平生学人提出的问题，韦卓民能以认真的态度作出圆满的回答，真乃大师风范。这在一般人是很难做到也是不可能做到的。

有情人终成眷属

韦卓民与戴惠琼晚年的婚姻，演绎了一段动人的爱情故事，为后人留下了美丽的佳话。

戴惠琼，广东惠阳人，1899 年，比韦卓民小 11 岁。

他俩相识于英国牛津大学，那是 1937 年 7 月，韦卓民出席在英国牛津大学召开的基督教世界运动“生命与圣工会议”(Conference on Life and Work)。恰适戴惠琼也在牛津。7 月 7 日夜，日本侵略军以军事演习为名，突然向北平西南的卢沟桥发动军事进攻，标志日本蓄谋已久的全面侵华战争开始。

卢沟桥事变震惊全世界。包括英国在内的世界各国媒体立即进行了报道。同为信仰基督教的韦卓民和戴惠琼不约而同地来到牛津某教堂，为中国人民平安与世界和平祈祷。这时教堂门前的一家小报摊，正在出售刊有“七七事变”消息的报纸。先从教堂出来的韦卓民急速走到报摊前买了一份报纸，伫立街头认真地阅读起来。他越读越气愤，眼睛里放射出仇恨的目光。戴惠琼也来到报摊，买了同一张报纸阅读起来，读着读着，悲愤的泪水不禁夺眶而出。这一情景，正好被路过报摊的英国某报记者抓拍于镜头中。第二天，这家报纸以“悲愤的中国人”为题，刊登了韦卓民与戴惠琼的照片。他俩就这样不经意地当了一回新闻人物。从此，韦卓民认识了戴惠琼。

韦卓民非常珍惜这张报纸,一直保存在自己的身边。湖北大学戴世琛教授告诉笔者,他在20世纪50年代初,还见过这张报纸。当时的韦卓民,正处事业的高峰,风流倜傥,风度翩翩,才华出众,深受戴惠琼的崇敬;戴惠琼也端庄秀丽,聪明过人,优雅文静,充满女性魅力,很受韦卓民的喜欢。戴惠琼先就读于美国纽约大学师范学院,接受基督教洗礼后,又去攻读纽约神学院硕士学位,学术背景和宗教信仰与韦卓民有许多共同之处。自异国他乡相识以来,韦卓民一直把戴惠琼视为自己的亲妹妹。回到华中大学后,韦卓民心里一直惦记着她。

韦卓民与戴惠琼都有自己的第一次婚姻。

韦卓民的第一次婚姻是幸福的,而戴惠琼的第一次婚姻则是不幸的。1915年秋,获得文华大学文学硕士学位的韦卓民荣回故里,按照中国的传统风俗,遵从"父母之命,媒妁之言"的祖训,与小他8岁的同乡刘渭筠喜结连理。夫妻相濡以沫,情爱甚笃。先后抚育了长女韦宝娜(1916年生)、长子韦宝锷(1917年生)、次子韦宝洛(1918年生)和小女韦宝芳(1921年生)。韦卓民任华中大学校长后,将妻子接到武汉共同生活,韦卓民一心工作,刘渭筠料理家务,相夫教子,一家人其乐融融。

日本帝国主义的侵略,打破了这个幸福的家庭。1938年武汉沦陷前夕,华中大学迁往云南喜洲,因条件艰苦,不允许带家属,韦卓民便把爱妻送回广东老家,独自一人到喜洲,艰难地维持着华中大学的事业。

戴惠琼在全面抗战爆发后不久也回到了祖国,受聘于广州神学院教英文。这里曾有她的梦,也有她的牵挂,她曾在这里幸福过、痛快过,也悲伤过、痛苦过。从纽约神学院研究生毕业后,她怀着对未来美好理想的憧憬,在这里工作并与她的心上人、神学院一位年轻帅气的医生结婚。然而不幸的是,新婚才一年,她的丈夫便身患沉疴,不幸去世。这对戴惠琼的打击实在太大。她曾悲怆地呼喊:“上帝呵,为什么这么不公平,要用这样的方式惩罚我!”十多年过去了,戴惠琼已从痛苦中解脱出来。可是回到这个伤心地以后,她又触景生情,陷入无限的悲痛之中。

韦卓民获悉戴惠琼的境况后深表同情。为了抚慰一颗悲痛受伤的心,他聘请戴惠琼来喜洲,到华中大学任英语教师。说来也神奇,收到韦卓民寄来的聘书后,戴惠琼像注射了兴奋剂一样,精神顿时振作起来。她将聘书吻了又吻,感到了一种莫名的幸福。她知道,喜洲是艰苦的,她也从没有受过艰苦的历练,但她义无反顾,决心到喜洲去,到韦卓民身边去。于是她辞去广州神学院的教职,沿着韦卓民去喜洲的路,直奔喜洲。

戴惠琼的到来,也使韦卓民感到特别兴奋。

“戴惠琼女士,欢迎你!”韦卓民深情地说。

“谢谢!”戴惠琼眼内噙着泪花。

当两双温暖的手握在一起,两双温柔的眼睛相互对视时,两颗跳动的心也靠得更近了。

有了韦卓民的照顾和关爱,戴惠琼的精神状态越来越好。虽然条件艰苦,但她感到幸福,生活充实。她努力工作,与学生打成一片,并协助韦卓民负责管理女生工作,担任了华中大学女生部的部长。同时,戴惠琼的到来,不仅使韦卓民多了一位知音,而且更给他的生活带来了愉悦。可以想象,一个长期依赖家人照顾的洋博士、一个一心想着华中大学生存和发展的一校之长,一旦离开了家人的照顾,又是在那么艰苦的环境中,韦卓民的个人生活会是怎样的。

吃饭似乎不存在问题,他可以到学校食堂或附近餐馆去解决,但洗衣服就麻烦了,韦卓民压根就不会。还有头痛脑热、感冒发烧的事总是免不了的,有时病了,他就一个人躺在床上,想喝杯开水都困难。戴惠琼来喜洲后,在生活上主动照顾韦卓民。特别使韦卓民感动的是,由于喜洲生活条件差,他在 1944 年12 月初得了斑疹伤寒。当时喜洲缺医少药,治疗的方法只能是静卧休息、增强营养、提高自身抵抗力,让病自然地痊愈。一连好几个月,韦卓民躺在床上动弹不得。这可急坏了戴惠琼,她每天为韦卓民祈祷,愿上帝保佑他早日恢复健康,同时精心地照料他,替他熬中草药、煮稀饭,还千方百计跑到附近集市上买鸡蛋、豆腐,为韦卓民改善生活,增强营养。一连好几个月,戴惠琼一直守候在韦卓民的身边。在她的精心护理下,韦卓民终于战胜了疾病,恢复了健康。

经过喜洲办学的深入交往,韦卓民与戴惠琼的友谊进一步加深。戴惠琼深深地爱上了韦卓民,韦卓民也离不开戴惠琼。然而,他俩都是虔诚的基督徒,信仰与责任使他们不得不强烈地克制着自己内心的情感,虽然近在咫尺,彼此间的眷恋却被基督教有关有婚人不能重婚的教义规定这一鸿沟所阻隔。

韦卓民曾经多次自责:“我是不是太自私了?”他试图说服戴惠琼,还是趁早选择一位有责任心的男人,组建一个新的家庭。可是,每当他向她表白这层意思的时候,戴惠琼总是说:“我无怨无悔!”

就这样,他俩的友情和恋情一直延续着。抗日战争胜利后,华中大学迁回武昌,戴惠琼也跟着韦卓民来到武昌。

新中国成立以后,韦卓民曾经打算将爱妻从老家接来武昌,但因土改、知识分子思想改造、抗美援朝、“三反”、“五反”历次政治运动无暇顾及家庭。1956 年、1960 年,韦卓民经过反复申请,层层审批,曾回老家探亲两次(因其家在南疆边陲,属禁区)。而此时,他的二儿子韦宝洛因病离不开母亲的照顾,爱妻也习惯了老家的生活不愿再到武昌来。这样,韦卓民便只能独自返回武昌,继续过他的半边户生活。好在他的大儿子韦宝锷一家和他同住在武昌华中村。这多少对他精神上是个慰藉。

提起韦卓民儿子的婚姻,又有一段佳话。新中国刚成立,韦卓民将儿子韦宝锷从美国接回祖国,任华中大学物理系教授。戴惠琼当红娘,把自己的侄女戴琦琛介绍给他,成就了他们的美好姻缘。戴惠琼后来就一直住在韦宝锷、戴琦琛夫妇家里。韦宝锷、戴琦琛称戴惠琼为姑妈。这也是一件让韦卓民感到十分欣慰的事情。于是,在韦卓民与戴惠琼的友情、恋情上,又增加了儿女的亲情。他们就这样相互照顾,相依为命。

1971 年,韦卓民的爱妻刘渭筠在老家病世。在当时的政治环境下,韦卓民不可能回家奔丧,他把悲痛压在心里,看着妻子的遗像为她祈祷,祝她的灵魂直上天堂。

1974 年,基督教有关有婚人在配偶去世三年后才能结婚的规定期已过。苦苦相识相恋近 40 年的韦卓民、戴惠琼之间的婚姻鸿沟填平了。俗话说,知子莫如父,同样,知父也莫如子。孝顺的韦宝锷最理解父亲和姑妈的心,积极支持两位老人尽快了却一世情缘,促成有情人终成眷属。

戴世琛教授告诉笔者,两位老人结合后先回广州,在那里款待了他们的亲友,接受亲友的祝福并让亲友们分享他们的幸福。然后回到武昌,在武昌大中华酒楼办了一桌喜酒。只邀请了戴世琛家和韦宝锷家参加。韦宝锷首先站起来,举起酒杯说:

“爸爸,妈妈,祝你们二老幸福吉祥,健康长寿。”

听到韦宝锷改叫“姑妈”为“妈妈”,戴惠琼情不自禁,热泪滚滚而下……

四十年的追求,四十年的等待。这是一曲多么感人的旋律!

韦卓民从 1930 年就读文华书院至 1976 年 3 月去世,在华中大学及其后身华中师范大学学习和工作七十多年,将其毕生的精力献给了祖国的教育事业。他没有给自己的后代留下什么财富,却给祖国和人民留下了一份丰厚的历史文化遗产。他不愧是华大学人的光辉楷模。

韦卓民著述、译著目录

1.《古代中国人之宗教信仰及其对中国民族性的影响》(学士论文),1908 年《文华评论》(*Boone Review*)刊用,1911 年《中国纪事报》(*The Chinese Recorder*)转载。

2.《孟子之政治思想》(硕士论文),1916 年上海长老会广学会出版。

3.《佛教净土宗以信得救的教义及其与基督教之比较》(The Doctrine of Salvation by Faith as Taught by the Buddhist Pure Land Sect and its Alleged Relation to Christianity),1920 年 6 月《中国纪事报》刊载。

4.《要使基督教在中国有活的生命力》(Making Christianity Live in China),1926 年 2 月《中国纪事报》刊载。

5.《东西文化之综合问题》(Synthesis of Cultures of East and West),"中国人心目中之今日中国"系列专题第二辑,1928 年伦敦,学生基督教运动。

6.《一个中国基督徒的佛教观》,1928 年 7 月《教会国际评论》。

7.《孔门伦理》(博士论文),1929 年,15 万字。

8.《华中大学及其向我国政府办学之经过》,《教育评论》,上海中国基督教教育协会,1932 年 7 月。

9.《中国文化改变中青年应有的态度》,《神学志》,1932 年第

14 期第 3 页，金陵神学院编。

10.《华中大学》，《教育评论》，中国基督教教育协会，1934 年 1 月。

11.《基督教差会在中国制度化工作》，《教会国际评论》，1938 年 6 月。

12.《抗战初期中国的若干问题》，《耶鲁评论》，1938 年 6 月。

13.《韦校长与二年级学生第一次谈话》，《华大桂声》1938 年 11 月 1 日。

14.《基督教学校应循之途径》，《教育评论》，中国基督教教育协会，1939 年 10 月。

15.《抗战时期中国的教育》，重庆中国新闻出版社，1940 年。

16.《中日战争对中国文化的影响》，《基督教杂志》，1941 年春季号。

17.《远东的冲突与基督教面临的挑战》(英文)，1939 年。

18.《当代的传教》(英文)。

19.《学者在战时的任务》，《战时中国杂志》，1941 年 5 月。

20.《抗战三年来中国之检讨》，《教会国际评论》，1941 年 4 月。

21.《中国基督教育的前途》，1943 年 8 月。

22.《华中大学二十周年纪念特刊发刊词》，1944 年 11 月 1 日。

23.《让基督教会在中国土地上生根》，《协和神学院评论》，1945 年 10 月。

24.《为中国教会培养受到良好教育的领导者》(英文)，1946 年 2 月。

25.《信奉基督教会者谈信仰基督》，《时代周刊》，1946 年 4 月。

26.《四大中心教会在中国——中国教会组织的一个建议》，《教会国际评论》，1946 年 7 月。

27.《中国文化之精神》，纽约 Scribners 出版，1947 年。

28.《本校复员之经过与前途之展望》,《华中通讯》,1947 年。

29.《今后基督教中学应取的政策》,《文华月刊》,1947 年第 7 号。

30.《基督教在学理上对于教育之贡献》,1949 年 4 月在华中区第二届基督教中学校长会议上的讲话。

31.《华大神学刊发刊词》,《华大神学刊》第 1 期,1949 年 4 月 15 日。

32.《圣诞讲章》,1949 年圣诞在汉口圣保罗座堂讲,《圣公会报》第三十九卷一期。

33.《同学中对于下乡参加土改工作一点顾虑的解答》,《华大生活》1951 年 10 月 13 日。

34.《国内基督教人士联名告全国同道书》(合著),1950 年 7 月 28 日,《信与行》1950 年第 4 期。

35.《使徒信经十讲》,香港基督教辅侨出版社,1955 年 6 月。

36.《中国典型传统及其社会价值》。

37.《基督为王》。

38.《抗战四年的高等教育》。

39.《中国人的道德传统》。

(以上四篇均为英文论著,仅存其目)

40.《形式逻辑教学图解的商榷》,《华中师院学报》1955 年创刊号。

41.《恩格斯论归纳法》,《华中师院学报》1955 年第 2 期。

42.《康德哲学介绍(讲稿)》,1956 年,2 万字。

43.《自然科学形而上学初步》,1965 年,9 万字,华中师范大学出版社 1991 年出版。

44.《一切未来的形而上学导论》,1965 年 11 万字。

45.《亚里斯多德逻辑》,1956 年,科学出版社出版。

46.《培根与其新工具》,1956年,16万字。

47.《形式逻辑纲要》,1958年,30多万字。

48.《逻辑导论》(译著),1958年经商务印书馆审阅,55万字。

49.《对法朗士、培根关于科学研究问题的贡献和他的逻辑归纳法的估价与批判》,《华中师范学院学报》1957年第1期。

50.《精神哲学》(译著),1960年,10万字,华中师范大学出版社2004年版。

51.《康德纯粹理性批判释义》(译著),59万字,商务印书馆1961年出版。

52.《纯粹理性批判》(译著),55万字,1962年商务印书馆约译,华中师范大学出版社1991年出版,2000年再版。

53.《康德哲学讲解》(译著),20万字,商务印书馆1963年出版,华中师范大学出版社2000年再版。

54.《康德哲学原著选读》(译著),22.8万,商务印书馆1963年出版,华中师范大学出版社2000年再版。

55.康德《判断力批判》上卷(译著),1964年。

56.康德《判断力批判》下卷(译著),商务印书馆1964年出版。

57.《基督教的基本信仰》,香港基督教辅侨出版社,1965年5月。

58.《康德哲学浅说》(讲义),1972年。

59.《黑格尔〈小逻辑〉讲义》,17万字。

60.《黑格尔〈小逻辑〉评注》,50万字。

61.《读黄子通先生〈康德的二元论与不可知论〉一文的几点意见》。

62.《韦卓民博士教育文化宗教论文集》,台北市,华中大学韦卓民纪念馆编印,1980年7月。

63.《读詹剑峰先生〈墨子〉一书手稿的意见》。

64.《答中国人民大学逻辑教研室的几个问题》(一封复信底稿)。

65.《我国留学美欧学生情况》。

66.《康德〈纯粹理性批判〉的主要内容及有关问题的提法》,《华中师范大学学报》1989 年第 1 期(根据遗著整理)。

67.《浅论科学研究的方法》,《华中师大学报》1990 年第 2 期(根据遗著整理)。

68.《关于逻辑史研究中的几个问题》,根据《答中国人民大学逻辑教研室的几个问题》通信底稿整理,《华中师大学报》1993 年第 2 期。

69.《*A study of Milton's Samson Agonistes*》,1960 年,7 万字。

70.《*Notes on Forms of Prose*》,1963 年。

71.《武昌文华书院及其后身华中大学》,写于 1964 年,《武汉文史资料》1982 年第 9 辑。

72.《*Lectures on Hegel*》,1972 年,8 万字。

73.《康德的〈判断力批判〉》(译著),28 万字。

74.《康德的经验形而上学》(译著),30 多万字,华中师范大学出版社 2009 年出版。

75.《韦卓民学术论著选》,华中师范大学出版社,1997 年出版。

(本目录在综合台北华中大学韦卓民纪念馆编印的《韦卓民博士教育文化宗教论文集》附录的《韦卓民博士著作及论文目录》和马敏等主编的《跨越中西文化的巨人——韦卓民学术思想国际研讨会论文集》附录的《韦卓民著述、译著目录》的基础上,新增了 12 目,特此说明。)

主要参考文献

1. 中共中央文献研究室编. 建国以来毛泽东文稿[M]. 北京：中央文献出版社. 1987.

2. 毛泽东选集[M]. 北京：人民出版社. 1991.

3. 毛泽东文集[M]. 北京：人民出版社. 1999.

4. 周恩来年谱（1919—1976）[M]. 北京：中央文献出版社. 1987.

5. 邓小平文选[M]. 第 2 卷. 北京：人民出版社. 1994.

6. 中共中央文献研究室编. 建国以来重要文献选编[M]. 北京：中央文献出版社. 1992.

7. 胡绳. 中国共产党的七十年[M]. 北京：中共党史出版社. 1991.

8. 中共中央党史研究室编. 中国共产党历史[M]. 北京：中共党史出版社. 2002.

9. 马敏，汪文汉. 百年校史（1903 年—2003 年）[M]. 武汉：华中师范大学出版社. 2003.

10. [美] 柯约翰著，马敏译. 华中大学[M]. 武汉：华中师范大学出版社. 2003.

11. 韦卓民学术论著选[M]. 武汉：华中师范大学出版社. 1997.

12. 马敏、周洪宇、方燕主编. 跨越中西文化的巨人——韦卓民学术思想国际研讨会论文集[A]. 武汉：华中师范大学出版社. 1995.

13. [美] 费正清著，张理京译. 美国与中国[M]. 第 4 版. 北京：商务印书馆. 1989.

14.《韦卓民个人档案》[M]，原件藏于华中师范大学档案馆.

15. 朱有、高时良. 中国近代学制史料[M].（第 4 辑）. 上海：华东师范大学出版社. 1993.

16. [美]杰西·格·卢茨. 中国教会大学史[M]. 杭州：浙江人民出版社. 1987.

17. 易竹贤. 胡适传[M]. 武汉：湖北人民出版社. 1987.

18. 台北华中大学韦卓民纪念馆. 韦卓民博士教育文化宗教论文集[A]. 1980 年编印.

19. 康德著，韦卓民译. 纯粹理性批判[M]. 武汉：华中师范大学出版社. 2000.

20. 康德著，韦卓民译. 康德哲学讲解[M]. 武汉：华中师范大学出版社. 2000.

21. 康德著，韦卓民译. 康德哲学原著选读[M]. 武汉：华中师范大学出版社. 2000.

22. 华中大学二十周年校庆特刊[M]. 1944. 原件藏于华中师范大学档案馆.

23. 张安明，刘祖芬. 江汉昙华林——华中大学[M]. 石家庄：河北教育出版社. 2003.

24.《华大神学刊》第一期. 1949 年 4 月 15 日出版. 原件藏于华中师范大学档案馆.

25. 李良明，张运洪，徐大兵. 杰出的教育家、哲学家、爱国基督教徒韦卓民[M]. 珠海：珠海出版社. 2008.

后　记

2006年10月16日至18日，我应邀去广东省中山市和珠海市参加“香山文化学术研讨会”，发现出生于香山地区的韦卓民，由于年轻时便离开了桑梓，家乡人对他了解和研究不够时，便即兴做了“要重视韦卓民思想研究”的发言。

想不到我的发言引起了与会代表的极大兴趣，珠海市委宣传部部长黄晓东先生也非常重视。12月21日，他委托珠海市作家协会主席胡的清女士给我打电话，邀请我写《韦卓民传》，作为“珠海历史名人丛书”第二批图书之一出版。

2008年5月，由我和我的博士研究生张运洪、徐大兵合著的《杰出的教育家、哲学家、爱国基督教徒韦卓民》由珠海出版社出版。该书出版后，受到不少华中大学校友的好评。深圳《晶报》编辑部总编室的侯晓清先生，还专门约请我为该报的“影响中国近现代化　岭南百杰　纪念改革开放30周年”专栏写稿，评介韦卓民教授为中国近现代化所作出的杰出贡献。这就进一步促使我们继续关注韦卓民教授生平事迹和思想相关史料的收集和研究。近两年来，又有了不少新的收获。如抗战时期，韦卓民先生在美国宣传抗战的具体内容，在云南喜洲艰苦办学、抚恤包鹭宾家属的感人故事，解放战争时期参加和平运动、保护进步学生、抵制搬迁的详尽过程，以及1957年“鸣放”和1958年被错误打成“极右分子”的始末等史料。这些史料，在《韦卓民传》中大多未能用上，留下了些许遗憾。

鉴于华中师范大学出版社决定出版“华大学人研究书系”，已出版《钱基博年谱》、《恽代英年谱》，于是，我们便产生了编写《韦卓民年谱》的念头，决定将所掌握的史料全部编写进去，为以后的韦卓民研究者提供方便。我们的这一想法得到了出版社各位领导的大力支持，经社委会研究讨论，同意将《韦卓民年谱》列入出版计划。

著名中共党史专家、北京师范大学张静如教授说：“我历来主张，年谱就应该把原始资料放进去，也要注明出处，也要注清出处，用以证明所写的内容是有根有据的，让研究者放心引用……从原则上说，无论是哪个人或哪个单位编写的年谱，如果不在每一条下附上原始材料就不能为据。”【张静如：《读〈澎湃研究丛书〉有感》，载《党史教学与研究》2008 年第 5 期。】我们完全赞成张静如教授的这一学术观点。在编写《韦卓民年谱》时，我们正是这样做的。

此外，我们考虑到，鉴于韦卓民教授的有些重要遗著由于受篇幅的限制，《韦卓民学术论著选》未能编入，海内外读者一般难以读到，所以本书在编写过程中，我们将相关重要著作摘引或者全文照录，旨在为韦卓民研究者提供参考。同时，在本年谱中还收录了一百多幅反映韦卓民生平事迹和思想的珍贵图片资料，目的是使该书图文并茂，更具有时代感。这些资料图片很多是首次刊布，更加直观地反映当时的真实历史，能帮助读者加深对韦卓民教授的认识。

同时，为了更真实地反映韦卓民教授的生平事迹和思想，我们还选编了韦卓民教授及其亲友韦宝锷教授、王元化教授的相关回忆录，华中大学校友范麟章、刘少宁、曹方久、李华矩等写的追思文章，连同编者写的纪念文章和《韦卓民著述、译著目录》，一并作为附录。

本书的出版，得到华中师范大学党委宣传部、研究生处、社科处、政法学院等单位领导的大力支持。华中师范大学档案馆提供了大量资料和图片，华中师范大学出版社社长范军、总编辑段维及社委会的全体同志热情支持，责任编辑曾巍精心编辑该书，付出了辛勤的劳动。曹方久教授一直关注本书的编写，给予了热心的指导。参加本书资料收集和编写工作的还有徐大兵、付义朝、李天祥、黄雅莉、刘源泉等，在此一并致以衷心的感谢！

李良明

2010 年 1 月 18 日